NIE WIEDER
PROBLEME

WIE SIE IN 4 SCHRITTEN
JEDE SITUATION MEISTERN

Dr. Alexander Noll

Bibliografische Information der Deutschen Nationalbibliothek
Die Deutsche Nationalbibliothek verzeichnet diese Publikation in der Deutschen Nationalbibliografie; detaillierte bibliografische Daten sind im Internet über http://dnb.de abrufbar.

Wir sind ein junger Verlag und sehr dankbar für jede Art von Feedback. Sollten Sie daher Anregungen oder Fragen haben, würden wir uns sehr freuen, von Ihnen zu lesen:
support@litego.de

Erstauflage
Veröffentlicht im Litego Verlag, Wien

ISBN 978-3-99159-012-5 Taschenbuch
ISBN 978-3-99159-013-2 eBook

Lektorat: Alexander Schiefer
Satz: Tomasz Dębowski
Umschlaggestaltung: Anna Bleikolm

Weitere Informationen zum Verlag finden Sie unter:
www.litego.de

Wir wünschen Ihnen viel Vergnügen beim Lesen!

NIE WIEDER PROBLEME

WIE SIE IN 4 SCHRITTEN
JEDE SITUATION MEISTERN

LITEGO

Inhalt

Für alle, die gewillt sind,
ihren Verstand zu benutzen.

Einleitung

"It's simple, but it's not easy."

- UNBEKANNTER AUTOR -

Das Buch, das Sie gerade in Händen halten, entspringt meinem Wunsch, Ihnen unnötiges Leiden zu ersparen. Nun sollte man meinen, dass es heutzutage in unserer Informations- und Kommunikationsgesellschaft ein Leichtes sein sollte, an die entsprechenden Informationen zu gelangen, wie man ein Leben ohne unnötiges Leiden führen kann. Ein Leben ohne niederdrückende Probleme, die einem die Freude und Lebensenergie aussaugen, ja vielleicht sogar ein glückliches und zufriedenes Leben. Leider ist das genaue Gegenteil der Fall. Wir versinken in einer Flut aus Informationen. In den Ring werfen sich mit ihren Ratschlägen und Verheißungen antike und moderne Philosophen*, die großen Weltreligionen und unzählige kleine religiöse, spirituelle und esoterische Strömungen, verschiedenste Wissenschaften von der Medizin und der Psychologie über die Soziologie und Biologie bis zur Ernährungswissenschaft, um nur einige zu nennen. Dazu gesellen sich Journalisten und Moderatoren, Prominente jedweder Couleur und jeder, der sich aus irgendeinem Grunde dazu berufen fühlt, seine Weisheiten und Ratschläge zu verbreiten. Doch welcher Rat ist genau der Richtige für Sie? Wie unterscheiden Sie den wohlklingenden, aber wenig hilfreichen Kalenderspruch von der Idee, die Ihnen wirklich hilft? Wie den Scharlatan von der Koryphäe?

Um ehrlich zu sein, stehen Ihre Chancen schlecht, sich selbst einen umfassenden Überblick zu verschaffen. Der scheinbaren

---

* Wie hoffentlich im Verlaufe des Buchs klar werden wird, möchte ich gleichzeitig darauf hinweisen, dass Sprache einerseits in unserem subjektiven Erleben unglaublich wichtig ist. Andererseits beruhen letztlich alle unsere Probleme zum großen Teil auf einem zu starren Beharren auf bestimmten Worten und Formulierungen. An dieser Stelle möchte ich daher darum bitten, die Verwendung der grammatikalischen männlichen Form lediglich als Ausdruck der Vereinfachung des Leseflusses zu verstehen. Selbstverständlich sind – sofern nicht ausdrücklich etwas Anderes betont wird – immer Personen männlichen und weiblichen Geschlechts gemeint sowie alle, die sich keinem der beiden Geschlechter zuordnen möchten.

Helfer, Heiler und Wissenden sind zu viele, um sich mit allem zu beschäftigen, es auszuprobieren und in Ihrer jeweiligen Lebenssituation die richtige Antwort zu finden. Sie gehen vielleicht einer Arbeit nach, verbringen Zeit mit Familie und Freunden oder haben zeitintensive Hobbys. Falls Sie überhaupt „freie" Zeit haben, gibt es immer Erledigungen, Dinge im Haushalt, Behördengänge oder Arztbesuche, die Sie zu tätigen haben. Wenn tatsächlich einmal nichts ansteht, sitzen Sie vielleicht vor dem Fernseher oder surfen im Internet und sind froh, „Nichts" tun zu müssen.

Ich selbst habe mir mit der Psychologie ein Betätigungsfeld gesucht, in dem ich mich hauptberuflich mit der Lösung der Probleme des Lebens beschäftigen konnte. Darüber hinaus hat mich die Frage nach dem „guten", dem zufriedenen Leben auch privat so sehr beschäftigt, dass ich mich auch als „Hobby" mit allen erdenklichen Ansätzen außerhalb der Psychologie beschäftigt habe. Allem voran mit der Philosophie, der Medizin und den großen Weisheitstraditionen*. Trotz dieser intensiven Beschäftigung und mehr als 20´000 von Sitzungen als Psychotherapeut hat es etwa zwanzig Jahre gedauert, bis ich den Eindruck hatte, dass sich das Puzzle zusammenfügt. Ich konnte erkennen, was der gemeinsame Nenner der Weisheiten und Ratschläge ist, die tatsächlich funktionieren. Selbst wenn sie deutlich schneller sind als ich, dürften die meisten Menschen schlicht und ergreifend nicht die Zeit haben im Trubel ihres Alltags diesen Weg zu gehen.

Das vorliegende Buch ist der Versuch, Ihnen so gut es mir möglich ist, das Ergebnis meiner langen Reise zu präsentieren. Eine keineswegs geradlinige Reise, eine Reise aus Versuch und Irrtum, eine anstrengende und bisweilen schmerzhafte Reise.

---

* Ich mag den Begriff „Weisheitstradition" und meine damit, das, was übrig bleibt, wenn man von den großen Weltreligionen Brauchtum und Folklore beiseitelässt und die darin enthaltenen Weisheiten in eine zeitgemäße Sprache übersetzt.

Ich möchte Ihnen den kürzesten Weg für diese Reise weisen. Ohne die Irrungen und Wirrungen und Sackgassen, mit denen man viel Zeit verbringen kann und die oft das Leiden vermehren. Den kürzesten mir bekannten Weg zu wahrer Zufriedenheit und – ob Sie es glauben oder nicht – den kürzesten Weg, nie wieder Probleme zu haben.

Okay, das Versprechen nie wieder Probleme zu haben, ist ein großes Wort. Normalerweise würde ich Ihnen raten, niemandem zu trauen, der Ihnen so etwas verspricht. Wenn es zu gut klingt, um wahr zu sein, dann ist es in der Regel auch nicht wahr. Wenn Sie also die Hose nicht mit der Kneifzange anziehen – oder wie man im Englischen sagt: „If you weren't born just yesterday."* - dann werden Sie spätestens jetzt eher skeptisch sein. *Das ist gut!* Genau da beginnt der Weg, den ich Ihnen weisen möchte, nämlich dass Sie nichts ohne Weiteres glauben, was Ihnen irgendjemand erzählt. Was Sie vielleicht überraschen wird ist, dass ich Sie dazu anleiten möchte, auch sich selbst nicht all das zu glauben, was Sie sich seit Jahr und Tag erzählen. Und, um die Sache rundzumachen, sollten Sie auch mir nichts glauben. Vielmehr möchte ich Ihnen Überlegungen nahe bringen, die *Sie selbst* nachvollziehen und somit für sich überprüfen können. Außerdem möchte ich Sie dazu anregen, Ihren eigenen Erfahrungsschatz, den Sie im Laufe Ihres Lebens erworben haben, wirklich zu Ihrem Besten zu nutzen. Und schließlich möchte ich Sie ermutigen zu kleinen Experimenten und neuen Verhaltensweisen, um dann selbst beurteilen zu können, ob diese den entscheidenden Unterschied für Sie machen.

Einige von Ihnen werden jetzt vielleicht denken, Ihr Wissen beruhe bereits auf Erfahrungen, die sich immer wieder bestätigen, stamme aus sicheren Quellen oder sei schon wohldurch-

---

* „Sofern Sie nicht erst gestern auf die Welt gekommen sind."

dacht. Seien Sie sich nicht zu sicher. Die Leute vor Tausend Jahren glaubten, die Welt sei eine Scheibe. Der Glaube an Hexen führte bis ins 18. Jahrhundert zu „legaler" Hexenverfolgung. Leute vor der Erfindung der Eisenbahn glaubten, der menschliche Körper vertrage keine Geschwindigkeiten über 30 km/h. Selbst der Chef von IBM glaubte im Jahr 1943, es gäbe weltweit einen Markt für ca. 5 Computer. Und sie alle waren sich ziemlich sicher. Und selbst heute. Schauen Sie sich einmal um. Es ist relativ einfach zu sehen, dass die Menschen die unterschiedlichsten Sachen glauben. Vieles davon werden Sie wahrscheinlich lächerlich finden und mit einem Achselzucken abtun. Was Sie vermutlich dabei ausblenden ist, dass auch Sie Dinge glauben, die mit der Realität nur wenig zu tun haben. Das alleine wäre natürlich noch nicht schlimm. Aber höchstwahrscheinlich machen Sie sich genau damit das Leben schwer.

Einige der Überlegungen in diesem Buch werden vermutlich Ihren Überzeugungen widersprechen. Sie werden womöglich glauben, das genaue Gegenteil sei der Fall. Seien Sie darauf gefasst und machen Sie sich bitte eines klar: Was Sie bisher geglaubt und getan haben, hat in bestimmten Bereichen Ihres Lebens funktioniert und in anderen nicht. Über die Bereiche, die funktionieren, müssen wir zunächst einmal nicht reden. Hier werden Sie keinen Wunsch haben, sich zu verändern. **Aber in den Bereichen, in denen für Sie etwas nicht funktioniert, in denen Sie Probleme haben und in denen Sie leiden, können Sie nur dann etwas verändern, wenn Sie die Dinge aus einer anderen Perspektive betrachten und wenn Sie anders reagieren als bisher, also etwas Anderes *tun*.** Der letzte, fett gedruckte Satz ist ein erstes Beispiel dafür, wie dieses Buch funktioniert. Es ist wichtig, dass Sie diesen Satz wirklich verstanden haben. Es ist nicht ausreichend, wenn Sie den Satz nur lesen. Ebenfalls reicht es nicht, wenn Sie ihn nur auswendig lernen oder bloß daran glauben. Entscheidend ist, dass Sie selbst den Inhalt des Satzes und die darin enthaltene Überlegung verstanden haben. Im Verlaufe des Buchs werden immer wieder solche Überlegungen hervorgehoben, die im entsprechenden Abschnitt hergeleitet oder erklärt werden. Wenn Sie nicht sicher sind, ob Sie die Überlegung wirklich verstanden haben, lesen Sie die Passage am besten nochmals oder besprechen Sie sie mit jemandem, um zu schauen, ob Ihnen die Aussage wirklich klar ist. Das ganze Buch basiert darauf, dass Sie alles selbst nachvollziehen, ohne mir etwas blind glauben zu müssen.

Ein weiteres wichtiges Element dieses Buchs werden immer wieder Rückgriffe auf Zitate berühmter und weniger berühmter Personen bilden. Es geht mir dabei darum aufzuzeigen, dass mein Ansatz nicht in der Luft hängt und ich auch nicht unbedingt das Rad neu erfunden habe. Vielmehr möchte ich aufzeigen, dass die entscheidenden Weisheiten seit Jahrtausenden immer wieder von Einzelnen erkannt und benannt wurden. Ich möchte Ihnen helfen zu erkennen, was wirklich hilfreich ist und von welchen „Weisheiten" Sie lieber die Finger lassen sollten. Auch hier werde ich Sie lediglich anleiten, sich auf Ihre eigenen Überlegungen und Erfahrungen zu verlassen.

Ein Beispiel hierfür ist das der Einleitung voran gestellte Zitat: „It's simple, but it's not easy."*. Dieser kleine Spruch soll uns daran erinnern, nicht in eine typische Falle unseres hoch entwickelten Verstandes zu treten. Diese besteht darin, dass wir – wenn wir ehrlich mit uns sind – eigentlich immer einen Weg oder eine Lösung suchen, die uns leicht fällt (also „easy" ist). Also macht sich der Verstand auf die Suche nach immer komplizierteren Lösungen, die uns das Leben leicht machen. Häufig ist das, was zu einem befriedigenden Ergebnis führen würde,

* „Es ist einfach, aber es ist nicht leicht."

aber ganz einfach (also „simple"). Sofern wir bereit sind in Kauf zu nehmen, dass es uns nicht leicht fällt. „Nicht leicht fallen" kann in diesem Zusammenhang bedeuten, dass wir womöglich Zeit und Energie investieren oder unangenehme Gefühle (z. B. Angst, Scham, Schuld, Ärger, Frustration, Langeweile) aushalten oder vielleicht sogar lieb gewonnene Überzeugungen aufgeben müssten. In den kommenden Kapiteln werden sich viele Beispiele finden, in denen dieses Prinzip zum Tragen kommt, daher sei an dieser Stelle nur ein Beispiel kurz erwähnt. Stellen Sie sich jemanden vor, der gerne mehr Sozialkontakte hätte, aber Angst davor hat, fremde Menschen anzusprechen. So jemand würde vielleicht versuchen, unzählige Ratgeber zu lesen, um herauszufinden, was genau die richtigen Dinge sind, die man bei verschiedenen Gelegenheiten sagen könnte, in der Hoffnung irgendwann ohne Angst fremde Menschen ansprechen zu können. Die Erfahrung zeigt, dass dieser Weg nicht zum Erfolg (mehr Sozialkontakte) führen wird. In der Regel wird die Angst der Person immer größer werden, etwas Falsches zu sagen. Die simple Lösung besteht darin, zu erkennen, dass es pragmatisch gesehen unerheblich ist, was man sagt. Entscheidender ist, dass man überhaupt etwas sagt, um ein Gespräch zu beginnen. Dies wird allerdings nur dann gelingen, wenn man sich klarmacht, dass dies zunächst nur möglich sein wird bei gleichzeitigem Empfinden von Angst. Oder um das eingangs Gesagte nochmals aufzugreifen: es ist sehr hilfreich, von dem Irrglauben abzulassen, man könne erst jemanden ansprechen, wenn man dabei keine Angst empfinde. Aber lassen Sie uns an dieser Stelle gar nicht lange bei dem Beispiel verharren, das möglicherweise direkt Widerstände und Gegenargumente beim ein oder anderen auslöst. Beginnen wir stattdessen damit, uns einen Überblick darüber zu verschaffen, welche Strategien wirklich funktionieren und zu verstehen, warum sie dies tun.

Die 4A-Methode

„Mache die Dinge so einfach wie möglich.
Aber nicht einfacher."

– ALBERT EINSTEIN –

Die langjährige praktische Arbeit mit Menschen in ganz unterschiedlichen Lebenssituationen und mit verschiedensten persönlichen Hintergründen hat mir gezeigt, dass es keine einfachen Empfehlungen gibt, die für alle hilfreich sind. Selbst so scheinbar offensichtlich gute Ratschläge wie mehr Sport zu treiben, ein größeres soziales Umfeld aufzubauen oder das Selbstbewusstsein zu stärken, sind bei genauerem Hinsehen nicht unbedingt für Jeden hilfreich. Es gibt nämlich auch Menschen, die zu viel Sport treiben und damit ihrem Körper schaden oder den Sport nutzen, um vor Problemen wegzulaufen. Ebenso gibt es Menschen, die sich in zu vielen Kontakten und sozialen Interaktionen verlieren und dadurch schließlich selbst zu kurz kommen. Sogar ein zu viel an Selbstbewusstsein kann schädlich sein, wenn nahe stehende Menschen dadurch immer zurückstehen müssen und schließlich Beziehungen leiden, die einem wichtig sind.

Es muss also jeweils im Einzelfall geschaut werden, wo eine bestimmte Person verortet ist und worunter sie leidet, um entscheiden zu können, in welche Richtung eine hilfreiche Veränderung gehen sollte. Daher greifen die meisten Tipps und Ratgeber, die *eine* Lösung für alle anbieten, in der Regel auch zu kurz. Man kann eben zu viel oder zu wenig Sport machen, sich zu viel oder zu wenig mit seinen Gefühlen beschäftigen, zu diszipliniert oder zu hedonistisch* sein, um nur einige wenige relevante Aspekte aufzuzählen.

Einfache Rezepte, *was* man zu tun habe, um schöner, besser, zufriedener, glücklicher zu leben, die für jeden zum Erfolg führen, kann es also nicht geben. Was sich allerdings in intensivem Studium der Literatur verschiedenster Fachgebiete und in jahrelanger Praxis herausstellte war, dass es Methoden gibt, *wie* man

---

* Dem Lustprinzip folgend.

in unterschiedlichsten schwierigen Lebenssituationen sinnvollerweise vorgehen sollte, um die jeweilige Situation bestmöglich zu bewältigen. Das Erstaunlichste an dieser sich mir zunehmend aufdrängenden Erkenntnis, welche Methoden wirklich hilfreich sind, war, dass diese sehr wenig im allgemeinen Bewusstsein verankert sind. Man sollte doch eigentlich meinen, dass das, was hilft, sich über die Jahrhunderte durchsetzen würde und spätestens in unserer Zeit der für jeden jederzeit verfügbaren Informationen zum Allgemeinwissen gehören sollte. Dem ist allerdings mitnichten so. Erstaunlicherweise ist es sogar so, dass Menschen häufig das genaue Gegenteil von dem tun, was ihnen letztendlich helfen und sie zufriedener und glücklicher machen würde. Wie kann das sein?

Die Antwort ist, wie bereits in der Einleitung angedeutet, in einigen grundlegenden Funktionsmechanismen unseres Gehirns beziehungsweise unseres Verstandes* zu suchen. Ganz entscheidend ist etwa das Prinzip, dass wir vorwiegend durch kurzfristige Konsequenzen motiviert sind. Wir tun eher, was kurzfristig angenehm ist und vermeiden eher, was kurzfristig unangenehm ist. Da wir häufig Strategien wählen, die diesem Prinzip folgen, vernachlässigen wir Strategien, die kurzfristig unangenehm sind, auch wenn sie langfristig sehr positive Konsequenzen haben. Des Weiteren ist unser Gehirn ein Gewohnheitsorgan. Alles, was dem Gehirn bekannt ist, gefällt dem Gehirn. Das macht es mitunter unglaublich schwer, sein Umfeld, sein Verhalten oder auch nur seine Meinung zu ändern, selbst wenn noch so viele triftige Gründe dafür sprechen. Ein weiteres allgemeingültiges Phänomen besteht darin, dass

* Während mit „Gehirn" hier die biologische Grundlage gemeint ist (quasi die Hardware), ist mit „Verstand" hier die Summe der Denkprozesse und Gedankeninhalte gemeint (sozusagen die Software). Insgesamt bezieht sich die Aussage also auf den Denkapparat und die Denkprozesse, die praktisch allen Menschen gemein sind.

grundsätzlich jeder glaubt, seine Sichtweise der Dinge sei die richtige. Während wir bei Anderen relativ leicht sehen können, welche teils völlig unsinnigen Sichtweisen und Überzeugungen sie haben, kommen wir selten auf die Idee, dass auch wir zumindest die ein oder andere völlig unsinnige Überzeugung haben, an der wir festhalten und die uns möglicherweise das Leben schwer macht.

Machen Sie sich also klar, dass die Lösung all Ihrer Probleme nicht nur möglicherweise, sondern mit allergrößter Wahrscheinlichkeit in etwas besteht, das zunächst einmal unangenehm ist, bevor Sie davon profitieren. Ferner wird die Lösung zu entscheidenden Teilen darin bestehen, etwas zu tun, was anders ist als das, was Sie bisher getan haben und sich deshalb für Ihr Gehirn komisch und ungewohnt anfühlt. Diesen Aspekt können Sie sich etwa so vorstellen, wie wenn Sie als Rechtshänder Ihre rechte Hand in Gips haben und nun alles mit links verrichten müssen. Natürlich wird sich alles erst einmal seltsam anfühlen und es wird einige Übung brauchen, bis Sie sich an das Neue gewöhnt haben. Schließlich werde ich Ihnen Techniken an die Hand geben und Perspektiven nahe legen, von denen Sie vielleicht nicht glauben können, dass sie funktionieren werden. Lassen Sie sich davon nicht abhalten, denn Sie müssen mir nichts blind glauben. Überprüfen Sie stattdessen meine Argumente für sich selbst, ob sie Ihnen schlüssig erscheinen. **Ferner möchte ich Ihnen das Prinzip nahe legen, etwas auszuprobieren, bevor Sie es beurteilen und nicht ungeprüft davon ausgehen, dass alles stimmt, was Sie glauben.**

Vielleicht erinnern Sie sich nochmals an das Zitat, dass es einfach, aber nicht leicht ist. Hier ist der einfache Teil: Alles, was Sie brauchen, um unnötiges Leiden zu beenden und zu einem glücklichen und zufriedenen Leben ohne Probleme zu gelangen, ist eine Methode mit vier Schritten. Diese können Sie sich zudem leicht merken, da alle vier Schritte mit A anfangen: Achtsamkeit, Akzeptanz, Analyse, Aktion.

Der nicht so leichte Teil besteht darin, dass Sie nicht darum herumkommen werden zu üben, also Zeit und Energie zu investieren. Außerdem müssen Sie damit rechnen, dass Ihr neuer Weg Ihnen zunächst ungewohnt und seltsam vorkommen wird und Ihr Verstand und Ihre Gefühle sich sträuben werden, von Ihrem gewohnten Weg abzuweichen. Letzteres kann mitunter sehr unangenehm werden. Während wir im Deutschen sagen „kein Fleiß, kein Preis", scheint es mir das Englische „no pain, no gain"* noch deutlicher zum Ausdruck zu bringen.

Wenn Sie meine persönliche Meinung hören wollen, ob sich das denn überhaupt lohnt: aber hallo!

Schauen wir uns also die vier Schritte der 4A-Methode im Einzelnen genauer an.

---

* Kein Schmerz, kein Zugewinn.

1. Schritt: **Achtsamkeit**

„Ich kann mir nicht vorstellen,
dass noch irgendjemand ernsthaft glaubt,
in unserer 'Informationsgesellschaft'
ginge es um Informationen."

– DAVID FOSTER WALLACE –

Sind das nicht wunderbare Zeiten? Wir können jederzeit an jede Information der Welt in Sekundenbruchteilen herankommen. Einige Klicks genügen und das gesamte Wissen der Welt steht uns scheinbar zur Verfügung. Informationen, die über Jahrtausende nur wenigen Gelehrten und Mächtigen zur Verfügung standen und für die man selbst bis etwa in die 1980er-Jahre noch die Mühe auf sich nehmen musste, sich physisch in eine Bibliothek zu begeben und in Zettelkästen mit Stichworten zu recherchieren.

Heute besitzt jedes Kind mindestens ein Gerät, mit dem es zum Nulltarif an jede Information herankommen kann. Man kann an keiner Bushaltestelle stehen, in keinem Zug fahren oder Café sitzen, ohne dass die Mehrheit der Personen um einen herum mit ihren Laptops, Tablets, e-Readern oder Smartphones beschäftigt ist. Wissensdurst und Informationshunger scheinen nicht zu sättigen zu sein. Aber wissen wir tatsächlich mehr, sind wir schlauer oder gar weiser geworden? Einige werden einwenden, es ginge weniger um Informationen und Wissen als um Kommunikation bei der extensiven* Nutzung der Möglichkeiten sogenannter neuer Medien. Aber hat sich unsere Kommunikation verbessert durch häufiges Telefonieren, das Senden von kurzen und langen Nachrichten, das Lesen und Posten von Dingen, die man selbst und andere erleben? Wenn dies der Fall wäre, dann müssten sich die meisten Menschen doch sozial gut eingebunden fühlen, sich über ihre innersten Sehnsüchte und Sorgen austauschen können und sich unterstützt und verstanden fühlen. Das Gegenteil scheint der Fall zu sein. Immer mehr Menschen fühlen sich einsam, unverstanden und haben den Eindruck, lediglich einem gesellschaftlichen Idealbild genügen zu müssen.

---

* Mit großer Breiten- und geringer Tiefenwirkung.

Wenn es bei den neuen Medien, die unseren Alltag beherrschen, nun aber nicht wie propagiert primär um Information oder Kommunikation geht, worin besteht dann ihre zentrale Funktion? Wenn man sich die Vielfältigkeit und Beliebigkeit der konsumierten und produzierten Inhalte anschaut, drängt sich die Vermutung auf, dass es bei der Nutzung der elektronischen Medien viel weniger um eine gezielte Hinwendung zu etwas handelt, das wir gut finden, wollen oder gar brauchen. Vielmehr entsteht der Eindruck, dass der Zweck der Beschäftigung vielfach in der Flucht vor etwas anderem besteht, von dem wir uns ablenken wollen. Die Funktion besteht also weniger in einem *hin zu* als in einem *weg von*.

Heißt das, dass jede Nachricht und jede Internetsuche nur der Ablenkung dient? Natürlich nicht. Wenn Sie Ihrer Mutter einen Geburtstagsgruß schicken oder die Adresse des nächstgelegenen Schlüsseldiensts googeln, ist das sicher unproblematisch. Wovon ich rede, ist die gleichsam zwanghafte Beschäftigung mit den angesprochenen Medien in jeder freien Sekunde. Die Flucht in die virtuelle Realität in jedem Moment, in dem man nicht gerade mit etwas Anderem beschäftigt ist.

Diese Ablenkung und Flucht, von der ich rede, ist allerdings kein Phänomen, dass sich auf die Nutzung von Smartphones und des Internets beschränkt. Auch das Fernsehen erfüllt seit Jahrzehnten dankbar diese Funktion. Wenn wir von einer Ablenkungsfunktion sprechen, dürfen wir natürlich einen der beliebtesten Kandidaten für diesen Zweck nicht vergessen: den Alkohol. Auch hier ist nicht die Rede vom gelegentlichen Glas Bier oder Wein. Gemeint sind die geschätzt etwa 9 Millionen Menschen in Deutschland, die gewohnheitsmäßig Alkohol trinken* und für die dieser Konsum ebenfalls eine Flucht darstellt.

* Laut Webseite des Bundesgesundheitsministeriums (Stand: 11.08.2022).

Gleiches gilt natürlich für das Rauchen, Drogen- und Medikamentenabhängigkeit, um die offensichtlichsten „Fluchthelfer“ einmal zu benennen. Aber auch übermäßiges Arbeiten („Workaholic“) und exzessives Sporttreiben, ja selbst das Essverhalten kann diese Funktion übernehmen. Sollen Sie das nun alles sein lassen? Natürlich nicht. Das ist weder möglich noch notwendig. **Mir ging es mehr darum, Ihnen aufzuzeigen, dass praktisch jede Beschäftigung, jedes Verhalten die Funktion der Ablenkung und Flucht übernehmen *kann*.**

Vielleicht fragen Sie sich inzwischen auch: wovor flüchten wir denn überhaupt? Sehr gut. Das herauszufinden ist der erste Schritt auf dem Weg Ihre Probleme loszuwerden, den ich Ihnen weisen möchte. Grundsätzlich bieten sich hier zwei Kandidaten an, vor denen Sie möglicherweise flüchten, also vor denen Sie die Augen verschließen. Der erste Kandidat ist die Situation, in der Sie sich befinden. Wir könnten hier auch von der äußeren Realität sprechen. Also allem, was um Sie herum ist und was Sie mit Ihren fünf Sinnen wahrnehmen können (oder könnten), inklusive Ihrer Mitmenschen. Der zweite Kandidat, der in Ihnen den Wunsch zu Flucht und Ablenkung auslösen könnte, ist Ihr inneres Erleben. Hierzu zählen vor allem negative Gedanken, von denen Sie sich ablenken, und unangenehme Gefühle, die Sie nicht spüren wollen.

Lassen Sie uns all die Dinge, die man tun kann, um sich von der äußeren Realität oder dem inneren Erleben abzulenken, als Strategien bezeichnen. Es gibt also die Strategie, sich ständig im Internet aufzuhalten, ständig Nachrichten zu schreiben, Alkohol zu trinken, zu rauchen, dauernd zu arbeiten, in jeder freien Minute Sport zu treiben und eben potenziell alles Andere, was Menschen so tun, um ihre Zeit zu füllen. Beachten Sie bitte, dass wir zu diesem Zeitpunkt überhaupt keine Aussage darüber machen, ob diese Strategien „gut“ oder „schlecht“ sind.

Wir halten lediglich fest, dass alles, womit sich der Einzelne häufig beschäftigt und viel Zeit verbringt, die Funktion haben könnte, sich von der äußeren Realität oder dem inneren Erleben abzulenken. Auch ist es so, dass wir alle solche Strategien verfolgen. Wir unterscheiden uns lediglich darin, welche Strategien wir verfolgen und wie häufig wir sie nutzen.

Wenn hier von „Strategie" die Rede ist, klingt dies sehr danach, als würde der Flucht und Ablenkung eine bewusste Entscheidung zugrunde liegen. Nach meiner Erfahrung muss dies nicht zwangsläufig der Fall sein. Sie können davon ausgehen, dass diese Strategien zu einem früheren Zeitpunkt im Leben erlernt wurden, weil sie funktioniert haben. Anders ausgedrückt hatten diese Strategien positive Konsequenzen in dem Sinne, dass negative Gedanken oder unangenehme Gefühle für eine Zeit lang nicht aktiv bewusst waren. Man war ja abgelenkt beziehungsweise hat man sie im Falle von Alkohol, Drogen und Medikamenten nicht mehr so deutlich gespürt. Wenn ein Verhalten – also z. B. eine solche Strategie – positive Konsequenzen hat, sprechen wir Psychologen davon, dass es verstärkt wird. Das heißt, dass die Wahrscheinlichkeit steigt, dass das gleiche Verhalten in der Zukunft wieder gezeigt werden wird. Interessanterweise ist an dieser Stelle gar nicht notwendig, dass einem diese Zusammenhänge aus Verhalten und Konsequenzen überhaupt bewusst sind. Um sich dies vollständig klarzumachen, denke man nur daran, dass man auch Hunde, Mäuse oder Tauben mit Leckerlis dazu bringen kann, ein bestimmtes Verhalten zu zeigen. Wir sprechen dann von dressieren. Niemand wird jedoch ernsthaft davon sprechen wollen, dass der Taube *bewusst* ist: „Wenn ich auf diesen Hebel drücke, dann bekomme ich Futter." Sie tut es einfach, weil ihr Gehirn die Verknüpfung erlernt hat.

Wenn wir zum Menschen zurückkehren, können wir also festhalten, dass auch wir im Laufe unseres Lebens Verhaltensweisen

(Strategien) erlernt haben, die verstärkt wurden, also positive Konsequenzen hatten. Zu bedenken ist an dieser Stelle jedoch zweierlei. Zum einen haben wir die meisten grundlegenden Strategien, wie wir mit der Umwelt und unseren Mitmenschen interagieren sehr früh im Leben erworben. Also in der Regel in der Kindheit und Jugend. **Selbst wenn unsere Strategien damals Erfolg hatten, also zu positiven Konsequenzen führten, heißt das nicht unbedingt, dass sie dies heute auch noch tun.** Für die meisten Menschen gilt heutzutage, dass sie als Erwachsene das Elternhaus verlassen, häufig sogar in andere Städte oder gar andere Länder ziehen, andere Berufe ergreifen als die Eltern und generell natürlich mit einer Welt konfrontiert sind, die sich im Vergleich zu ihrer Kindheit zwanzig, dreißig oder mehr Jahre weiterentwickelt hat. Unter diesen Umständen scheint es eher unwahrscheinlich, dass die Strategien, die wir als Kinder erlernt haben, unter unseren heutigen Lebensbedingungen in allen Lebensbereichen reibungslos funktionieren. Ganz zu schweigen davon, dass es keine perfekten Eltern gibt und wir alle als Kinder zunächst einmal Strategien entwickelt haben, um mit deren ganz spezifischen Eigenheiten umzugehen oder um es etwas drastischer zu formulieren: physisch, psychisch und emotional zu überleben. Da der Mensch – bzw. das Gehirn – ein Gewohnheitstier ist, werden die meisten von uns Strategien mit sich herumschleppen, die Jahrzehnte alt sind und sich über die Zeit mehr und mehr verfestigt haben. Natürlich werden diese bei oberflächlicher Betrachtung nicht mehr so aussehen, wie in der Kindheit. Aber häufig entwickeln wir einfach elaboriertere* Versionen derselben Strategien. Wer als Kind gelernt hat, dass die Eltern ihm nur Aufmerksamkeit schenken, wenn er schreit, der wird vielleicht als Erwachsener immer noch sein Leid klagen

---

* Sorgfältig herausgebildet, hochdifferenziert.

und über Krankheiten und Probleme berichten, wenn er eigentlich Zuneigung und Aufmerksamkeit Anderer möchte. Und ist sich dessen wahrscheinlich noch nicht einmal bewusst. An diesem Beispiel kann man schön sehen, dass diese Strategie beim Erwachsenen vielleicht zunächst auch funktioniert, auf Dauer aber dazu führt, dass Andere sich abwenden, weil es ihnen zu anstrengend ist. Das führt uns zum zweiten Aspekt.

Erinnern Sie sich bitte nochmals an eine Eigenschaft unseres Gehirns, über die wir bereits gesprochen haben. Unser Gehirn richtet sich vor allem an kurzfristigen Konsequenzen aus. Es bevorzugt, was kurzfristig angenehm ist und vermeidet, was kurzfristig unangenehm ist. Wie eben an dem kurzen Beispiel gesehen, gehen kurzfristige positive (im Sinne von gewollte) Konsequenzen häufig mit langfristigen negativen (ungewollten) Konsequenzen einher. Da wir uns vieler unserer Strategien, die wir anwenden, nicht bewusst sind, denken wir nur: „Das hat doch bisher immer funktioniert. Wenn es diesmal nicht funktioniert hat, hat das wohl nicht ausgereicht. Also muss ich *mehr desselben Verhaltens* zeigen." Auch diese Überlegung wird dem einen mehr, dem anderen weniger bewusst sein. Zu der Schlussfolgerung, mehr des bekannten Verhaltens zu zeigen, kommen allerdings die Meisten. In unserem Beispiel könnte das bedeuten, dass die betreffende Person zunächst für das Äußern ihres Leids Zuspruch und Zuwendung von Anderen bekommen hat. Auf Dauer haben sich jedoch zunehmend Bekannte, Freunde und auch die Familie abgewendet, da es unangenehm ist dauernd und immer wieder Leid geklagt zu bekommen. Die betroffene Person bemerkt dies natürlich und könnte sich denken: „Warum wenden sich denn alle ab? Bin ich denen denn egal? Denen ist wohl nicht klar, wie schlecht es mir geht." Als Folge beginnt die Person ihr Leiden noch deutlicher zu machen und dramatischer zum Ausdruck zu bringen, was vielleicht eine kurzfristige erneute Zuwendung beim ein oder anderen auslösen wird, aber langfristig das Umfeld noch mehr abstoßen wird. Somit schließt sich der Teufelskreis und die gute alte Strategie führt genau zum Gegenteil dessen, was die Person eigentlich möchte.

Wir alle besitzen also alte Strategien, die mehr oder weniger gut funktionieren. Selbst heutzutage noch gut funktionierende Strategien haben häufig kurzfristig positive Konsequenzen, aber langfristig erhebliche negative Konsequenzen. Viele unserer Strategien und deren Konsequenzen sind uns nicht (voll) bewusst. Dass uns Vieles nicht bewusst ist, wird dadurch noch verstärkt, dass ein Großteil unserer Strategien geradezu dazu dient, uns abzulenken von dem, was tatsächlich vor sich geht. Dies verhindert zum einen die Wahrnehmung äußerer Realitäten und zum anderen die Bewusstwerdung unserer inneren Prozesse (Gedanken und Gefühle).

Der Wunsch, durch bestimmte Strategien der Ablenkung schwierigen Realitäten und unangenehmem innerem Erleben zu entfliehen, ist verständlich. Das Problem ist allerdings, dass sich durch Wegschauen die Realität in der Regel nicht ändert und wir durch Weglaufen nicht unseren Gedanken und Gefühlen entkommen können. Also haben wir in Bezug auf Ablenkungsstrategien auch wieder den bekannten Teufelskreis, dass wir immer mehr davon tun müssen, um einen kleinen kurzfristigen Erleichterungseffekt zu erzielen. Langfristig ändert sich die Lebenssituation aber nicht und es wird immer schwerer, das innere Leid wegzudrücken.

Ist also jede Form der Ablenkung zu verteufeln? Hier sind auch wieder zwei Aspekte zu berücksichtigen: (1) um was für eine Strategie handelt es sich und (2) wie häufig wird sie angewendet. Um was für eine Strategie es sich handelt, ist deshalb wichtig, weil neben der Funktion der Strategie – also wozu sie dient und warum sie eingesetzt wird – noch je nach Strategie unterschiedliche Nebenwirkungen bestehen. Wir haben ja bereits gesehen, dass die mehr oder weniger bewusst angestrebte Hauptwirkung in der Ablenkung von unliebsamen äußeren und inneren Realitäten besteht. Die Nebenwirkungen können sich jedoch je nach Strategie sehr unterscheiden und unterschiedliche Schwierigkeiten mit sich bringen. Am offensichtlichsten sind diese Schwierigkeiten, wenn wir zur Ablenkung Substanzen verwenden, die unseren Körper direkt beeinflussen. Am weitesten verbreitet sind hier sicher Alkohol, Tabak, illegale Drogen, aber auch gewisse Medikamente, die zu diesem Zweck eingesetzt werden. Das Problem besteht zum einen in der Gefahr einer Abhängigkeit und zum anderen in direkten schädlichen Wirkungen der jeweiligen Substanz für den Körper. Die gesundheitlichen Gefahren von Alkohol und Tabak dürften den Meisten bekannt sein. Zu den unerwünschten Effekten von Medikamenten „lesen Sie die Packungsbeilage oder fragen Sie Ihren Arzt oder Apotheker". All diese negativen Wirkungen liegen aber scheinbar so weit in der Zukunft, dass sie leicht aus dem Bewusstsein verdrängt werden können und hinter die kurzfristigen gewollten Effekte zurücktreten. Ja, selbst negative Folgen, die am nächsten Tag eintreten, spielen für unser Verhalten häufig nur eine untergeordnete Rolle. So sind z. B. der „Kater" am nächsten Tag und andere Entzugserscheinungen auch selten ein schlagkräftiges Argument für diejenigen, deren Lieblingsstrategie im Alkoholkonsum besteht. Ganz im Gegenteil sind die Entzugserscheinungen natürlich das nächste unangenehme Erleben, das dann wieder neutralisiert (also „weggemacht") werden muss. Und schon schließt sich der Suchtkreislauf. Bei vielen Substanzabhängigkeiten kommt außerdem auf der körperlichen Ebene hinzu, was ich bereits als die Strategie des „mehr desselben" beschrieben habe. Bei den meisten süchtig machenden Substanzen ergibt sich dies alleine schon dadurch, dass immer größere Mengen konsumiert werden müssen, um den gleichen Effekt zu erzielen.

Das Abhängigkeitspotenzial und die direkte mittel- und langfristige körperliche Schädlichkeit sind natürlich von der jeweiligen Substanz abhängig. Unter Inkaufnahme einer gewissen Vereinfachung kann man z. B. sagen, dass es insgesamt in einer bestimmten Situation problematischer ist, Heroin zu konsumieren, als Alkohol zu konsumieren und wiederum problematischer ist, Alkohol als Kaffee zu konsumieren. Das bringt uns zum zweiten Punkt, der zu beachten ist, nämlich wie häufig eine bestimmte Strategie gewählt wird. Bei jemandem, der einmal pro Woche ein Bier trinkt, wird man vermutlich nicht davon ausgehen müssen, dass der Alkoholkonsum eine generelle Ablenkungsstrategie darstellt. Bei jemandem, der jede Stunde ein Bier trinkt oder jeden Abend acht Flaschen Bier trinkt, liegt die Vermutung schon näher. Die Substanzabhängigkeiten sind wie gesagt nur die scheinbar offensichtlichsten Ablenkungsstrategien mit den leider in der Regel schädlichsten Nebenwirkungen. Beim Thema „Häufigkeit der Strategie" kommen nun aber auch die weniger offensichtlichen Strategien zum Vorschein. Das können auf den ersten Blick harmlose Kandidaten wie Arbeit oder Sport oder Handynutzung sein, die sich aber durch ihre Häufigkeit verdächtig machen. Der Lackmustest, zu welchem Grad Sie einer Ablenkungsstrategie verfallen sind, ist immer folgende Gegenprobe: ist es Ihnen möglich zur Ruhe zu kommen? Gibt es Zeiten, in denen Sie entspannt sind? Können Sie „Nichts" tun? Oder sind Sie eigentlich immer mit etwas beschäftigt bzw. können nur mithilfe von Substanzen „entspannen"?

Warum ist es mir ein Anliegen, Sie auf die mannigfaltigen Ablenkungsstrategien hinzuweisen, die wir alle anwenden? Wie bereits erwähnt haben diese Strategien selbst schädliche Wirkungen. Auch die nicht substanzbezogenen Strategien bringen als Nebenwirkung mit sich, dass wir nicht zur Ruhe kommen dürfen, also immer in Aktion sind. Das ist anstrengend, kostet viel Energie und führt immer mehr zu Erschöpfung, die wir dann auch wieder nicht wahrnehmen dürfen und uns noch mehr in den Aktionismus stürzen. Bis es dann am Ende gar nicht mehr geht und uns unser Körper durch Schlafstörungen, Burnout, Depressionen, Angstzustände oder auch durch einen Herzinfarkt zeigt, dass diese Strategie letzten Endes nicht funktioniert.

Halten wir also nochmals fest, warum Ablenkungsstrategien *langfristig* nicht funktionieren:

- Ablenkungsstrategien haben vielfach langfristig selbst direkte negative Folgen. Dies gilt vor allem für den Konsum von Substanzen (z. B. Alkohol, Tabak, Drogen, anders als verschrieben eingenommene Medikamente), die zu gesundheitlichen Schäden führen können. Es gilt aber auch für Strategien, die einen hohen Kraft- und Energieeinsatz erfordern und verhindern, dass man sich wirklich erholt und regeneriert (z. B. Arbeit, Sport, Medienkonsum).
- Der Ablenkungseffekt führt natürlich dazu, dass die (unliebsame) äußere Realität nicht mehr wahrgenommen wird. Das ändert in der Regel aber nichts an der Realität. Vielmehr ver*un*möglicht es, mit dieser Realität auf eine sinnvolle und hilfreiche Art und Weise umzugehen und damit überhaupt eine Chance zu haben, die eigene Lebenssituation zu verändern.
- Auch das innere Erleben (Gedanken und Gefühle) wird nicht oder kaum wahrgenommen. Dies ver*un*möglicht ebenfalls, sich damit auseinanderzusetzen und zu einem hilfreicheren Umgang zu gelangen. Offensichtlich ist der Versuch vor sich selbst – bzw. seinem inneren Erleben – davonzurennen noch vergeblicher als der, vor der Realität flüchten zu wollen.

All diese, wie ich finde, guten Argumente ändern nichts daran, dass wir in einer regelrechten Ablenkungsgesellschaft leben. Realitäts- und Selbstverleugnung sind sicher keine Erfindungen unserer Zeit, aber deren Ausmaß steht in krassem Gegensatz dazu, für wie hoch entwickelt und gut informiert wir uns in dieser Zeit halten. Ein Beleg dafür sind auf der einen Seite die steigenden Zahlen psychischer und psychosomatischer Erkrankungen, allen voran Burnout, Depressionen und Angsterkrankungen. Auf der anderen Seite stehen diejenigen, die sich noch an das sich immer schneller drehende Ablenkungskarussell klammern. Doch je schneller sich das Karussell dreht, desto mehr Kraft kostet es, sich festzuhalten. Die beschriebene Dynamik unserer Strategien, zwangsläufig immer auf ein „mehr davon" hinauszulaufen, beschleunigt das Karussell immer weiter. Und so verlieren immer mehr Menschen den Halt und werden ins Lager der psychischen Erkrankungen geschleudert. Die Chance, die darin tatsächlich liegt, ist es, dann bereits vom Karussell geflogen zu sein und nun getrost eine völlig neuartige Strategie ausprobieren zu können. Leider wollen viele nichts sehnlicher, als möglichst schnell wieder auf das gleiche Karussell aufzuspringen, da Sie nichts Anderes kennen und sich häufig *grundsätzlich andere Strategien* gar nicht vorstellen können. Ich möchte Ihnen diese grundsätzlich anderen Strategien vorstellen. Und die Erste besteht darin, sich nicht mehr permanent von der äußeren und inneren Realität abzulenken.

Diese Alternative zur Ablenkung heißt Achtsamkeit. Dies bedeutet, seine Wahrnehmung und seine Konzentration zu schulen, um sich dessen bewusst zu werden, was *ist*. Der Begriff Achtsamkeit ist schon seit einiger Zeit in unserer Gesellschaft gegenwärtig und vielleicht ist er auch Ihnen schon zu Ohren gekommen. Vielfältige Seminare mit mehr oder weniger seriösen Ansätzen finden sich zu diesem Thema und auch die professionelle Psychotherapie schenkt diesem Konzept mehr und mehr Beachtung. Die Chancen, die in diesem Ansatz liegen, sind groß, werden jedoch von vielen bisherigen Vertretern dieses Konzeptes nicht voll genutzt oder leider manchmal sogar mit unnötigem Brimborium verschleiert oder gar vollends ad absurdum geführt. Ich möchte Ihnen daher darlegen, was ich unter Achtsamkeit verstehe, worauf es dabei ankommt, was der Sinn und Zweck davon ist und wie Sie sie meistern können.

Im Zusammenhang mit Achtsamkeit wird häufig berichtet, dass dieses Konzept aus dem Buddhismus stammen würde. Dies ist durchaus richtig, wenn wir damit die unverfälschte Lehre Buddhas meinen, deren Hauptanliegen die Erkenntnis der Wahrheit ist. Das Erreichen dieser Erkenntnis wird allgemein als Erwachen oder Erleuchtung bezeichnet. Das Wort „Buddha" ist, wie einige von Ihnen vielleicht bereits wissen, kein Name, sondern bedeutet schlicht „der Erwachte". Was ist nun also der erste Schritt zum Erwachen, also zum Erkennen der Wahrheit? Man muss sich zunächst einmal dessen bewusst werden, was um einen herum (also in der äußeren Realität) und in einem drin (also das innere Erleben aus Gedanken und Gefühlen) vorgeht. Diese bewusste Wahrnehmung bezeichnen wir als Achtsamkeit. Sie sind also immer dann achtsam, wenn Sie sich in einem bestimmten Moment Ihrer äußeren Umgebung und Ihres inneren Erlebens bewusst sind. Dieser „bestimmte Moment" wird manchmal auch als „hier und jetzt" bezeichnet. Dazu werden wir später noch mehr hören.

Meine Erfahrung mit unterschiedlichen Anbietern von Achtsamkeitsansätzen hat leider gezeigt, dass häufig eine Überbetonung der bewussten Wahrnehmung der äußeren Realität vorherrscht. Also die bewusste Wahrnehmung all dessen, was man mit seinen fünf Sinnen wahrnehmen kann. Dies ist ein wichtiger erster Schritt und eine sinnvolle Einstiegsübung.

Allerdings sollte diese Art der bewussten Sinneswahrnehmung nach einiger Übung durch die bewusste Wahrnehmung des inneren Erlebens ergänzt werden.

Bevor wir zu konkreten Übungen kommen, lassen Sie uns nochmals festhalten, welche Arten von Wahrnehmungen wir uns grundsätzlich bewusst machen können. Die äußere Realität können wir also mit unseren fünf Sinnen wahrnehmen, wobei die meisten Informationen über das Sehen und das Hören auf uns einströmen. Diese mit den Sinnen wahrgenommene Realität zu einem bestimmten Zeitpunkt, also in einem ganz konkreten Moment, bezeichnen wir als „Situation". Sie als Person befinden sich in dieser Situation. *In* Ihnen wiederum können Sie zu jedem Zeitpunkt und in jeder Situation Ihr inneres Erleben wahrnehmen, sofern Sie gewillt sind, dieses bewusst wahrzunehmen. In unserem inneren Erleben lassen sich zwei wichtige Bereiche unterscheiden: Gedanken und Gefühle. So geläufig uns allen diese Begriffe auch sind, so hat mir meine praktische Arbeit in Coaching, Beratung und Therapie immer wieder gezeigt, dass die klare Wahrnehmung dieser beiden inneren Bereiche vielen Menschen enorme Schwierigkeiten bereitet. Insbesondere die klare Wahrnehmung und Benennung von Gefühlen sowie die Unterscheidung von Gedanken und Gefühlen kann nach meiner Erfahrung in unserer Gesellschaft in der Regel nicht vorausgesetzt werden.

Auf die genaue Unterscheidung von Gedanken und Gefühlen sowie den Umgang mit konkreten Gefühlen und Gedanken werden wir in den folgenden Kapiteln noch im Detail eingehen. An dieser Stelle möchte ich Ihnen zunächst nur eine kurze Faustregel an die Hand geben, um Gedanken und Gefühle zu unterscheiden. Als Gedanke bezeichnen wir alles, was Ihnen in Form von Sprache durch den Kopf geht. Vieles davon wird Ihnen ohne Übung gar nicht bewusst sein, aber in Studien wurde hochgerechnet, dass uns allen ca. 60´000 Gedanken pro Tag durch den Kopf gehen. Es ist ein nicht endender Fluss von mehr oder (meistens) weniger sinnvollen Kommentaren, der uns durch den Kopf schwirrt. Da wir, wie eingangs ausführlich dargelegt, im „Normalfall" aber ständig mit etwas beschäftigt sind, uns also ablenken, bekommen wir diesen enormen Gedankensalat normalerweise nicht bewusst mit. Gleichwohl bestimmen diese Gedanken unser Fühlen und Handeln. Um hier also etwas zu verändern und unser Hauptziel „Nie wieder Probleme" zu erreichen, ist es notwendig, uns in der bewussten Wahrnehmung unserer Gedanken zu schulen, also achtsam zu sein. Während Gedanken uns also als Sprache durch den Kopf gehen, sind Gefühle das, was wir im restlichen Körper spüren. Es ist wichtig, sich klarzumachen, dass das eigentliche Gefühl erst einmal das ist, was Sie im Körper spüren, noch bevor Sie dem einen Namen geben. Jeder Name, jedes Etikett ist ein Wort, also Sprache und somit sofort ein Gedanke, der Ihnen durch den Kopf geht. Das ist für sich genommen nicht weiter schlimm, denn ohne Sprache können wir uns auch über Gefühle nicht austauschen. Aber ein Gefühl ist eben etwas anderes als Sprache bzw. Gedanken. Achten Sie als Faustregel also darauf, wie es sich im Körper anfühlt und dass Sie nicht mehr als *ein* Wort verwenden. Alle Gefühle lassen sich in *einem* Wort fassen, z. B. Angst, Trauer, Wut, Ekel etc. Sobald ein ganzer Satz auftaucht, handelt es sich mit Sicherheit eher um einen Gedanken, selbst wenn das Wort „fühlen" darin vorkommt: „Ich fühle mich in einer ausweglosen Situation", ist z. B. ganz offensichtlich ein Gedanke.

Die letzte wichtige Kategorie, die Sie achtsam wahrnehmen sollten, ist Ihr Verhalten. Ihr Verhalten stellt Ihre Verbindung zur äußeren Realität dar. Einzig und allein über Ihr Verhalten sind Sie in der Lage, auf die äußere Realität Einfluss zu nehmen. Nur durch Ihr Verhalten können Sie an Ihrer Situation etwas ändern.

Andersherum ausgedrückt: Ihre Gedanken und Ihre Gefühle nehmen keinen Einfluss auf die Realität, es sei denn, sie äußern sich in einem bestimmten Verhalten! Diesen Punkt werden wir ausführlicher im Kapitel „Aktion“ beleuchten.

Die Schulung der Achtsamkeit dient also dazu, zu einem bestimmten Zeitpunkt die Situation, Ihre Gedanken, Ihre Gefühle und Ihr Verhalten bewusst wahrzunehmen. Wenn Sie jetzt denken, das hört sich einfach an, kann ich nur Folgendes wiederholen: It's simple, but it's not easy. Glücklicherweise lässt es sich mit der richtigen Anleitung mit überschaubarem Zeitaufwand so weit meistern, dass man deutliche Erfolge verbuchen kann. Im Anhang finden Sie die Basisübungen, um das notwendige Maß an Achtsamkeit zu erwerben, das der erste Schritt in der 4A-Methode ist und das Fundament darstellt, auf dem die gesamte Methode aufbaut. Die drei weiteren Schritte der Methode bauen letzten Endes auf den Informationen auf, die Sie im ersten Schritt gewonnen haben. Dies macht nochmals deutlich, warum die Menschen in unserer Ablenkungskultur so unzufrieden sind und Probleme anhäufen. Ohne die entscheidenden Informationen bewusst wahrzunehmen, lässt sich eben auch nicht sinnvoll reagieren.

Die für uns entscheidenden Informationen teilen sich auf folgende Kategorien auf:

- Äußere Realität bzw. **Situation**, wahrgenommen durch die fünf Sinne
- Inneres Erleben, aufgeteilt in **Gedanken** und **Gefühle**
- Die Schnittstelle, durch die Sie mit der äußeren Umwelt in Kontakt treten, also Ihr **Verhalten**

Diese **vier** Elemente werden wir zukünftig zur Veranschaulichung auf folgende Weise darstellen:

SITUATION	GEDANKEN	GEFÜHLE	VERHALTEN

Abbildung 1: „Schnappschussmodell" der Situation, der Gedanken, der Gefühle und des Verhaltens in einem konkreten Moment.

Wenn Sie diese vier Aspekte eines konkreten Moments bewusst wahrgenommen und den jeweiligen Spalten zugeordnet haben, haben Sie den ersten Schritt der 4A-Methode erfolgreich absolviert. Auf dieser Basis können wir dann fortschreiten zum zweiten Schritt.

2. Schritt: **Akzeptanz**

„Gib mir die Gelassenheit, Dinge hinzunehmen,
die ich nicht ändern kann,
den Mut, Dinge zu ändern, die ich ändern kann,
und die Weisheit, das eine vom anderen
zu unterscheiden."

– REINHOLD NIEBUHR –

Wenn es Ihnen geht wie mir, werden Sie vielleicht vor dem Wort „Akzeptanz“ etwas zurückschrecken, löst es zuerst doch eher Assoziationen aus ans Aufgeben, sich in sein Schicksal fügen, etwas hinzunehmen oder gar sich mit etwas Unerfreulichem anzufreunden. Vermutlich lesen Sie jedoch dieses Buch eher deshalb, weil Sie Ihr Schicksal in die Hand nehmen wollen, etwas verändern und sich eben nicht mit dem Status quo abfinden wollen. Sollte dies auf Sie zutreffen, dann habe ich eine gute und eine schlechte Nachricht für Sie. Es wird sowohl darum gehen, gewisse Dinge hinzunehmen als auch sein Schicksal in die Hand zu nehmen. Um dies zu erläutern, lassen Sie uns den kurzen Sinnspruch zu Beginn des Kapitels einmal im Detail anschauen, den einige von Ihnen sicher schon einmal irgendwo gehört haben. Die tiefe Lebensweisheit in diesem Sinnspruch wird in meinen Augen selbst von jenen unterschätzt, die grundsätzlich erst einmal weise nicken und der Wahrheit dieser Aussage zustimmen. Leider geht die ganze Weisheit bei den Meisten in dem Moment verloren, in dem es darum geht, diese Anleitung im Leben praktisch umzusetzen. Denn wie bei allen Weisheiten hat es noch keinen besonderen Wert sie zu kennen, in dem Sinne, dass man sie schon einmal gehört hat. Einen Schritt weiter ist man bereits, wenn man sie tatsächlich in ihrer ganzen Tragweite verstanden hat. Entscheidend und einzig hilfreich für das eigene Leben ist sie allerdings erst dann, wenn man sie tatsächlich umsetzt. Und das am besten auf einer sehr regelmäßigen Basis.

Bevor wir uns dem konkreten Hinnehmen bzw. Ändern zuwenden, um das es in den ersten beiden Zeilen des Sinnspruchs geht, lassen Sie uns mit dem Wichtigsten beginnen. Lassen Sie sich nicht davon täuschen, dass es erst in der letzten Zeile auftaucht. Wenn Sie diese kleine, aber unglaublich hilfreiche Lebensphilosophie in die Tat umsetzen wollen, müssen Sie als erstes natürlich in der dritten Zeile beginnen. Und dort versteckt sich die Weisheit, zunächst einmal zu unterscheiden zwischen den Dingen, die Sie ändern können auf der einen Seite und jenen, die Sie nicht ändern können auf der anderen Seite. Ohne diese Unterscheidung wissen Sie nämlich überhaupt nicht, was Sie hinnehmen und was Sie ändern sollen.

Es mag Ihnen banal vorkommen, aber nicht ohne Grund ist diese Unterscheidung die Aufgabe, für die es Weisheit braucht. Ich würde aus persönlicher Erfahrung sogar so weit gehen zu sagen, dass ausnahmslos alle Menschen, die mir in Coaching, Beratung und Therapie begegnet sind, den entscheidenden Fehler dabei begangen haben zu unterscheiden, was man ändern kann und was nicht. Alle mir präsentierten Probleme fielen also letztlich in eine von zwei Kategorien. Entweder handelte es sich um unveränderbare Dinge, an denen sich jemand sinnlos und kräfteraubend abkämpfte oder um veränderbare Dinge, bei denen die Flinte ins Korn geworfen und die einfach hingenommen wurden. Beide Fehler sind schwerwiegend und den Betroffenen häufig gar nicht bewusst. Die Annahmen darüber, was veränderbar und was unveränderbar ist, sind häufig so tiefverwurzelt, dass sie als selbstverständlich vorausgesetzt werden. Das heißt, die so wichtige Entscheidung, ob im Einzelfall ein ganz konkreter Aspekt veränderbar ist oder nicht, wird häufig übersprungen und das Unheil nimmt seinen Lauf.

Sie werden es inzwischen vielleicht schon erraten haben. Um die Dinge, die hinzunehmen sind, geht es hauptsächlich in diesem Kapitel mit dem Titel „Akzeptanz“. Um die Dinge, die zu ändern sind, wird es hauptsächlich im Kapitel „Aktion“ gehen. Doch lassen Sie uns mit dem Allerwichtigsten beginnen, nämlich der Weisheit, das, was wir nicht ändern können, von dem zu unterscheiden, was wir ändern können.

Hierfür knüpfen wir zunächst einmal wieder an das an, was wir im ersten Schritt „Achtsamkeit“ bewusst wahrgenommen haben. Das war die Situation, in der Sie sich befinden, die Gedanken, die Ihnen durch den Kopf gehen, die Gefühle, die Sie spüren können und schließlich das Verhalten, mit dem Sie reagieren. Die Aufteilung Ihrer Wahrnehmungen in genau diese Kategorien hat verschiedene Vorteile. Der entscheidendste besteht darin, dass Sie dafür niemand Anderen brauchen. Sie brauchen niemanden, der Ihnen sagt, was gerade los ist, was Sie denken, fühlen oder tun. Sie brauchen „nur" selbst hinzuschauen und all dies bewusst wahrzunehmen. Sie sind sozusagen Ihre eigene Autorität und müssen sich auf niemanden verlassen. Der Vorteil davon liegt auf der Hand. Sie brauchen kein Wissen und keine schlauen Bücher, lediglich Ihren eigenen Wahrnehmungsapparat, den Sie ohnehin immer dabeihaben. Genau genommen ist es sogar so, dass Sie sowieso die einzige Person sind, die Ihre Gedanken und Gefühle kennt. Niemand kann Ihre Gedanken lesen oder Ihre genauen Gefühle kennen. Häufig gehen Gefühle mit einem bestimmten Gefühlsausdruck einher, der dann von Anderen wahrgenommen werden kann. Denken Sie zum Beispiel an Weinen bei Traurigkeit oder Brüllen bei Ärger. Im eigentlichen Sinne sind dies jedoch Verhaltensweisen. Die Gefühle selbst sind prinzipiell nur Ihnen aus der Innenansicht zugänglich.

Wenn wir zum Thema „Akzeptanz" zurückkommen, stehen wir also vor der Frage, ob die Situation, die Gedanken, die Gefühle und das Verhalten veränderbar sind oder nicht. An dieser Stelle bedienen wir uns eines kleinen, aber sehr hilfreichen Kniffs. *Wir halten nämlich für einen Moment die Zeit an.* Der Punkt, an dem wir uns befinden ist die Gegenwart, die wir auch als das „Jetzt" bezeichnen. Alles, was bereits passiert ist, liegt hinter uns in der Vergangenheit. Alles, was vor uns liegt und noch nicht passiert ist, ist die Zukunft. Beginnen wir mit einer einfachen Frage: können wir die Vergangenheit ändern? Die Antwort lautet nein. Wir können unsere Sichtweise auf die Vergangenheit ändern, wir können Unterschiedliches fühlen in Bezug auf die Vergangenheit, wir können wechselnde Geschichten über die Vergangenheit erzählen. Was wir allerdings definitiv nicht können, ist, die Vergangenheit im Sinne der Summe aller Situationen, die wir erlebt haben, zu ändern. Vielleicht werden einige jetzt aufschreien: „Aber es gibt Dinge in meiner Vergangenheit, die kann ich nicht akzeptieren." Bleiben Sie bitte mit mir noch kurz bei der Frage, ob etwas zu ändern ist oder nicht. Zur Frage der Akzeptanz und was wir genau darunter verstehen, werden wir noch kommen. Ich vermute, Sie werden mir zustimmen, dass die Vergangenheit selbst nicht veränderbar ist. Wie sieht es nun aber mit der Zukunft aus? Die Frage ist etwas einfacher zu beantworten, wenn wir fragen: Was können *Sie* an der Zukunft oder in der Zukunft verändern? Sie können grundsätzlich das verändern, was Sie durch Ihr Verhalten beeinflussen können. Natürlich ist es äußerst schwierig, den genauen Effekt Ihres Verhaltens zu bestimmen. Welchen Effekt wird eine bestimmte Aussage von Ihnen bei Ihrem Gegenüber auslösen? Welchen genauen Effekt hat Ihr Essverhalten auf Ihre Gesundheit? Was ist der Effekt, wenn Sie eine bestimmte Partei wählen? Dies sind nur einige simple Beispiele, um zu zeigen, wie schwer sich der Effekt Ihres Verhaltens genau voraussagen lässt. Und damit lässt sich auch die Frage, welchen Einfluss Ihr Verhalten auf die Zukunft haben wird, nur schwer voraussagen. Auf bestimmte Dinge werden Sie mehr, auf andere weniger Einfluss haben. Worauf Sie allerdings jetzt und in der Zukunft grundsätzlich den größten Einfluss haben werden, **was also prinzipiell auf jeden Fall veränderbar ist, ist Ihr eigenes Verhalten**. Ihr Verhalten ab dem jetzigen Zeitpunkt ist also auf jeden Fall veränderbar und muss somit auch nicht akzeptiert werden.

Während in der Realität die Zeit natürlich weiterläuft, erachten wir quasi den Moment, in dem wir die 4A-Methode durchführen als eine Art Auszeit im normalen Fluss der Dinge. An welcher Stelle aber genau haben wir nun „die Zeit angehalten“? Lassen Sie mich dazu auf das Schaubild aus dem Kapitel „Achtsamkeit“ zurück greifen.

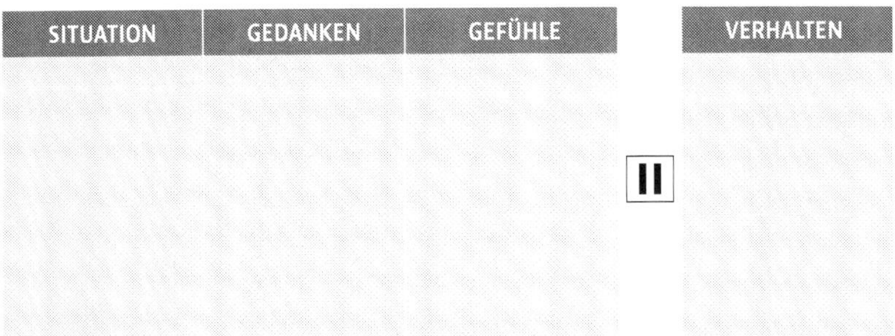

Abbildung 2: Die Stelle im Schnappschussmodell, an der wir uns befinden, wenn wir „die Zeit anhalten“ (symbolisiert durch die Pause-Taste).

Für die Anwendung der 4A-Methode halten wir die Zeit, wie Sie in der Abbildung 2 sehen können, vor dem Aspekt „Verhalten“ an. An dieser Stelle befinden wir uns also in dem Moment, in dem wir achtsam wahrnehmen, anschließend akzeptieren, was nicht zu ändern ist, schließlich weitergehen werden zur Analyse, aus der sich dann mit der Aktion der letzte Schritt der 4A-Methode ableitct.

Durch die Wahl des Zeitpunktes für die Durchführung der 4A-Methode wie in Abbildung 2 zu sehen, verlegen wir also die wahrgenommene Situation sowie die wahrgenommenen Gedanken und Gefühle in die Vergangenheit. Das ist deshalb sinnvoll, da Sie in dem Moment, in dem Sie die Situation wahrnehmen, diese nicht sofort gleichzeitig verändern können. Die Situation ist erst einmal, wie sie ist. Dies ist ein wichtiger Gedanke. Bitte machen Sie sich das nochmals ausdrücklich bewusst. **Wann immer Sie sich die Zeit nehmen, eine Situation achtsam wahrzunehmen, werden Sie feststellen, dass**

die Situation in diesem Moment erst einmal genau so ist, wie sie ist. Es kann sein, dass Ihnen das nicht gefällt, dass Sie sich etwas anderes wünschen oder Sie sich von der Situation ablenken, um sie nicht so wahrzunehmen, wie sie eben ist. Das alles ändert nichts daran, dass Sie – wenn Sie ehrlich sind und achtsam hinschauen – zugeben müssen: in diesem Moment ist die Situation genauso, wie sie ist. Sie merken an der Aussage schon, dass man ihr nicht sinnvoll widersprechen kann. Sie ist etwa so wahr wie die Aussage in der Mathematik: 5 = 5. Das ändert natürlich nichts daran, dass viele Menschen diese simple Tatsache nicht wahrnehmen bzw. nicht wahrhaben wollen.

Wir erachten die Situation zu einem bestimmten Moment also als etwas Gegebenes, so etwas wie einen Startpunkt, von dem wir loslaufen. Und zu diesem Zeitpunkt, an dem wir achtsam hinschauen, stehen wir immer genau da, wo wir gerade stehen, ob wir wollen oder nicht. Daran schließt sich die Frage an, ob unsere Gedanken und Gefühle in diesem Moment veränderbar sind. Vielleicht stellen Sie sich folgende Prüffrage: entscheide ich bewusst und willentlich zu jedem gegebenen Zeitpunkt, was ich denke und fühle? Können Sie in einem bestimmten Moment willentlich etwas nicht denken oder nicht fühlen? Nach meiner Erfahrung ist es im „normalen" Alltag eher so, dass uns Gedanken ohne unser Zutun durch den Kopf gehen und Gefühle ausgelöst werden, ob wir wollen oder nicht. Die einzige Entscheidung, die uns bleibt, ist, ob wir uns diesen Gedanken und Gefühlen zuwenden und sie bewusst wahrnehmen wollen oder ob wir es vorziehen, uns davon abzulenken. Auch der Wunsch zu einem bestimmten Zeitpunkt etwas nicht denken oder fühlen zu wollen, ist zwar verständlich, lässt sich aber nicht realisieren. Überprüfen Sie es selbst: können Sie beliebig ein Gefühl in ein anderes verwandeln? Können Sie gezielt etwas nicht denken?

Dann versuchen Sie mal in der nächsten Minute auf gar keinen Fall an einen rosa Elefanten zu denken.

Sie haben möglicherweise bemerkt, dass schon in der Aufforderung nicht an einen rosa Elefanten zu denken, das enthalten ist, woran Sie nicht denken sollen. In dem Moment, in dem Sie sich die Aufgabe stellen, sind Sie also schon gescheitert. Das mag Ihnen in Bezug auf den rosa Elefanten zum einen recht bewusst und zum anderen ziemlich egal sein. Aber bedenken Sie, dass das auch für all jene Dinge gilt, an die Sie tatsächlich lieber nicht denken wollen. Der Eine mag vielleicht auf keinen Fall an seine Arbeit denken, ein Anderer möchte lieber nicht an einen Konflikt erinnert werden und ein Dritter will um jeden Preis vermeiden, an sein geringes Selbstwertgefühl zu denken. Und schon haben sie sich eine unlösbare Aufgabe gestellt, die nur durch die permanente Ablenkung „gelöst" werden kann, über die wir im Kapitel „Achtsamkeit" ausführlich gesprochen haben. Die Alternative besteht im ersten Schritt in der bewussten Wahrnehmung der Gedanken und im nächsten Schritt darin, zu erkennen, dass Sie in einem bestimmten Moment nicht ändern können, was Ihnen nun einmal durch den Kopf geht. Der Versuch, dies doch tun zu wollen, bewirkt sogar das genaue Gegenteil, wie wir im Beispiel mit dem rosa Elefanten gesehen haben. Man könnte sogar sagen: **wenn Sie es nicht denken wollen, dann werden Sie es auf jeden Fall denken!**

Interessanterweise gilt dies auch für Gefühle. Wenn Sie ein Gefühl nicht haben wollen, dann werden Sie erst recht damit zu tun haben. Stellen Sie sich jemanden vor, der sich viel ärgert, sich aber nicht ärgern möchte. Derjenige wird vermutlich, jedes Mal, wenn er sich ärgert, sich außerdem darüber ärgern, dass er sich ärgert. Zum eigentlichen Ärger kommt also noch ein Ärger über den Ärger hinzu. Ein anderes Beispiel ist jemand, der in bestimmten Situationen mit Angst zu tun hat. Derjenige wird die ganze Zeit ängstlich darauf bedacht sein, ob denn schon wieder Angst aufkommt. Es entsteht die berühmte Angst vor der Angst. Also addiert sich auch in diesem Beispiel zur ersten Angst vor bestimmten Dingen oder Situationen eine weitere Angst hinzu und verstärkt somit das unerwünschte Gefühl. Solche Verdoppelungen ergeben sich bei einer ganzen Reihe von Gefühlen. So ist es nicht unüblich, dass Menschen darüber unzufrieden sind, unzufrieden zu sein. Manche verzweifeln darüber, dass sie verzweifelt sind. Einige schämen sich dafür, sich zu schämen usw.

Ein weiterer Mechanismus führt dazu, dass der Impuls unangenehme Gefühle nicht haben oder verändern zu wollen, das genaue Gegenteil bewirkt. Diesen Mechanismus bezeichne ich als „Deckeln". Er lässt sich an folgender Grafik veranschaulichen.

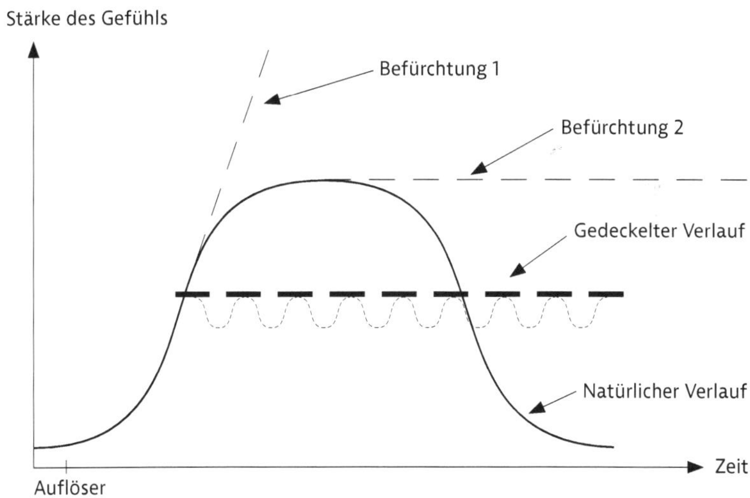

Abbildung 3: Natürlicher und gedeckelter Verlauf eines Gefühls.

Wir sehen an der durchgängigen Linie den Verlauf, den genau genommen alle Gefühle nehmen, sofern wir nicht dazwischenfunken. Ein Gefühl wird in einer bestimmten Situation ausgelöst, nimmt an Intensität zu, erreicht seinen natürlichen Höhepunkt und nimmt dann wieder ab, um schließlich früher oder später auszuklingen. Die Stärke des Gefühls und die Dauer bis zum Abklingen hängen natürlich zum einen vom auslösenden Ereignis und zum anderen und noch viel entscheidender von der jeweiligen Person und deren Lerngeschichte* ab. **Ganz gleich in welcher Situation und für welche Person gilt allerdings, dass jedes Gefühl innerhalb eines gewissen Zeitrahmens diesen Verlauf nimmt, sofern wir uns nicht zu vehement davon ablenken oder es zu verändern versuchen.** Diese Ablenkungs- und Veränderungsversuche stellen in der Grafik die sogenannten Deckel dar, mit denen das Gefühl unterdrückt oder „weggemacht" werden soll (es resultiert der Verlauf der fein gestrichelten Linie). „Wegmachen" ist dabei aus meiner Erfahrung tatsächlich das Wort, dass viele Menschen verwenden, die den Weg des Deckelns wählen. Was bringt Menschen nun aber dazu, diesen Weg zu wählen? Aus meiner Sicht gibt es hierfür vor allem drei Gründe:

1. Die Funktionsweise unseres Verstandes hat uns gelehrt, dass wir in der äußeren realen Welt – die wir auch als Situation bezeichnet haben – etwas, was uns stört oder das

---

* Als Lerngeschichte bezeichnen wir alles, was die Person in ihrem Leben erlebt und erlernt hat. Man könnte hier auch von der persönlichen Biografie sprechen. Das Wort „Lerngeschichte" macht allerdings deutlicher, dass Vieles in unserem späteren Leben seinen Ursprung in Erlebtem und Erlerntem hat. Dies beinhaltet ferner die Annahme, dass etwas umso tiefer in unserer Persönlichkeit und unserem Verhalten verankert ist, je früher im Leben es erlebt und erlernt wurde. Insofern kommt der Kindheit und frühen Jugend eine entscheidende Rolle zu, da hier die absoluten Grundlagen für unsere Weltsicht gelegt wurden. Erlebtes und Erlerntes aus der Zeit, in der wir noch gar nicht oder noch nicht sehr differenziert sprechen konnten – also ca. alles vor dem dritten bis vierten Lebensjahr – ist zudem grundsätzlich kaum sprachlich zu fassen und beeinflusst uns heute dennoch. Der Begriff „Lerngeschichte" bringt aber auch den positiven Aspekt zum Ausdruck, dass alles, was erlernt ist grundsätzlich auch umgelernt werden kann.

wir nicht haben wollen, entfernen können. In diese Kategorie fallen neben Alltagsdingen auch alle „technischen" Lösungen. Ihnen gefällt die Farbe Ihrer Wände nicht, also streichen Sie sie in einer anderen Farbe. Wir wollen im Sommer keine Hitze haben, also entwickeln wir Klimaanlagen. Manche dehnen das Prinzip sogar auf ihren Körper aus und wollen kein Bauchfett haben, also lassen sie es sich absaugen. Dieses Prinzip funktioniert in der äußeren Realität sehr gut. Und dies ist auch der Bereich, in dem wir uns rasant fortentwickeln und immer neue technische Lösungen erdenken, um die Welt an unsere Vorstellungen anzupassen. Dummerweise gilt für unser inneres Erleben jedoch nicht die Spielregel: du willst es nicht, also entferne es oder ändere es. Es gilt die genau entgegensetzte Spielregel sowohl für Gefühle als auch für Gedanken: **wenn du es nicht haben willst, wirst du es erst recht haben**. Das ist offensichtlich für unseren Verstand schwer zu begreifen, zumal das Entfernen und Verändern in der äußeren Realität so gut funktioniert. In Bezug auf Gedanken und Gefühle funktioniert es aber nicht und dagegen wehrt sich unser Verstand.

2. Der zweite Grund, den Weg des Deckelns zu gehen, ist darin zu finden, dass wir uns wie alle anderen Lebewesen auch vor allem an kurzfristigen positiven Konsequenzen orientieren und kurzfristige negative Konsequenzen eher zu meiden versuchen. In diesem Sinne stellt das Deckeln ganz einfach den Versuch dar, unangenehme Gedanken und Gefühle nicht denken bzw. fühlen zu wollen. Auch dies ist zunächst sehr verständlich, aber da es eben immer langfristig entgegengesetzte Konsequenzen gibt, ist diese Strategie nicht nur kurz*fristig*, sondern vor allem auch kurz*sichtig*.

3. Schließlich gibt es aus meiner Erfahrung noch zwei typische Befürchtungen, die die Strategie des Deckelns fördern und befeuern. Diese beiden Befürchtungen sind in Abbildung 3: „Deckeln" als zwei gestrichelte Linien dargestellt. Die erste der beiden Linien stellt die weitverbreitete Befürchtung dar, dass ein bestimmtes Gefühl (z. B. Angst, Trauer, Wut) immer stärker wird. Diese Vorstellung wird von den Meisten – was im Übrigen bei Befürchtungen häufig der Fall ist – nicht zu Ende gedacht. Es gibt nur eine vage Vorstellung, dass das Gefühl so lange zunehme, bis man es „nicht mehr aushalte". Fragt man nach, was denn nun genau passiere, wenn man „es nicht mehr aushalte", kann diese Frage meistens nicht beantwortet werden. Manchmal lautet die Antwort aber auch, dass man „verrückt werde", „die Kontrolle verliere" oder im Falle von Angst sogar „einen Herzinfarkt bekomme". Alle diese Befürchtungen haben natürlich nichts mit der Realität zu tun. Schließlich sind Gefühle eine natürliche Funktion des Körpers, die dieser auch aushalten kann. Was allerdings der Realität entspricht ist, dass das jeweilige Gefühl wahrscheinlich eine Stärke annehmen würde, die Sie aufgrund Ihres persönlichen Hintergrunds subjektiv als sehr unangenehm erleben würden. Dies werden Sie allerdings nie wirklich erfahren, solange Sie sich von Ihrer irrationalen Befürchtung dazu hinreißen lassen, das Gefühl zu deckeln. Die zweite Befürchtung, von der Menschen sich dazu bewegen lassen, ihre Gefühle zu deckeln, besteht darin zu glauben, dass ein Gefühl endlos lange anhalte, wenn man nichts dagegen tue. Auch diese Befürchtung hat jedoch nichts mit der Realität zu tun. Das können Sie leicht überprüfen, indem Sie sich fragen, ob Sie jemals von jemandem gehört haben oder gar jemanden kennen, der über

Jahre und Jahre hinweg durchgängig ängstlich, wütend oder traurig ist. Der einzige Weg, wie Sie ein bestimmtes Gefühl auf einem mittleren Ausprägungsniveau in endlosem Auf und Ab in die Länge ziehen können, besteht genau in dem Deckeln, mit dem Sie das Gefühl eigentlich vermeiden wollen. Insofern erhalten Sie das paradoxe Ergebnis durch Ihre Deckelungsstrategie indem Sie das bestärken und verlängern, was Sie loswerden wollen. Dies funktioniert im Prinzip in Bezug auf alle Gefühle. Am bekanntesten dürfte uns allen das Phänomen sein, dass jemand, der nach einem Verlust alles unternimmt um nur ja keine Trauer zu spüren, auch nach langen Jahren emotional sehr stark an den Verlust gebunden ist und so letztlich verhindert, diesen emotional zu verarbeiten, also zu erleben.

Die Gründe für die Strategie des Deckelns sind also vielfältig und auch nachvollziehbar. Sie beruhen allerdings teils auf irrationalen Annahmen, teils auf der Fokussierung auf kurzfristige unangenehme Konsequenzen und vernachlässigen die enormen langfristigen negativen Konsequenzen, die vorwiegend hierin bestehen:

- Durch die mangelnde Akzeptanz und damit verbunden die mangelnde bewusste Wahrnehmung der Gefühle ist eine optimale Reaktion auf das Gefühl sowie auf die zugrunde liegenden Gedanken und die zugrunde liegende Situation nicht möglich. Dadurch kommt es zu Verhaltensweisen, die in den jeweiligen Situationen selten hilfreich sind.
- Wie in der Grafik (Abbildung 3: „Deckeln“) aufgezeigt führt der Versuch durch bestimmte Strategien die Gefühle zu deckeln zum genauen Gegenteil. Die unangenehmen und unerwünschten Gefühle werden praktisch endlos in die Länge gezogen.

- Die Strategien, die zum Deckeln verwendet werden, sind unter Umständen selbst schädlich. Am offensichtlichsten ist dies bei Alkohol und Drogen, kann aber auch für andere scheinbar harmlose Strategien gelten, wenn diese exzessiv betrieben werden. Dies gilt zum Beispiel für Sport, Arbeiten oder die extreme Kontrolle des Essverhaltens. Auf jeden Fall benötigen die schädlichen ebenso wie die scheinbar harmlosen Strategien viel Zeit, Kraft und Energie. Dies kann vor allem, wenn es über Jahre betrieben wird, zu Erschöpfungszuständen führen.

Wir halten also fest, dass wir für die Anwendung der 4A-Methode einen beliebigen Moment wählen, an dem Sie beginnen, sich und Ihre Umgebung achtsam wahrzunehmen. In diesem Moment werden Sie sich der Situation bewusst, in der Sie sich befinden und die Sie mit Ihren fünf Sinnen wahrnehmen können. In diesem Moment ist die Situation außerdem genauso, wie sie ist, also eine nicht veränderbare Realität zu diesem Zeitpunkt Ihrer Wahrnehmung. Ebenso gehen Ihnen zu diesem Zeitpunkt spontan Gedanken durch den Kopf. Auch daran können Sie in dem Moment, in dem Sie sie wahrnehmen, nichts ändern. Sie erinnern sich vielleicht an den rosa Elefanten, an den Sie nicht nicht denken können. Außerdem werden durch Ihre Gedanken – auch wenn Sie sie vielleicht bisher gar nicht bewusst wahrgenommen haben – automatisch Gefühle ausgelöst. Man könnte sogar so weit gehen zu sagen, dass **Sie fühlen, was Sie denken**. Darauf werden wir jedoch im nächsten Kapitel „Analyse“ näher eingehen. Wichtig ist an dieser Stelle, dass auch an dem Fakt, dass Sie an dem konkreten Gefühl, das Sie in diesem achtsamen Moment haben und wahrnehmen, nichts unmittelbar ändern können. An dieser Stelle kommt nun auch wieder das eigentliche Thema dieses Kapitels zum Tragen, nämlich die Akzeptanz.

Wir wissen also nun, dass zu einem gegebenen Zeitpunkt alles unveränderbar ist, was in der Vergangenheit liegt und außerdem am Fakt der gegebenen Situation sowie Ihrer Gedanken und Gefühle, wie sie *in diesem Moment* nun einmal sind, nichts zu ändern ist. **Das ist gleichsam physisch, gedanklich und emotional der Ort, an dem Sie gerade stehen, ob Sie es wollen oder nicht.** Wohingegen die Frage, wohin Sie jetzt gehen, also was Sie tun, um auf diese innere und äußere Situation zu reagieren, offen ist. Sie haben die Möglichkeit zu entscheiden, wie Sie reagieren und wie Sie sich in Zukunft verhalten wollen. Widmen wir uns dem ersten Teil dieser Feststellung, dass wir jetzt wissen, was in diesem Moment der Bewusstwerdung unveränderbar ist. Dann wissen wir bereits auch, dass wir diese Aspekte sinnvollerweise akzeptieren sollten.

Was aber bedeutet Akzeptanz denn jetzt genau? Nach meiner Erfahrung wird der Begriff vielfach falsch verstanden. Viele glauben, Akzeptanz würde bedeuten, dass man etwas gut findet oder gutheißt. Also letzten Endes, dass einem etwas gefallen solle, was einem ganz offensichtlich nicht gefällt. In unserem Fall könnte dies eine nicht wünschenswerte Situation, negative Gedanken oder unangenehme Gefühle sein, die natürlich niemandem gefallen. Und es ist auch weiterhin völlig in Ordnung, wenn Ihnen dies auch nicht gefällt. Das ist für das Thema Akzeptanz gar nicht vonnöten. Akzeptanz bedeutet vielmehr, dass Sie aufhören sollen, gegen etwas zu kämpfen, was nicht zu ändern ist. Auch hier entsteht in Ihrem Kopf vielleicht wieder ein gewisser Widerspruch. Denn natürlich werden Sie dieses Buch in Händen halten, weil Sie an Ihrer Situation, Ihren Gedanken oder Ihren Gefühlen etwas ändern wollen. Und jetzt lesen Sie plötzlich, dass daran nichts zu ändern ist. Dieser scheinbare Widerspruch löst sich auf, wenn Sie die zeitliche Perspektive einbeziehen. Also kurzfristige und langfristige Konsequenzen auseinanderhalten.

Die langfristigen Ziele dieses Buchs werden sich vermutlich mit Ihren langfristigen Zielen einer wünschenswerten Lebenssituation und möglichst wenigen negativen Gedanken und unangenehmen Gefühlen decken. Handeln müssen wir jedoch immer in der Gegenwart, also im Hier und Jetzt. Daher bezieht sich die 4A-Methode auf diesen Zeitpunkt des Jetzt. Und für diesen gilt eben das oben Gesagte in Bezug auf Veränderbarkeit und Unveränderbarkeit. Und für diesen Moment bedeutet Akzeptanz, keine Energie darin zu investieren, nicht sein zu wollen, wo Sie gerade sind, nicht denken zu wollen, was Sie gerade denken und nicht fühlen zu wollen, was Sie gerade fühlen. **Auf den Punkt gebracht bedeutet Akzeptanz also, sich immer wieder einen Moment Zeit zu nehmen, in dem Sie alle Deckelungsstrategien unterlassen und achtsam und ehrlich Ihre Situation, Ihre Gedanken und Ihre Gefühle wahrnehmen.** Denn auch, wenn Sie dann Unangenehmes wahrnehmen – und das werden Sie aller Wahrscheinlichkeit nach – ist die einzige zielführende Strategie, um von dort wegzukommen, dass Sie zunächst einmal ungeschönt und glasklar wahrnehmen, wo Sie physisch, gedanklich und emotional gerade stehen. Die gute Nachricht ist, dass auch hier wieder das bereits bekannte Zitat zum Tragen kommt. Denn es ist absolut *simple*: Sie brauchen im Prinzip nichts zu tun, als einen Moment innezuhalten und alles um Sie herum und in Ihnen zu beobachten, also wahrzunehmen. Allerdings wird es häufig *nicht leicht* sein, in dem Sinne, dass Sie mitunter Unangenehmes sehen, denken und fühlen werden.

3. Schritt: **Analyse**

„It ain't what you don't know that gets you into trouble.
It's what you know for sure that just ain't so."

– MARK TWAIN –

Die ersten beiden Schritte „Achtsamkeit" und „Akzeptanz" sind tatsächlich so simpel, dass sie grundsätzlich sehr schnell verstanden werden können. Damit sind sie sofort einsetzbar und können in allen Situationen, die Ihnen begegnen, geübt werden. Sie müssen sich lediglich immer wieder daran erinnern, diese beiden Schritte auch bewusst auszuführen. Eine Anleitung, wie Sie dabei vorgehen können, finden Sie im Anhang. Auf eine einfache Formel gebracht haben Sie also im ersten Schritt beobachtet und wahrgenommen, was Ihre Situation ist, was Sie in dieser Situation denken und was Sie in diesem Moment fühlen. Im zweiten Schritt haben Sie sich zudem nochmals klargemacht, dass dies nun einmal Ihre Ausgangssituation ist, ob sie Ihnen gefällt oder nicht. Sie besitzen jetzt also wertvolle Informationen über Ihre äußere und innere Situation und sind bereit, diese Realität zu würdigen, anstatt dagegen anzukämpfen oder sich davon abzulenken. Damit haben Sie eine gute Basis, diese Informationen zu Ihrem Vorteil zu nutzen und optimal darauf zu reagieren.

Der nun folgende Schritt der „Analyse" befasst sich damit, diese Informationen auf verschiedene Art und Weise zu überprüfen, um schließlich im letzten Schritt „Aktion" zu einer sinnvollen und hilfreichen Reaktion zu gelangen. Anders als die Schritte „Achtsamkeit" und „Akzeptanz" wird es zunächst nicht möglich sein, diese Analyse quasi in Echtzeit durchzuführen, also während Sie die Situation erleben. Das liegt daran, dass wir in den meisten Situationen in unserem Alltag sehr schnell reagieren müssen und nicht kurz auf die Pausetaste drücken können, um eine Analyse durchzuführen, bevor wir reagieren. Das ist jedoch nicht so schlimm, denn „glücklicherweise" machen wir dieselben Fehler immer wieder. Wir können also eine Situation auch im Nachhinein auf Basis unserer Erinnerungen analysieren und die Aktion, die wir als beste Reaktion beurteilen, beim nächsten oder übernächsten Mal zeigen. Die Analyse wird also zunächst mit einer deutlichen Zeitverschiebung stattfinden, vielleicht erst Tage nach der eigentlichen Situation, die uns dann immer noch beschäftigt. Mit zunehmender Übung wird der Zeitpunkt der Analyse dann in immer kürzerem Abstand von der Situation möglich sein. Zu Hilfe kommt uns außerdem dabei, dass uns in einer bestimmten Phase unseres Lebens selten mehr als eine Handvoll grundsätzlicher Themen oder Probleme beschäftigen. Das heißt, Sie werden nach einigen Analysen merken, dass immer wieder dieselben Schwierigkeiten auftreten. Für ähnliche Situationen brauchen Sie sich natürlich nicht immer wieder neue Reaktionsweisen zu überlegen, sondern Sie werden nach einiger Zeit und Übung schon wissen, welche Art von Aktion die günstigste ist. Damit werden Sie nach einiger Übung schließlich in der Situation selbst in Echtzeit reagieren können. Der Weg dorthin kann je nachdem einige Zeit in Anspruch nehmen. Entscheidender ist allerdings, dass Sie überhaupt unterwegs sind. Denn bereits in dem Moment, in dem Sie wissen, was die Situation ist und außerdem wissen, wie Sie darauf reagieren, kann man nicht wirklich mehr davon sprechen, dass Sie ein Problem haben. Es gibt ja nichts mehr zu lösen. Es gibt lediglich einen Weg, den Sie zu gehen haben.

Ich habe davon gesprochen, dass wir im Schritt „Analyse" die gewonnenen Informationen vor allem aus dem Schritt „Achtsamkeit" nutzen werden, um diese dann auf bestimmte Aspekte hin zu überprüfen. Um zu verdeutlichen, was genau wir überprüfen werden, nehmen wir nochmals das Schaubild zu Hilfe, das wir schon kennen.

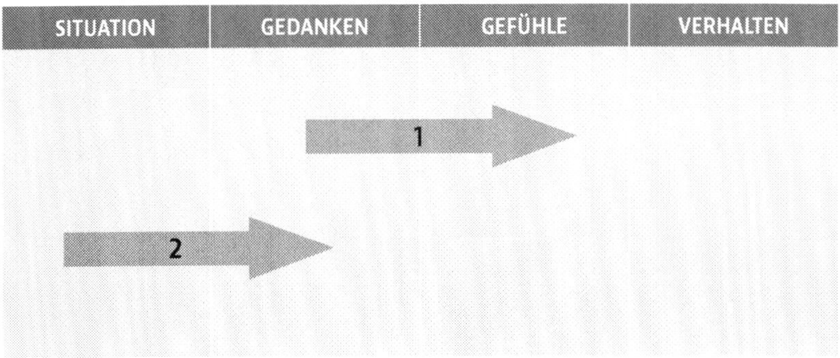

Abbildung 4: Überprüfung der Passung von Gedanken und Gefühlen (1) sowie der Passung von Situation und Gedanken (2).

Wir werden im Schritt „Analyse“ folgende beiden Aspekte überprüfen:

- Zuerst überprüfen wir, ob die wahrgenommenen Gefühle zu den Gedanken passen, die Sie in der Situation identifizieren konnten. Vielleicht erinnern Sie sich, dass wir gesagt hatten „wir fühlen, was wir denken“. Obwohl dies grundsätzlich stimmt, kann es sein, dass Sie etwas denken, das dazugehörige Gefühl aber nicht wahrnehmen, da Sie es entweder deckeln oder es durch ein anderes Gefühl überlagert wird, das für Sie einfacher zu ertragen bzw. zu akzeptieren ist.
- Als Zweites überprüfen wir, ob Ihre Gedanken eine passende Beschreibung der Situation darstellen oder ob es sich um eine Interpretation handelt, die mit der äußeren Realität wenig zu tun hat.

Eine dritte Frage besteht darin, ob die wahrgenommenen Gefühle zur Situation passen. Die Antwort auf diese Frage können wir uns jedoch aus den beiden obigen Überprüfungen ableiten. Wenn die Gefühle zu den Gedanken passen und die Gedanken wiederum zur Situation, dann folgt daraus logisch, dass auch die Gefühle zur Situation passen. Daher müssen wir dies nicht noch einmal zusätzlich prüfen.

Ob es sich schließlich um ein passendes, sinnvolles, hilfreiches Verhalten handelt, werden wir im Schritt „Aktion" überprüfen, mit dem die 4A-Methode abschließt.

Exkurs Gedanken und Gefühle

Um die beiden erwähnten Überprüfungen durchführen zu können, müssen wir uns zunächst einige grundlegende Dinge über Gedanken und Gefühle klarmachen. Vieles, was Sie in diesem Exkurs lesen werden, ist so simpel, dass es auch kleine Kinder verstehen würden. Tatsächlich finde ich immer wieder erschreckend, worauf an unseren Schulen Wert gelegt wird, während diese für das Leben so wichtigen Aspekte nicht einmal erwähnt werden. So wundert es auch nicht, dass selbst viele Erwachsene nicht viel darüber wissen, was es mit ihren Gedanken und Gefühlen auf sich hat und demzufolge auch nicht sinnvoll damit umgehen können.

Zunächst einmal sollten wir uns klarmachen, dass Gefühle in der Evolutionsgeschichte früher entstanden sind als Gedanken. Der Mensch hat also bereits über Gefühle verfügt als er noch nicht sprechen und damit auch nicht in unserem heutigen Sinne denken konnte. Dies zeigt sich unter anderem am Aufbau unseres Gehirns, in dem früher entstandene Hirnstrukturen für Gefühle zuständig sind, während Sprache und Denken in den neueren Strukturen stattfinden.

Gefühle stellen ein frühes System des Organismus dar, auf bestimmte Situationen zu reagieren. Ein anschauliches Beispiel hierfür ist das Gefühl Angst. Dieses Gefühl stellt eine Reaktion des Organismus auf Gefahr oder Bedrohung dar. Die Angst ist letztlich eine Reaktion, die den Körper darauf vorbereitet, optimal mit einer Bedrohungssituation umzugehen. Die beste Reaktion bei einer Bedrohung besteht in der Regel darin, entweder wegzurennen oder zu kämpfen. Daher spricht man auch von der Kampf-oder-Flucht-Reaktion* im Zusammenhang mit der Angst. Das, was wir spüren und als „Angst" bezeichnen, ist also die Reaktion unseres Körpers, die optimal dafür ist, bei einer Bedrohung zu flüchten oder zu kämpfen. Dies ist also eine äußerst sinnvolle Reaktion, die unter anderem darin besteht, die Atmung zu erhöhen, um dem Körper mehr Sauerstoff zuzuführen und den Herzschlag zu erhöhen, um den Sauerstoff schneller zu den Muskeln zu transportieren. Dass unsere Muskeln ausreichend mit Sauerstoff versorgt werden, ist nämlich entscheidend dafür kämpfen oder fliehen zu können. Subjektiv erleben wir diese Reaktion auf einem Spektrum von leichter Unruhe bis zu starkem Herzrasen. Die Atmung wird zudem schneller und pumpt so viel Sauerstoff in die Lungen, dass Brustschmerzen oder Beklemmungsgefühle entstehen können. In der deutschen Sprache kennen wir außerdem die Ausdrücke, dass wir einen „Kloß im Hals" haben oder sich uns „die Kehle zuschnürt". Auch dies sind die subjektiven Folgen der übermäßigen Sauerstoffzufuhr im Rahmen der Angstreaktion. Vor allem, wenn wir zwar Angst haben, aber nicht kämpfen und nicht flüchten, kann der Eindruck entstehen, dass wir keine Luft mehr bekommen. Dieses Gefühl entsteht dadurch, dass die Lungen bereits voll sind mit Sauerstoff, der aber nicht verbraucht wird. Tatsächlich wird dann keine zusätzliche Luft mehr aufgenommen. Die Interpretation, dass man erstickt ist allerdings falsch, da, wie gesagt, zu viel Sauerstoff zu diesem Erleben führt und nicht zu wenig.

---

* Aus dem Englischen, wo es etwas schöner klingt: Fight-or-flight-reaction.

Weitere Symptome* der Angst, die wir spüren können, sind weiche Knie, Zittern, Schwitzen, Übelkeit und andere Magen-Darm-Probleme wie Verstopfung oder Durchfall. Alle diese Symptome lassen sich aus der körperlichen Reaktion erklären und machen Sinn, wenn wir im Auge behalten, dass Angst eine Reaktion auf eine Gefahr darstellt und unseren Körper in den Zustand versetzen soll zu kämpfen oder zu fliehen. Die weichen oder schlotternden Knie sind eine Folge des Muskelzitterns, das wiederum dazu dient, die Muskeln aufzuwärmen, um dann Höchstleistungen erbringen zu können. Das Schwitzen wird vielfach so interpretiert, dass dadurch die notwendige Kühlung des Muskelapparats gewährleistet wird, wenn dieser voll arbeitet. Die verschiedenen Magen-Darm-Probleme, die auftreten können, hängen damit zusammen, dass der Körper sich auf die Aktivierung des Muskelapparats konzentriert und bei allen anderen Prozessen Energie spart, die nicht direkt am Kämpfen oder Fliehen beteiligt sind. Dies betrifft unter anderem das Verdauungssystem. Da hier während der Angstreaktion alle Prozesse gestoppt werden, geraten diese durcheinander und machen sich in Form von Übelkeit, Verstopfung oder Durchfall bemerkbar.

Wenn Sie sich nun eine Situation in der Steinzeit vorstellen, in der ein Mensch von einem wilden Tier bedroht war, dann war die Angst eine äußerst sinnvolle und hilfreiche Reaktion. Denn sie versetzte den Körper in Alarmbereitschaft und bereitete ihn perfekt darauf vor, mit dieser Situation umzugehen, also zu kämpfen oder zu flüchten. Die Angst brachte also auf diese Weise einen evolutionären Vorteil und sicherte das Überleben und damit die Fortpflanzung derer, die in Gefahrensituationen mit Angst reagierten.

---

* Anzeichen, Merkmale

Das Problem, das wir heute allerdings haben, besteht darin, dass wir nicht mehr in der Steinzeit leben und in der Regel in einer zivilisierten Gesellschaft in unserem Alltag nicht mit tatsächlichen Gefahren für Leib und Leben konfrontiert sind. Vielmehr handelt es sich um erlernte Angstreaktionen, die in Situationen auftreten, die unser Verstand als Gefahr interpretiert*. Wann immer ich das Wort „erlernt" benutze, will ich darauf hinweisen, dass etwas im Laufe des Lebens erworben wurde. Je früher etwas erlernt wurde, desto weitreichendere Auswirkungen wird es in der Regel auf das Leben haben. Die dramatischsten Auswirkungen auf unser Leben haben also vor allem die Dinge, die wir in der Kindheit erlernt haben. Da wir als Kinder alle tatsächlich mit Leib und Leben von unseren Eltern – oder generell unseren frühen Bezugspersonen – abhängig waren, galt uns automatisch all das als Gefahr für Leib und Leben, was den Unmut der Eltern auf sich zog oder deren Wohlbefinden beeinträchtigte. In manchen Fällen werden die Eltern diese Zusammenhänge zwischen kindlichem Verhalten und ihrem Wohlbefinden vielleicht sehr direkt ausgedrückt haben. So klingen dem ein oder anderen Erwachsenen noch Sätze seiner Eltern in den Ohren wie „Mami ist ganz traurig, wenn du nicht brav bist." oder „Du machst mich ganz verrückt mit deinem Geschrei". In den meisten Fällen werden Sie als Kind diese Zusammenhänge aber indirekt aus dem Verhalten Ihrer Eltern erschlossen haben. Sie werden also gemerkt haben, wofür Ihre Eltern Sie gelobt und wann sie Sie bestraft haben, worauf sie freudig und worauf sie traurig, wütend oder distanziert reagiert haben. Jede eigene Verhaltensweise, auf die eine bedrohliche Reaktion der Eltern erfolgte, löste

---

* Neben den erlernten „Gefahren" besteht die häufigste Art von „Bedrohung" heutzutage dabei in einem „Angriff" auf das eigene Selbstbild oder Weltbild. Dies stellt natürlich keine reale Gefahr für Leib und Leben dar, da lediglich Vorstellungen bedroht sind. Subjektiv kann dies jedoch durchaus erhebliche Angst auslösen.

schließlich eine erlernte Angstreaktion aus. In der Folge wurden diese Verhaltensweisen zukünftig nicht mehr gezeigt – also vermieden – und alternative Verhaltensweisen vermehrt gezeigt, die zu positiveren Reaktionen der Eltern führten.

Hierbei ist noch wichtig, sich klarzumachen, dass das bedrohlichste Verhalten der Eltern darin besteht, das Kind zu ignorieren. Denn ignoriert zu werden, bedeutet vergessen und allein gelassen zu werden. Und auf sich alleine gestellt zu sein, bedeutet für ein Menschenkind in den ersten Jahren Lebensjahren den sicheren Tod. Zum selben Ergebnis führen außerdem andauernde Traurigkeit oder gar Verzweiflung, Hilflosigkeit und Überforderung der Eltern, da auch sie signalisieren, dass die Eltern das Überleben der Kinder nicht sicherstellen können. Kinder werden daher von früh auf automatisch solche Verhaltensweisen erlernen, die diese Reaktionen bei den Eltern vermeiden. Dies sind dann die Verhaltensweisen, von denen an früherer Stelle schon als „Strategien" die Rede war. Wir können also festhalten, dass es natürliche Ängste gibt, die in Situationen auftreten, in denen eine tatsächliche Gefahr für Leib und Leben besteht. „Natürlich" in dem Sinne, dass das Gefühl eine angemessene Reaktion auf die Situation darstellt und der damit verbundene Impuls zu Kampf oder Flucht folglich ebenfalls eine hilfreiche Reaktion auf die Situation darstellt. Alle erworbenen Ängste basieren jedoch darauf, was in unserer Kindheit im Zusammenleben mit unseren Eltern bedrohlich war. Während zum Zeitpunkt des Erwerbs dieser Ängste und der damit verbundenen Verhaltensreaktionen also eine reale Bedrohung bestand, dürfen wir in Bezug auf diese erlernten Ängste zum heutigen Zeitpunkt zwei entscheidende Aspekte nicht vernachlässigen:

- Zum einen ist natürlich entscheidend, dass wir keine kleinen Kinder mehr sind. Das heißt, dass wir selbst für unser

Überleben sorgen können und somit unser Leben nicht von unseren Eltern und deren Wohlwollen abhängig ist. Dies ist ein nicht zu unterschätzender Aspekt. Selbst wenn es Ihnen wichtig ist, gut mit Ihren Eltern auszukommen: Ihr Überleben ist nicht von Ihren Eltern abhängig. Weder von deren finanzieller, materieller, emotionaler noch sonst wie gearteter Zuwendung. Als Erwachsener können Sie selbstständig überleben. Es mag banal klingen, aber viele Menschen zeigen auch als Erwachsene noch Verhaltensweisen, die nur dazu dienen, es den Eltern recht zu machen, sie nicht wütend oder traurig zu machen oder um die Bedingungen zu erfüllen, „geliebt" zu werden.

- Der zweite wichtige Aspekt betrifft die Tatsache, dass die meisten unserer grundlegenden Verhaltensweisen oder Strategien darauf abgestimmt sind, mit unseren Eltern bestmöglich auszukommen. Selbst wenn diese Strategien einigermaßen funktioniert haben, heißt dies natürlich nicht, dass sie auch bei anderen Menschen funktionieren. In gewisser Weise „suchen" wir uns Menschen und Situationen, die unseren Eltern und der Situation in unserer Kindheit ähnlich sind. Der einfache Grund liegt darin, dass unser Verhaltensrepertoire dann am besten funktioniert. Allerdings haben wir als Erwachsene immer wieder auch mit Menschen zu tun, die anders funktionieren als unsere Eltern. Dann werden wir vermutlich feststellen müssen, dass unsere Strategien nicht unbedingt von Erfolg gekrönt sein werden. Eine Veränderung der Situation oder die Konfrontation mit neuen, anders funktionierenden Menschen kann also dazu führen, dass im späteren Leben plötzlich die alten, erworbenen Ängste (wieder) hervorbrechen, die wir lange hinter uns gelassen zu haben glaubten bzw. nie bewusst wahrgenommen haben, da wir sehr früh Strategien entwickelt haben, diese zu vermeiden.

Wie Sie vielleicht bemerkt haben, befinden wir uns am Beispiel der Angst bereits mitten in der Analyse der Informationen, die wir im Schritt Achtsamkeit wahrgenommen haben. Ich habe Ihnen aufgezeigt, dass das Gefühl der Angst dann angemessen ist, wenn eine tatsächliche Bedrohung für Leib und Leben besteht. Dann habe ich Ihnen gezeigt, dass das Vorhandensein des Gefühls Angst alleine nicht beweist, dass auch wirklich eine Gefahr vorliegt. Es könnte sich schließlich auch um eine erlernte Angst handeln, der in Ihrer Kindheit zwar eine reale Gefahr als Auslöser entsprach, der heute aber keine reale Gefahr mehr entspricht. Die Angst ist somit nicht direkt von der Situation abhängig, sondern von unserer – bewussten oder unbewussten – Einschätzung der Situation als gefährlich. Diese Einschätzung findet auf der Gedankenebene statt. Sie erinnern sich vielleicht an die Formulierung, dass wir „fühlen, was wir denken". Diese Formulierung bringt genau diesen Sachverhalt zum Ausdruck, dass das Gefühl – in unserem Beispiel die Angst – davon abhängt, was wir denken. Präziser formuliert werden wir dann Angst spüren, wenn wir an eine Gefahr denken bzw. uns eine Gefahr vorstellen. Diese spezielle Art von Gedanken nennen wir Befürchtungen. Wir haben ferner gesehen, dass diese Befürchtungen nicht unbedingt etwas mit der tatsächlichen Situation zu tun haben müssen. Im Fall von *erlernten* Ängsten handelt es sich ebenfalls um *erlernte* Befürchtungen. Unsere Biografie im Sinne unserer Lerngeschichte hat daher einen großen Einfluss darauf, wie wir eine bestimmte Situation einschätzen. Nochmals zur Erinnerung: dies muss keineswegs voll bewusst stattfinden. Vielmehr findet dies in der Regel automatisch und größtenteils unbewusst statt, sodass wir gar nicht bemerken, welche alten Gedanken aus unserer Vergangenheit uns beeinflussen und in uns alte Gefühle hervorrufen. Ich bezeichne diese Gefühle deshalb als alt, weil sie vielmehr mit der Situation zu tun haben, in der wir sie erlernt haben als mit der heutigen Situation. Insofern „gehören" sie auch eher in diese frühere(n) Situation(en) aus unserem Leben und waren damals auch passend und angemessen. Wir können allerdings nicht von vornherein und ohne weitere Prüfung davon ausgehen, dass sie eben nicht auf alten Gedanken beruhen, die keine realistische Repräsentation der aktuellen Situation darstellen. Wir hatten bereits als Faustregel formuliert, dass alles, was uns als Sprache durch den Kopf geht, grundsätzlich Gedanken sind. „Gedanke" ist daher ein Oberbegriff. Wir können in diesem Zusammenhang ebenfalls von Interpretationen, Überzeugungen, Sichtweisen, Meinungen oder Perspektiven reden. Für bestimmte Gedanken gibt es noch zahllose weitere Begriffe. Im Zusammenhang mit dem Gefühl der Angst sind z. B. vor allem Sorgen und Befürchtungen relevant, da diese letztlich dem Gefühl vorausgehen.

An dieser Stelle schließt sich zudem der Kreis der Erklärung von Angst aus einer evolutionsbiologischen Perspektive. Ich hatte eingangs ja betont, dass Gefühle evolutionsgeschichtlich älter sind als Gedanken und Sprache. Die später entstandene Fähigkeit des Denkens hatte den Vorteil, dass in Gedanken – man könnte auch sagen: in der Fantasie – verschiedene Handlungsalternativen durchgespielt und deren vermutliche Ausgänge miteinander verglichen werden konnten. So konnte die Alternative mit dem vermutlich besten Ausgang direkt gewählt werden, ohne den Weg der bis dahin bewährten mühsamen und zeitaufwendigen Methode des Versuch-und-Irrtums zu gehen. Auf diese Weise brachte die Entstehung des Denkens große Vorteile mit sich, vor allem, was die Bewältigung von schwierigen

Situationen in der äußeren Realität betraf. Ein Nebeneffekt dieser neuen Errungenschaft des menschlichen Verstandes bestand jedoch darin, dass das bereits bestehende ältere System der Gefühle nicht unterscheiden kann zwischen tatsächlicher äußerer Realität und vorgestellter, also gedanklicher Realität. In gewisser Weise wurde mit der Fähigkeit zu denken also eine virtuelle Realität geschaffen, deren Gestaltung grundsätzlich keine Grenzen gesetzt sind und die nicht zwangsläufig etwas mit der äußeren Realität zu tun haben muss. Für unser Gefühlserleben ist dies jedoch egal: Wir fühlen bei einer nur vorgestellten Gefahr genau dieselbe Angst wie bei einer realen Gefahr.

Sie können das ganz leicht ausprobieren, indem Sie kurz die Augen schließen und sich möglichst lebendig eine Situation ausmalen, vor der Sie Angst haben. Sie können sich zum Beispiel eine Situation ausmalen, in die Sie sich niemals begeben und die Sie in Ihrem normalen Alltag auf jeden Fall vermeiden würden. Oder Sie wählen eine Situation aus der Vergangenheit, in der Sie starke Angst erlebt haben und stellen sich diese in allen Einzelheiten vor.

Wenn Sie meiner Anregung tatsächlich gefolgt sind, werden Sie mit Sicherheit ein mehr oder weniger starkes Maß an Angst erlebt haben. Das ist doch erstaunlich. Schließlich befinden Sie sich immer noch in derselben, vermutlich völlig harmlosen, Situation, in der Sie sich vor der kleinen Übung befunden haben. In der äußeren Realität ist nichts Entscheidendes passiert. Schon gar nicht kann davon die Rede sein, dass Sie sich plötzlich in einer realen Gefahr befinden würden. Sie sitzen vermutlich auf dem Sofa, an einem Schreibtisch oder in einem Café oder vielleicht liegen Sie auch im Bett und lesen dieses Buch. Das Einzige, was sich während der kleinen Übung verändert hat, ist Folgendes: Sie haben sich etwas vorgestellt, wovor Sie in der Vergangenheit Angst hatten oder noch heute Angst haben.

Allein diese Vorstellung hat dann das Gefühl der Angst ausgelöst. Vollkommen unabhängig von der realen Situation, in der Sie sich gerade befinden. Es ist ein so simpler und banaler Fakt, der uns trotzdem im Alltag meistens nicht bewusst ist: unsere innere Realität aus Gedanken, Vorstellungen und den dazugehörigen Gefühlen hat nicht zwangsläufig etwas mit der realen äußeren Situation zu tun, in der wir uns befinden. Das Problem besteht an dieser Stelle hauptsächlich darin, dass wir alle es gewohnt sind, zu glauben, was wir denken. Und da wir bekanntlich fühlen, was wir denken, wird dieser Glauben noch durch das „passende" Gefühl verstärkt. Mit „Glauben" ist an dieser Stelle gemeint, dass wir also vielfach das, was wir Denken und Fühlen, mit einer realistischen Repräsentation der tatsächlichen Situation – also der äußeren Realität – verwechseln. Zugegebenermaßen ist es nicht leicht zu unterscheiden, welche unserer Gedanken und Gefühle unsere tatsächliche Situation adäquat darstellen. Zunächst einmal geht es mir jedoch darum aufzuzeigen, dass hier überhaupt eine Überprüfung stattfinden muss, wenn wir unsere Entscheidungen, unser Verhalten und letztlich unser gesamtes Leben nicht auf irgendwelchen falschen Überzeugungen aufbauen wollen. Der Begriff „falsch" ist an dieser Stelle *nicht* so zu verstehen, dass es moralisch eindeutig richtige und falsche Sichtweisen gibt. Diese Diskussionen werden von Generation zu Generation neu geführt und werden wohl nie abschließend beantwortet werden. Auch wird jeder Philosoph oder auch jeder Physiker, der sein Salz wert ist, bestätigen, dass sich darüber streiten lässt, was *die* richtige Realität ist. Als „falsch" bezeichne ich vor allem die Überzeugungen, die Ihnen das Leben schwer machen und Ihr Wohlbefinden und Ihre volle Entfaltung behindern, obwohl dies nicht nötig wäre.

Im Schritt „Analyse" geht es genau darum, zu überprüfen, welche Gedanken und Gefühle mit der äußeren Realität so weit im Einklang stehen, dass Sie Ihnen helfen in dieser Welt zu leben. Zusammenfassend sind wir bisher in diesem Kapitel zu folgenden Schlussfolgerungen gelangt:

- Ein Gefühl, dass wir zu einem bestimmten Zeitpunkt fühlen, ist zunächst einmal kein Beweis, dass tatsächlich eine entsprechende Situation vorliegt. Für das Beispiel der Angst bedeutet dies, dass Menschen in allen möglichen Situationen Angst verspüren, ohne dass zwangsläufig eine reale Gefahr bestehen muss. Jedoch können wir davon ausgehen, dass dem Gefühl entsprechende Gedanken vorausgegangen sind. Im Falle der Angst können Sie also davon ausgehen, dass ihr mehr oder weniger bewusste Befürchtungen vorausgegangen sind.
- Auf der Ebene der Gedanken haben wir ebenfalls gesehen, dass das Vorhandensein bestimmter Gedanken nicht unbedingt bedeutet, dass diese eine realistische – geschweige denn hilfreiche – Einschätzung der äußeren Realität darstellen. In Bezug auf das Gefühl der Angst könnte es also sein, dass Sie in Ihrer Lerngeschichte die Überzeugung erworben haben, dass z. B. Fremde oder Hunde oder Autoritätspersonen gefährlich sind. Während natürlich nicht auszuschließen ist, dass es auch gefährliche Fremde, Hunde und Autoritätspersonen gibt, wäre Ihre grundsätzliche Überzeugung in ihrer Pauschalität jedoch eindeutig falsch.

Ich habe Sie im ersten Schritt „Achtsamkeit" dazu angeregt, in eine bewusste Beobachterperspektive zu gehen. Mit dem nötigen Maß an Übung sollen Sie so in die Lage versetzt werden, mit Ihren fünf Sinnen Ihre jeweilige äußere Situation wahrzunehmen. Ferner sollen Sie Ihre Aufmerksamkeit auf Ihre inneren Prozesse konzentrieren und Ihre Gedanken und Gefühle bewusst wahrnehmen. Vor allem dieser Teil dürfte für Viele eine Herausforderung darstellen, da in Erziehung und Bildung in unserer Gesellschaft praktisch niemand auf den grundlegenden Unterschied zwischen Innenwelt und Außenwelt hinweist. Zu unterscheiden, was äußere Sinneswahrnehmung und was Gedanken und Gefühle sind, findet ebenfalls im ersten Schritt statt. Am leichtesten dürfte den Meisten fallen, ihr Verhalten als solches zu erkennen und zu benennen. Aber selbst hierbei können sich Schwierigkeiten ergeben, auf die ich noch näher eingehen werde.

Im Kapitel „Akzeptanz“ war die entscheidende Erkenntnis, die ich Ihnen zu vermitteln hoffte, dass das, was wir im ersten Schritt wahrgenommen haben, erst einmal die Basis ist, von der aus wir starten, ob es uns gefällt oder nicht. Oder wie es ein altes chinesisches Sprichwort ausdrückt: „Man muss zunächst einmal an einem Ort ankommen, bevor man ihn verlassen kann.“ Die Schlussfolgerung bestand schließlich darin, nicht gegen das zu kämpfen, was im jeweiligen Moment der Wahrnehmung zunächst einmal gegeben ist, also nicht unmittelbar veränderbar ist. Dies betrifft vor allem die zu diesem Zeitpunkt bestehende Situation, aber auch die Gedanken, die Ihnen in diesem Moment durch den Kopf gehen und die entsprechenden Gefühle, die durch diese Gedanken ausgelöst wurden. Unser Verhalten von diesem Zeitpunkt an fällt jedoch nicht in die Kategorie der Dinge, die wir nicht ändern können.

Im Kapitel, dass Sie gerade lesen, ging es mir bisher vor allem darum, dass die Gedanken und Gefühle – die Sie achtsam wahrgenommen und deren Vorhandensein Sie akzeptiert haben – nicht unbedingt eine gültige Aussage über die tatsächliche Situation machen. Um dies nochmals zu betonen und keine Missverständnisse aufkommen zu lassen, was den Schritt der Akzeptanz betrifft: Es geht darum, das *Vorhandensein* der Gedanken und Gefühle zu akzeptieren, *nicht* jedoch ungeprüft deren

Inhalt! Diesen Unterschied sollte das obige Beispiel anhand der Angst verdeutlichen. Man könnte an dieser Stelle – also vor der angesprochenen Überprüfung im konkreten Einzelfall – auch Folgendes sagen: Das Vorhandensein von Angst bedeutet, dass Sie gerade Angst spüren, es bedeutet jedoch nicht automatisch, dass eine tatsächliche Gefahr besteht. Dieser Unterschied ist absolut entscheidend, aus verschiedenen Gründen. Zum einen werden Sie sehr darunter leiden und es als sehr schlimm erleben, wenn Sie jedes Mal, wenn Sie Angst haben, auch glauben, dass eine Gefahr besteht. Zum anderen werden Sie, wenn Sie dem Gefühl der Angst blind glauben, mit großer Wahrscheinlichkeit Ihrem Flucht- (oder Kampf-) Impuls folgen und sich damit häufig nicht hilfreich in der tatsächlichen Situation verhalten.

Das bisher Gesagte gilt grundsätzlich für alle Gedanken und alle Gefühle. Es gibt kein Gefühl, dass immer eine stimmige Repräsentation der tatsächlichen Situation darstellt. Ebenso gibt es keinen Gedanken, den Sie ungeprüft glauben sollten. Auch als Erwachsene und scheinbar reife und rationale Menschen besteht das Meiste, was wir zu wissen glauben, aus Überzeugungen, Sichtweisen, Perspektiven und Regeln, die wir von Anderen ungeprüft übernommen haben. Gerade die ganz grundlegenden Überzeugungen, wie Sie sich, Ihre Mitmenschen und Ihre Umwelt sehen, stammen höchstwahrscheinlich zum Großteil noch von Ihren Eltern und wurden niemals ernsthaft von Ihnen hinterfragt. Nachdem ich Ihnen dargelegt habe, *warum* ich diese Hinterfragung für notwendig erachte, wollen wir uns dieser Aufgabe nun tatsächlich zuwenden.

Nun habe ich Sie ja einerseits dazu ermutigt, Ihre Gedanken bewusst wahrzunehmen und Ihre Gefühle wirklich zu spüren. Andererseits stachele ich Sie nun dazu auf, dem, was Sie da wahrnehmen und spüren nicht ungeprüft eine weitergehende Bedeutung zuzuschreiben. Die Schwierigkeit bei dieser

Überprüfung – also unserer eigentlichen Analyse – besteht nun darin, dass es ziemlich viele Gefühle und praktisch unzählige Gedanken gibt. Davon abgesehen gibt es außerdem unzählige Menschen in unzähligen Situationen. Das bedeutet, dass ich für Sie in diesem Buch natürlich nicht alle möglichen Gedanken und Gefühle in allen möglichen Situationen für Sie überprüfen kann. Um mit dieser Schwierigkeit umzugehen, wähle ich ein vier-schrittiges Vorgehen.

1. Im Rahmen dieses Kapitels werde ich Ihnen einige allgemeine Faustregeln an die Hand geben, wie Sie mit Ihrer Analyse beginnen können. Diese betreffen zum einen die Funktionsweisen der gängigsten Gefühle samt der dazu „passenden"* Situationen.
2. Zum anderen zeige ich Ihnen die am weitesten verbreiteten formalen Denkfehler auf, die Sie dann unabhängig von deren konkretem Inhalt identifizieren können.
3. Im nächsten Kapitel „Aktion" werde ich Ihnen dann einige Richtlinien für zentrale Lebensbereiche (Schlaf, Ernährung, Bewegung) sowie einige hilfreiche Instrumente zur Gestaltung Ihrer Lebensführung und Ihrer Beziehungen an die Hand geben.
4. Der entscheidende vierte Aspekt besteht schließlich darin, dass Sie tatsächlich auch üben die 4A-Methode in Ihrem Alltag anzuwenden. Diesem Anliegen widmet sich der Übungsteil im Anhang des Buchs. Er ist nach allen vier Schritten der Methode gegliedert und enthält konkrete Anregungen, wie Sie die Methode üben können.

---

* Als „passendes" Gefühl bezeichne ich ein Gefühl, das dann zustande kommt, wenn sowohl die Situation als auch die betreffenden Gedanken realistisch wahrgenommen werden. Sofern keine Gefühle-unterdrückenden Strategien angewendet werden, wird dann das Gefühl gespürt, dass die Situation adäquat repräsentiert und einen Handlungsimpuls gibt, der der Situation angemessen und somit hilfreich ist.

Allgemeine Funktionsweise von Gefühlen

Wenn es um das Thema Gefühle geht, mache ich immer wieder eine erstaunliche Erfahrung. Viele erwachsene Menschen, mit denen ich arbeite, können nur sehr schlecht ihre Gefühle wahrnehmen und differenziert benennen. Dies ist allerdings kein Wunder, wenn wir uns vergegenwärtigen, was in unserem Alltag typische Antworten auf die Frage sind, wie es uns geht bzw. wie wir uns fühlen. Die meisten von uns sind darauf trainiert, automatisch mit „gut" zu antworten. Weitere typische Antworten sind „okay", „schlecht", „es geht" oder „es muss ja". Dies sind natürlich alles keine Gefühle. Die üblichen Antworten „gut" oder „schlecht" sind zum Beispiel Bewertungen. Das Problem mit diesen Bewertungen liegt zum einen darin, dass sie keine Informationen darüber enthalten, *wie* es uns tatsächlich geht bzw. *was* genau wir fühlen. Was bedeutet zum Beispiel die Antwort „schlecht"? Heißt das, dass wir traurig sind oder wütend oder frustriert? Diese Gefühlswörter beinhalten viel mehr Informationen darüber, wie wir uns fühlen und in welcher Situation wir uns wohl befinden. Auf welche Situationen die verschiedenen Gefühle hinweisen, werde ich gleich zu sprechen kommen. Zum anderen stellt sich die Frage, ob es sinnvoll ist, bestimmte Gefühle grundsätzlich als „schlecht" zu bezeichnen. Sind Trauer oder Wut grundsätzlich schlecht? Wir werden sehen, dass jedes Gefühl im Grunde zu einer bestimmten Situation passt, sofern wir diese realistisch gedanklich bewerten. Es macht also mehr Sinn von der Passung von Gefühlen zur jeweiligen Situation zu sprechen als von „guten" oder „schlechten" Gefühlen. Um überhaupt eine Grundlage für diese Analyse der Passung zu haben, um die es hier gehen soll, muss also die Wahrnehmung und Benennung der eigenen Gefühle geschult werden.

Da die Differenziertheit unserer Wahrnehmung maßgeblich von der Differenziertheit unserer Sprache beeinflusst wird*, müssen wir zunächst einmal schauen, welche Wörter uns zur Bezeichnung von Gefühlen zur Verfügung stehen. In der Psychologie – als der zentralen Wissenschaft, die sich mit Gefühlen beschäftigt – gibt es keine allgemeingültige Lehrmeinung, wie viele Gefühle es gibt oder welche Gefühle besonders wichtig sind. Verschiedene Forscher und Praktiker vertreten unter Umständen sehr verschiedene Theorien darüber. So reichen die Einschätzungen zum Beispiel von der Theorie, dass es sieben Grundemotionen gebe** bis zu sogenannten lexikalischen Ansätzen, die alle Gefühlswörter in deutschen Wörterbüchern zählen und so auf mehrere Hundert Gefühlswörter kommen. Während eine Beschränkung auf nur sieben Gefühle vieles ausblenden würde, was im Alltag vorkommt, dürfte die Verwendung von mehreren Hundert Gefühlswörtern vermutlich mehr verwirren als helfen. Zumal davon auszugehen ist, dass sich darunter viele Synonyme finden, die nicht unbedingt mit verschiedenen Empfindungen einhergehen. Man denke etwa an Wut, Zorn und Ärger. Ich schlage daher einen Ansatz vor, der einen mittleren Weg wählt. Ich werde Ihnen in der Folge die Gefühle etwas näher erläutern, die aus meiner Erfahrung am häufigsten auftreten, mit besonderem Fokus auf diejenigen, die von den meisten Menschen als schwierig erlebt werden, falsch interpretiert oder am liebsten verdrängt werden. Bevor ich damit

---

* An dieser Stelle wird als Beispiel gerne angeführt, dass die Inuit besonders viele Wörter für Schnee hätten, da dies für sie sehr relevante Unterscheidungen seien. Diese Behauptung ist inzwischen widerlegt. Allerdings war die differenzierte Wahrnehmung von Schnee offensichtlich in der Geschichte der Schotten sehr wichtig, da diese laut Forschern der Universität Glasgow 421 Wörter für Schnee besitzen.

** Paul Ekman (1971), „Universals and cultural differences in facial expressions of emotion." In: J. Cole (Hrsg.): Nebraska Symposium on Motivation 1971. Bd. 19, University of Nebraska Press, Linncoln 1975.

beginne, möchte ich Sie bitten, sich selbst eine Liste zu erstellen mit allen Gefühlswörtern, die Ihnen einfallen. Es gibt bei dieser Aufgabe natürlich kein richtig oder falsch und wie ich bereits erwähnt habe, gibt es Hunderte von Gefühlswörtern. Es geht lediglich darum, dass Sie sehen, welche Gefühle Ihnen geläufig sind und welche Ihnen erst einmal nicht direkt in den Sinn kommen. Allein diese beiden für Sie individuellen Informationen, welches Ihre „Lieblingsgefühle" sind und welche Sie nicht auf dem Schirm haben, kann für die weitere Analyse der für Sie schwierigen Situationen hilfreich sein. Erstellen Sie also bitte nun Ihre Gefühlsliste, bevor Sie weiterlesen.

Falls Sie die kleine Übung durchgeführt haben und es Ihnen geht wie den meisten Menschen, mit denen ich diese Übung durchgeführt habe, dann werden Sie vermutlich erstaunlich wenige Gefühle auf Ihrer Liste stehen haben. Aus meiner Erfahrung können die meisten Leute spontan nur etwa fünf bis sechs Gefühle benennen. Meistens finden sich zudem auf der Liste noch Begriffe, die keine Gefühle im eigentlichen Sinne beschreiben, so wie wir diesen Begriff hier verwenden wollen. Zur Abgrenzung, welche Begriffe für unsere Zwecke keine Gefühle darstellen bzw. nicht hilfreich sind, werde ich im Anschluss an die Beschreibung der Gefühle, die Sie in jedem Fall auf dem Schirm haben sollten, noch etwas sagen.

Kommen wir zunächst zu den sogenannten Basisemotionen. Die Geschichte der sogenannten Basisemotionen beginnt mit einer großangelegten Studie in den 60er-Jahren von einer Forschergruppe um den Psychologen Paul Ekman. Diese Gruppe untersuchte weltweit in unterschiedlichsten Kulturen den mimischen Emotionsausdruck von Menschen. Die Idee dahinter bestand darin, dass Gefühle, die sich in spezifischer Mimik ausdrücken und die unabhängig von Sprache und Kultur auf der ganzen Welt zu finden sind, universellen Charakter haben und vermutlich evolutionsgeschichtlich sehr alt sein müssen. Diese Emotionen hätten zudem vermutlich einen entscheidenden Unterschied für das Überleben gemacht und sich daher durchgesetzt. Ferner liegt zudem die Vermutung nahe, dass vor allem diese Basisemotionen bereits vor der Entwicklung von Sprache – und damit Denken im heutigen Sinne – vorhanden waren. Daher haben vor allem diese Basisemotionen einen starken Bezug zu bestimmten Situationen in der Realität, während später entstandene, elaboriertere Emotionen in der Regel komplexere Einschätzungen von Situationen beinhalten, sprich: von gedanklichen Interpretations- und Bewertungsprozessen abhängig sind. Sie können etwa in diesem Zusammenhang an das Gefühl der Reue denke. Zum einen umfasst es das Bewusstsein, etwas getan zu haben, was man im Nachhinein als falsch oder schlecht bewertet und zusätzlich die empathische Einsicht, anderen – oder auch sich selbst – Leiden zugefügt zu haben. Eventuell ist sogar als drittes Element noch der Wunsch dies Wiedergutmachen zu wollen enthalten.

Doch kommen wir zunächst zu den Basisemotionen. Diese sind: Angst, Ärger, Trauer, Überraschung, Ekel, Verachtung und Freude. Schauen wir uns diese Basisemotionen nun der Reihe nach an, zu welchen Situationen sie passen und welchen Verhaltensimpuls sie uns geben um auf die jeweilige Situation zu reagieren.

Angst

Für die Angst habe ich Ihnen die Funktionsweise zu Beginn dieses Exkurses schon beispielhaft erläutert. Wir erinnern uns, dass Angst ein Gefühl ist, das zu Situationen passt, in denen eine

Gefahr für Leib und Leben besteht. Physiologisch bereitet die Angst uns darauf vor, zu flüchten oder zu kämpfen. Der erste Impuls besteht in der Regel in der Flucht oder auch dem „Totstellen“ (oder auch „Freezing“-Reaktion) und geht nur in den Fällen, in denen es keinen anderen Ausweg gibt, in den Kampfmodus über. Das bringt uns auch direkt zum nächsten Gefühl.

Ärger

Ärger ist das Gefühl, das zu Situationen passt, in denen man angegriffen wird. Ursprünglich ist hier an den Angriff durch wilde Tiere oder auch kriegerische Handlungen zu denken, als einen physischen Angriff. Diese Art von Angriff ist heutzutage natürlich vielfach immer noch ein Thema, jedoch dürfte zumindest in einem zivilisierten Umfeld die häufigere Art von Angriffen verbaler Natur sein. Hier ist vor allem an Äußerungen wie Brüllen, Schimpfen und Beleidigen zu denken, aber auch an subtilere Formen wie Zynismus, Sarkasmus und mehr oder weniger versteckte Abwertungen. Abstrakt betrachtet ist Ärger die passende Reaktion auf eine Grenzüberschreitung. Während dies physisch meistens noch relativ einfach und objektiv zu beurteilen ist, ob es sich um eine Grenzüberschreitung handelt, ist dies im verbalen Bereich schon schwieriger. Ein großer Bereich, der bei vielen Menschen bereits Ärger auslöst – und folglich als Grenzüberschreitung interpretiert wurde – besteht darin, wenn jemand eine andere Meinung zu etwas hat. Dies ist natürlich (!) objektiv keine Grenzüberschreitung und fällt folgerichtig unter das Recht auf freie Meinungsäußerung. Aber ich schweife ab. Also: Ärger ist die passende Reaktion auf einen Angriff bzw. eine Grenzüberschreitung und führt zu dem Impuls, sich zur Wehr zu setzen, sich zu verteidigen oder gegebenenfalls zum

Gegenangriff überzugehen. Die körperliche Reaktion ist der Reaktion bei Angst recht ähnlich, da auch hier der Körper auf einen Kampf vorbereitet wird. Das Empfinden ist dabei – wie wir alle wissen – jedoch ein deutlich anderes als bei der Angst. Das liegt im Wesentlichen daran, dass Angst eben mit der Einschätzung als Gefahr und damit in einer Auseinandersetzung eher aus einer Perspektive der Unterlegenheit erlebt wird. Ärger hingegen erlebt möglicherweise eine ähnliche Situation aus der Perspektive der Ebenbürtigkeit oder gar Überlegenheit. Ärger wird daher auch als „starkes“ Gefühl bezeichnet, da sich die meisten Menschen eher stark fühlen, wenn sie sich ärgern, wohingegen sie sich eher schwach fühlen, wenn sie Angst haben. Dieser Zusammenhang wird uns unter anderem noch im Abschnitt zu primären und sekundären Gefühlen beschäftigen*.

Trauer

Das Gefühl der Trauer werden vermutlich die Meisten vor allem mit dem Tod eines geliebten Menschen oder auch dem Ende einer Beziehung in Verbindung bringen. Das entscheidende Merkmal einer Situation, in der Trauer angemessen ist, ist das des Verlusts. Die eingangs erwähnten Situationen sind dafür sicher die archetypischen** Beispiele. In unserem heutigen Lebensalltag sind aber auch nicht zu vernachlässigen das Verlassen bzw. Zurücklassen einer Wohnung und eines Wohnortes bei einem Umzug, der Verlust von liebgewonnenen Gegenständen und – häufig unterschätzt – der Verlust einer Idee. Vor allem im Rahmen der persönlichen Weiterentwicklung, der dieses Buch

* Das Konzept primärer und sekundärer Emotionen wird im Zusammenhang mit der biografischen Prägung erläutert (s. Abschnitt: „Woher kommt das alles?“).

** urtümlichsten

ja auch dient, ist damit zu rechnen, dass man vielleicht realisiert, dass man nicht die Person ist, für die man sich gehalten hat. Oder man hat einem Wunschtraum oder Idealbild nachgejagt, das nicht zu erreichen ist oder gar nicht existiert. All dies sind Verluste, zu denen Traurigkeit passt. Der entsprechende Verhaltensimpuls, den uns die Trauer gibt, besteht darin, uns zurückzuziehen. Wir kennen z. B. die Redewendungen „die Decke über den Kopf zu ziehen" oder „unsere Wunden zu lecken". Dies sind sinnvolle Reaktionen, um den Verlust zu verarbeiten und uns die Zeit zu nehmen, uns davon zu erholen und wieder zu regenerieren. Eine andere Variante, die eine soziale Komponente enthält, besteht darin, Trost zu suchen. Auch diese Reaktion ist äußerst sinnvoll, um die Schwächung durch den Verlust dadurch zu verarbeiten, dass jemand (starkes) sich um uns kümmert und uns Trost zuspricht. Die Kunst im Trost spenden besteht dabei darin, die richtige Balance zu finden zwischen dem empathischen Verständnis für den Schmerz des Verlusts und der zuversichtlichen Haltung, dass „es wieder gut bzw. besser wird".

Ein Gefühl, das der Trauer sehr ähnlich ist, und im Zusammenhang mit dem Verlust einer Idee bzw. konkret mit dem Nichteintreten einer Erwartung einhergeht, ist das Gefühl der Enttäuschung. Die emotionale Komponente der Enttäuschung wird von den meisten Menschen sicherlich als eher unangenehm empfunden und uns allen wäre es wahrscheinlich lieber, unsere Erwartungen würden immer erfüllt werden. Daher ist Enttäuschung in der allgemeinen Wahrnehmung eher negativ besetzt. Dabei geht jedoch verloren, was auf sehr wörtliche Art und Weise in dem Begriff Enttäuschung selbst zum Ausdruck kommt, nämlich ent-täuscht worden zu sein. Das heißt, mit dem, was wir zunächst erwartet hatten, haben wir uns getäuscht. Nun haben wir gesehen und erlebt, dass wir falsch lagen und sind ent-täuscht. Wir täuschen uns also nicht mehr, und sehen die entsprechende Situation oder Person klarer und realistischer. Dies mag vielleicht schmerzhaft sein, ist potenziell jedoch äußerst hilfreich, wenn wir die neue Information wirklich nutzen und unsere Erwartungen demgemäß anpassen. Leider passiert dies allerdings häufig nicht und man hält an seinen Erwartungen fest, um schließlich wieder und wieder enttäuscht zu werden. Dies ist ein schönes Beispiel für das berühmte Zitat von Albert Einstein: „Verrückt Sein heißt, immer wieder dasselbe zu tun und ein anderes Ergebnis zu erwarten."

Überraschung

Die ersten drei besprochenen Gefühle Angst, Ärger und Trauer sind nach meiner Erfahrung diejenigen, die am meisten Leiden verursachen, weil sie in unpassenden Situationen auftauchen, zu häufig und zu stark auftreten oder zu selten und zu schwach bzw. überhaupt nicht wahrgenommen werden, oder zu unpassendem und nicht hilfreichem Verhalten führen. Das Gefühl der Überraschung hingegen spielt im Zusammenhang mit Schwierigkeiten und Problemen eher seltener eine Rolle. Seine ursprüngliche Bedeutung fürs Überleben war und ist jedoch entscheidend. Die entsprechende Situation zu diesem Gefühl besteht im plötzlichen Auftreten von etwas, das unerwartet ist oder auch der Wahrnehmung von visuellen, auditiven oder sonstigen Reizen, die wir nicht direkt einordnen können. Der passende Verhaltensimpuls besteht darin, erst einmal innezuhalten, „die Ohren aufzustellen" und die Augen aufzureißen um sich voll auf die Wahrnehmung der Situation zu konzentrieren und zu einer Einschätzung zu kommen, ob z. B. eine Gefahr vorliegt. Da die meisten Menschen ein starkes Sicherheits- und Kontrollbedürfnis haben, richten sie sich in der Regel physisch und mental so ein, dass sie eher nicht überrascht werden. Dies ist einerseits nachvollziehbar, andererseits kann man sich nur dann weiter entwickeln, wenn man bereit ist, sich von neuen Situationen, Begegnungen oder Gedanken überraschen zu lassen.

Ekel und Verachtung

Diese beiden Gefühle werden zusammen behandelt, da sie sich im mimischen Ausdruck sehr ähnlich sind. Das können Sie selbst überprüfen, indem Sie sich zunächst etwas vorstellen, das Sie eklig finden und anschließend etwas oder jemanden vorstellen, das bzw. den Sie verachten. In beiden Fällen haben Sie wahrscheinlich bemerkt, dass Sie Ihre Nase hochgezogen und Ihre Augen zusammen gekniffen haben. Aufgrund der Ähnlichkeit des mimischen Ausdrucks sind auch einige Forscher nicht ganz sicher, ob Ekel und Verachtung wirklich unterschiedliche Emotionen sind bzw. ob sich vom mimischen Ausdruck auf sechs oder sieben Basisemotionen schließen lässt. Die grundlegendere Emotion scheint mir auf jeden Fall der Ekel zu sein, da er aus direkt ersichtlichen Gründen sehr wichtig fürs Überleben ist. Die passenden Situationen zum Ekel beinhalten nämlich vor allem die geruchliche oder geschmackliche Warnung vor verdorbenen Lebensmitteln, Fäkalien oder bestimmten Krankheiten. Der offensichtliche Verhaltensimpuls, der von Ekel ausgelöst wird, ist in extremen Fällen ein Brechreiz, um bereits aufgenommene gefährliche Substanzen loszuwerden oder – sollte die Substanz noch nicht aufgenommen worden sein – sich schnellstmöglich aus dem „Dunstkreis“ zu entfernen. Die Nähe zur Verachtung scheint mir darin zu bestehen, dass Verachtung sich in der Regel auf Personen bezieht, die wir nicht in unsere Gemeinschaft oder gar im noch intimeren Sinne aufnehmen wollen. Demzufolge verachten wir sie, um sie tatsächlich oder symbolisch auszustoßen und uns von ihnen fernzuhalten. Da Ekel vorwiegend mit der Nahrungsaufnahme verknüpft ist, spielt dieses Gefühl im klinischen Alltag vorwiegend im Zusammenhang mit Essstörungen eine zentrale Rolle. Gesellschaftlich weiter verbreitet ist das Gefühl der Verachtung, insbesondere in Bezug auf Personen, die eine Meinung vertreten, die unserer eigenen scheinbar diametral entgegensteht und deren „Aufnahme" in unseren eigenen Gedankenkosmos deshalb verweigert wird. Ich sage „scheinbar", da Sie sicher alle schon einmal von der psychologischen Heuristik gehört haben, dass man häufig besonders Menschen verachtet, hasst oder sich besonders über diejenigen ärgert, die Gedanken, Gefühle oder Verhaltensweisen zum Ausdruck bringen, die wir uns selbst nicht zugestehen. Auch diese Thematik wird uns im Rahmen der biografischen Prägung noch beschäftigen.

Freude

Wir haben gesehen, dass die bis hierhin besprochenen Basisemotionen die Funktionen erfüllen, auf Angriffe (Ärger), Verluste (Trauer) und Gefahren unterschiedlicher Art (Angst, Überraschung, Ekel/Verachtung) zu reagieren. Da dies sehr hilfreiche Funktionen sind, möchte ich (nochmals) davor warnen, diese Gefühle grundsätzlich als „negativ" zu bezeichnen, was nach meiner Erfahrung viele tun. Allerdings lässt sich auch nicht bestreiten, dass neben der potenziell hilfreichen Funktion dieser Gefühle die meisten Menschen diese eher als unangenehm empfinden. Dies trifft für die Freude nicht zu, da sie allgemein – Ausnahmen gibt es auch hier – als angenehm empfunden wird. Da sie mit dieser Eigenschaft alleine den fünf oder sechs eher unangenehmen Gefühlen gegenübersteht, hat bereits mancher, der sich beruflich mit dieser Thematik auseinandersetzt, dahin gehend gescherzt, dass es eben fürs Überleben hilfreicher war, vorsichtig und pessimistisch zu sein. Wer hingegen glücklich durch die Gegend gehüpft sei, sei eben schneller vom Tiger gefressen worden oder sonst wie tragisch ums Leben gekommen und habe sich somit nicht fortgepflanzt und seine optimistische Veranlagung daher nicht weitergegeben. Mit dem nötigen Augenzwinkern mag da sogar etwas dran sein. Zu welcher Art von Situationen passt nun aber die Freude? Ganz allgemein passt Freude zu Situationen, in denen uns etwas Gutes widerfährt oder genauer gesagt, etwas, das besser ist als erwartet. Die Funktion des angenehmen Gefühls besteht dabei darin, einen verstärkenden Effekt zu haben und gibt uns den Verhaltensimpuls, die entsprechenden Situationen immer wieder aufzusuchen. Das klingt erst einmal hilfreich und vernünftig, birgt aber ganz eigene Gefahren. Wie ich bereits eingangs erläutert habe, gibt es viele Verhaltensweisen, die zwar kurzfristig einen positiven Effekt haben, langfristig jedoch negative Konsequenzen nach sich ziehen. War es für unsere Vorfahren in der Steinzeit noch ohne Einschränkung hilfreich und sinnvoll sich über fett- und kohlenhydratreiche Speisen zu freuen, so können wir dies hoffentlich auch noch genießen, sollten uns aber nicht ausschließlich von Schokolade und Gummibärchen ernähren, auch wenn das lecker schmeckt und im Moment des Konsums zu angenehmen Gefühlen führt. Dieses bereits beschriebene Dilemma aus kurz- und langfristigen Konsequenzen wird uns im Kapitel zu Maßstäben und Zielen noch hinsichtlich der Rolle von Gefühlen interessieren.

Damit wäre unser kurzer Überblick über die menschlich-universellen Basisemotionen abgeschlossen. Wir haben gesehen, in welchen Situationen diese Basisemotionen ursprünglich auftauchten, um uns wichtige Informationen über diese Situationen zu vermitteln. Außerdem haben wir betrachtet, welche Handlungsimpulse uns die jeweiligen Gefühle geben und warum diese in den ursprünglichen Situationen äußerst angemessen und vielfach geradezu überlebensnotwendig waren. Wenn Sie die beschriebenen sechs bzw. sieben Gefühle im ersten Schritt achtsam wahrnehmen können, die Sie dann hoffentlich differenziert benennen können, deren Vorhandensein Sie anschließend idealerweise zunächst tolerieren und akzeptieren können, ohne sofort reflexartig dagegen anzukämpfen, haben Sie bereits eine gute Basis, um zum dann folgenden Schritt der Analyse übergehen zu können. Wie bereits erwähnt sind nach meiner praktischen Erfahrung vieler Tausender Stunden von Coaching, Beratung und Therapie vor allem die Gefühle Angst, Ärger und Trauer von zentraler Bedeutung in den meisten Fragen, die Menschen beschäftigen. Wenn Sie also darauf achten und bewusst wahrnehmen, in welchen Situationen diese drei Gefühle in Ihrem Leben auftauchen, kann dies bereits zu sehr erhellenden Erkenntnissen führen.

Es ist äußerst hilfreich, das eigene Emotionsrepertoire dahin gehend, welche Emotionen man differenziert wahrnehmen und benennen kann, stetig zu erweitern. Wichtig scheint mir dabei, dass Sie strikt bei Emotionswörtern bleiben und z. B. Ihr Repertoire nicht durch Metaphern erweitern. Außerdem sollten Ihre sprachlichen Differenzierungen einen Informationswert haben. Hierbei bietet sich als Richtlinie die Definition von „Information" von Bateson an: „Eine Information ist ein Unterschied, der einen Unterschied macht." In Bezug auf Emotionsbezeichnungen bedeutet dies, unterschiedliche Wörter zu verwenden für unterschiedliche körperliche Wahrnehmungen, die auf unterschiedliche Situationen (bzw. Situationsinterpretationen) hinweisen und zu unterschiedlichen Handlungsimpulsen führen.

Die Frage, welche und wie viele unterschiedliche Emotionen ich Ihnen im Rahmen dieses Buchs vorstellen möchte, hat mich länger beschäftigt. Ich habe mich schließlich dafür entschieden, Ihnen neben den Basisemotionen noch eine überschaubare

Anzahl von Emotionen vorzustellen, die vielen Menschen immer wieder Leiden bereiten und daher häufig mit Vermeidungsverhalten einhergehen, was wieder ganz eigene Probleme mit sich bringt. Die Rolle von Vermeidungsverhalten werden wir zu einem späteren Zeitpunkt wieder aufgreifen. Doch zunächst zu weiteren wichtigen Gefühlen.

Hilflosigkeit / Ohnmacht

Hilflosigkeit und Ohnmacht sind Begriffe, die ein ähnliches Erleben beschreiben. Für manche Menschen stellen die beiden Begriffe Synonyme dar, für andere wiederum beschreiben sie unterschiedliche Empfindungen. Beide beziehen sich auf – sprich: sind passend in – Situationen, in denen man nichts tun kann, also einer Situation ausgeliefert ist, an der man nichts ändern kann. Für manche beschreibt Ohnmacht dabei eher ein absolutes Ausgeliefertsein (z. B. einer Naturgewalt, einem nicht greifbaren Großkonzern oder einer Staatsmacht gegenüber) und wird als überwältigender empfunden als der Begriff und das entsprechende Gefühl der Hilflosigkeit, die manchmal verwendet wird bzw. auftritt in Situationen, in denen zumindest noch die Möglichkeit besteht, auf die Hilfe Anderer zurückzugreifen (z. B. wenn mein Auto liegengeblieben ist und ich es alleine nicht wieder zum Laufen bringen kann). Für den Fall, dass man auf die Hilfe Anderer zurückgreifen kann, ist dies der passende Handlungsimpuls und es handelt sich nicht um Hilflosigkeit im engeren Sinne, da man sich ja noch zu helfen weiß und an der Situation etwas ändern kann. Liegt absolute Hilflosigkeit oder Ohnmacht vor, besteht der angemessene „Handlungsimpuls" – in Anführungszeichen, denn eine eigentliche Handlung ist ja gerade nicht möglich – im Akzeptieren der betreffenden Situation. Wie wir im Abschnitt zur Akzeptanz bereits gesehen haben, besteht diese eben gerade im Nichthandeln bzw. regelrecht im Aufgeben des Kampfs gegen die unveränderliche (so sie dies tatsächlich ist!) Situation. Wie Sie wahrscheinlich aus eigener Erfahrung wissen, sind Hilflosigkeit bzw. Ohnmacht sehr unangenehme Gefühle. Vor allem in unangenehmen oder gar gefährlichen oder sonst wie schädlichen Situationen nichts ändern und diese nicht verlassen zu können, ist logischerweise äußerst unangenehm. In Situationen, die mindestens unangenehm sind und an denen wir nichts ändern können und die nicht zu vermeiden sind, sind Menschen sehr kreativ Alibistrategien zu entwickeln. Diese ändern zwar auch nichts an der Situation, aber vermitteln durch Aktionismus die Illusion, immerhin etwas tun zu können, wodurch das unangenehme Gefühl der Hilflosigkeit/Ohnmacht zumindest zeitweise nicht empfunden wird. Da dies ebenfalls in den Bereich der Realitätsverleugnung und Vermeidung fällt, werden wir uns mit den Nachteilen dieser Strategien noch befassen.

Unsicherheit

Unsicherheit ist ein Gefühl, das dem Gefühl der Angst nahesteht. Körperlich bringt es häufig ähnliche Symptome mit sich, wie wir sie bei der Angst beschrieben haben. In der Regel wird Unsicherheit eher als leichte Ängstlichkeit wahrgenommen und bewegt sich vielfach eher an der Wahrnehmungsschwelle, d. h. wird vielfach nur wahrgenommen, wenn man besonders darauf achtet oder darauf hingewiesen wird. Unsicherheit ist das passende Gefühl in jeder Art von Situation, in der wir nicht wissen, woran wir sind oder was passieren wird. Und davon gibt es viele. Jede neue Situation ist objektiv mit einem gewissen Grad an Unsicherheit verbunden, das Verhalten, die Gefühle und die wahren Intentionen anderer Menschen sind immer mit Unsicherheit verbunden und nicht zuletzt alles, was in der Zukunft liegt, ist mit Unsicherheit verbunden. Im evolutionsgeschichtlichen Sinne erklärt sich die Nähe zur Angst, denn grundsätzlich bedeutet Unsicherheit immer auch, dass zumindest die Möglichkeit einer Gefahr besteht. Der entsprechende sinnvolle Handlungsimpuls besteht darin, sich einen Überblick über die Situation zu verschaffen, mehr Informationen einzuholen und vorsichtig zu sein, bis sichergestellt ist, dass keine Gefahr besteht. Das Gefühl der Unsicherheit spielt in unserer heutigen Lebenswelt eine große Rolle. Wir sind in immer schnellerem Tempo mit immer wieder neuen Situationen, Menschen und Ungewissheiten konfrontiert, als dies unsere Vorfahren in der Steinzeit oder auch nur vor Hundert Jahren waren. Die möglichen Gefahren sind zum Glück meistens weniger körperlicher oder existenzieller Art als psychischer und emotionaler, was das davon ausgehende Leiden allerdings keineswegs geringer ausfallen lässt.

Frustration

Frustration ist ein Gefühl, welches dem subjektiven Erleben nach dem Ärger verwandt ist. Wenn wir herausfinden wollen, zu welcher Art von Situationen das Gefühl passt, ist es hilfreich, sich die Herkunft des Wortes anzuschauen. Der Begriff Frustration ist abgeleitet von „frustra“, dem lateinischen Wort für „vergeblich“. Wir fühlen also Frustration, wenn wir etwas vergeblich versuchen und es uns nicht gelingt das gewünschte Ergebnis zu erzielen. Dies führt wie gesagt zu einer ärger-ähnlichen Empfindung. Der resultierende Handlungsimpuls kann bei diesem Gefühl jedoch zwei unterschiedliche Formen annehmen. Steht der Ärgeranteil im Vordergrund, resultiert der Impuls, sich zu wehren und noch mehr Energie einzusetzen um gegebenenfalls Widerstände zu überwinden, die dem Gelingen im Wege stehen.

Steht jedoch der Aspekt der Vergeblichkeit im Vordergrund, kann das Empfinden der Frustration stärker in den Bereich der Traurigkeit gehen und schließlich zum Gefühl der Resignation führen. In diesem Fall besteht der Handlungsimpuls im Aufgeben des Kämpfens. Welcher Handlungsimpuls im konkreten Fall der angemessenere ist, muss sich daran bemessen, ob durch vermehrte Anstrengung das Ziel noch erreicht werden kann oder das Unterfangen aufgegeben werden sollte, weil es unerreichbar ist. In letzterem Fall ist das Aufgeben tatsächlich die vernünftigere und damit passendere Alternative, wie wir bereits im Abschnitt zur Akzeptanz gesehen haben.

Schuld und Scham

Die beiden Gefühle Schuld und Scham lohnt es sich gemeinsam bzw. vergleichend anzuschauen, da sie trotz des recht unterschiedlichen subjektiven Erlebens zu ähnlichen Situationstypen passen. Das Empfinden von Schuld fassen wir sprachlich zum Beispiel mit der Metapher einer Last, die uns niederdrückt, weil wir „etwas auf dem Gewissen haben". Dieses „schlechte Gewissen" bezieht sich auf eine Situation, in der wir uns etwas „zuschulden kommen lassen" haben. In der Regel handelt es sich um ein Fehlverhalten, z. B. einer Verantwortung nicht gerecht geworden zu sein, das zu negativen Konsequenzen geführt hat. Ein klassisches Beispiel wäre ein Unfall, den man verursacht hat, bei dem jemand zu Schaden gekommen ist. Der entsprechende Handlungsimpuls besteht darin um Entschuldigung zu bitten bzw. – sofern dies möglich ist – Wiedergutmachung zu leisten.

Die Parallele zur Scham besteht darin, dass auch diese im Zusammenhang mit einem Fehlverhalten steht. Anders als bei der Schuld handelt es sich jedoch nicht um eine nicht wahrgenommene Verantwortung oder ein fehlerhaft ausgeführtes

Verhalten, sondern vielmehr um ein gänzlich der Situation unangemessenes Verhalten. Was als angemessen und als unangemessen zu bewerten ist, ist dabei natürlich sehr stark vom jeweiligen kulturellen Hintergrund abhängig. Und selbst innerhalb eines zum Beispiel landesspezifischen kulturellen Hintergrunds ist die Angemessenheit eines Verhaltens vom situativen und subkulturellen Kontext abhängig. Auf einer Beerdigung ist ein anderes Verhalten angemessen als im Fußballstadion und auf einem Rave ist ein anderes Verhalten angemessen als bei Omas achtzigstem Geburtstag. Verstößt man nun gegen diese ungeschriebenen Regeln und bemerkt es oder wird darauf hingewiesen, folgt das für die meisten Menschen unangenehmste aller Gefühle, die Scham oder auch Peinlichkeit. Bildlich sprechen wir davon, „im Boden versinken zu wollen". Entsprechend besteht der Handlungsimpuls darin, sich „kleinzumachen", also unter anderem den Blick zu senken, die Schultern sinken zu lassen und nichts zu sagen oder „kleinlaut" zu werden. Der Zweck dieses Verhaltens besteht darin, der Gruppe – gegen deren Regeln man verstoßen hat – zu signalisieren, dass man sich des Fehlverhaltens bewusst ist und sich entsprechend unterwürfig zeigt, um nicht ausgestoßen zu werden.

Im Gegensatz zu den Basisemotionen haben wir schon bei der Frustration und erst recht bezüglich Schuld und Scham gesehen, dass diese viel weniger an direkte, konkrete Situationen gebunden sind, sondern bereits deutlich von gedanklichen Bewertungsprozessen abhängig sind. Es scheint plausibel, dass die Ausdifferenzierung immer komplexerer Gefühle evolutionsgeschichtlich mit der Entwicklung von Sprache und damit komplexeren gedanklichen und sozialen Prozessen einherging. Die Auseinandersetzung mit den gedanklichen Bewertungen, die den Gefühlen zugrunde liegen, wird uns noch ausführlich im Abschnitt über Gedanken beschäftigen.

Wie bereits mehrfach erwähnt, gäbe es noch zahlreiche weitere Emotionen, die man dahin gehend betrachten könnte, zu welchen Situationen sie eigentlich passen und welchen angemessenen Handlungsimpuls sie idealerweise geben. Da ich in diesem Buch jedoch vor allem ein allgemeines Vorgehen beschreiben möchte und nicht den Anspruch habe, alle denkbaren Emotionen im Detail abzuhandeln, möchte ich es aus pragmatischen Gründen bei den bereits beschriebenen Emotionen belassen. Hinweise und Ansatzpunkte zur Vertiefung Ihres Gefühlsvokabulars finden Sie im Anhang unter den praktischen Übungen. Stattdessen möchte ich noch auf einige typische Schwierigkeiten bei der Benennung von Gefühlen im Rahmen unseres Schnappschussmodells eingehen. Denn damit befinden wir uns bereits mitten in der Analyse, um die es im dritten Schritt der 4A-Methode geht.

Was sind keine Gefühle?

Die vermutlich schwierigste Abgrenzung besteht zwischen Gefühlen und Gedanken. Dies liegt wie bereits erwähnt unter anderem daran, dass wir das Wort „fühlen" in Gedanken bzw. Sprache mit allem Möglichen verbinden können, zum Beispiel in den Gedanken „Ich fühle mich als Versager." oder „Ich fühle mich unterlegen." Genau genommen haben wir es in den beiden Beispielen mit jemandem zu tun, der sich gedanklich als „Versager" bzw. „unterlegen" bewertet. Derjenige denkt – und glaubt! - also ein „Versager" bzw. „unterlegen" zu sein. Doch was ist dabei eigentlich die Gefühlskomponente? Das bleibt zunächst offen. Führt der Gedanke, ein „Versager" zu sein, zu Frustration oder Niedergeschlagenheit, führt der Gedanke, „unterlegen" zu sein, zu Angst oder Traurigkeit? Oder vielleicht noch zu ganz anderen Gefühlen? Das heißt, in diesen beiden Beispielen bleibt die

Frage nach den eigentlichen Gefühlen zunächst offen. Ähnliches gilt für Begriffe, an die wir Gefühlswörter anhängen. So sprechen viele Menschen von „Versagensangst“ oder „Existenzangst“. Hier wird zwar das Gefühl der Angst benannt und vermutlich auch empfunden, der gedankliche Anteil wird jedoch mit in das Gefühl hineingeschmuggelt, so als ob er ebenfalls direkt körperlich spürbar wäre. Zur genaueren Analyse, auf die wir ja hinarbeiten, ist es wichtig einerseits das reine, körperliche Gefühl als Angst zu benennen und andererseits die eigenen Gedanken zu erforschen, die damit verknüpft sind und das Gefühl bewirken. Hierbei stellen sich exemplarisch die Fragen: „Was meinen Sie genau mit Versagen?“, „Was befürchten Sie, was passiert?“, „Warum wäre das so schlimm?“. Oder im Fall der „Unterlegenheit“: „Woran machen Sie Unterlegenheit fest?“, „Wem fühlen Sie sich unterlegen?“, „Warum ist das schlimm für Sie?“. Nur, wenn wir uns diese Gedankenebene bewusst machen, können wir anschließend überhaupt überprüfen, ob unsere Gedanken korrekt sind und folglich die passenden Gefühle auslösen, deren Handlungsimpulsen wir dann folgen sollten. Ein weiterer Klassiker aus diesem Bereich ist der Begriff „Minderwertigkeitsgefühl“. Wie Sie inzwischen vielleicht schon erkennen können, ist „Minderwertigkeit“ kein Gefühl – und wird auch zu keinem, indem ich das Wort „-gefühl“ anhänge. „Minderwertigkeit“ ist eine sehr generelle negative Bewertung der eigenen Person, hinter der sich eine Vielzahl von negativen Bewertungen (sprich: Gedanken) verstecken können, die im Verlauf des Lebens angesammelt wurden. Diese sind teilweise verbunden mit konkreten Erlebnissen, die die Betroffenen sehr negativ für sich ausgelegt haben und die als „Beweise“ für die eigene „Minderwertigkeit“ dienen. Wie Sie vielleicht ebenfalls bemerkt haben, setze ich verschiedene Begriffe in Anführungszeichen. Dies dient dazu, Sie dafür zu sensibilisieren, dass diese Begriffe eben kein im wörtlichen Sinne be-greif-bares Ding beschreiben, welches Sie anfassen, sehen, hören, riechen oder schmecken können. Vielmehr handelt es sich um sehr abstrakte, rein gedankliche Begriffe. Wir alle hantieren tagtäglich mit solchen abstrakten Begriffen und tun dabei so, als ob diese auf dieselbe Art und Weise existieren würden, wie ein Tisch, ein Apfel, ein Pferd oder ein Auto. Dabei fassen wir mit diesen Begriffen unter Umständen sehr komplexe gedankliche Konstrukte zusammen, die wir häufig selbst gar nicht explizit in Worte fassen können. Geschweige denn haben wir selbst überprüft, ob das jeweilige Konstrukt für sich genommen sinnvoll oder überhaupt hilfreich ist und auf welche Situationen oder Personen es anwendbar ist. Fragen Sie sich dazu gerne selbst einmal, was Sie unter „Versagen", „Minderwertigkeit" oder auch oberflächlich betrachtet positiven Begriffen wie „Gerechtigkeit", „Glück", „Liebe", „Gott" oder „Sinn" eigentlich verstehen. Es würde mich wundern, wenn Sie spontan eine Definition dieser Begriffe auf den Punkt bringen könnten, die dann auch noch Ihrer eigenen Analyse auf Sinnhaftigkeit standhält und die Sie bisher auf passende und hilfreiche Art in Ihrem Leben verwendet haben. Und dann kommt noch hinzu, dass ich noch keine zwei Menschen getroffen habe, die diese Begriffe genau gleich verstehen und definieren. Trotzdem verwenden wir ständig geradezu inflationär z. B. die Begriffe „Liebe", „Glück" oder „Sinn", so als ob wir wüssten, was wir damit meinen. Und dann wundern wir uns, wenn wir „DIE Liebe" und „DAS Glück" oder „DEN Sinn" nicht finden.

Also: seien Sie präzise und strikt bei der Benennung von Gefühlen und verwenden Sie jeweils nur ein einzelnes Wort, das ein Gefühl im engeren Sinne bezeichnet und körperlich spürbar ist. Sobald Sie einen Wortsalat im Kopf haben oder sehr abstrakte Begriffe oder Metaphern verwenden, befinden Sie sich im Bereich der Gedanken. Diese nehmen Sie bitte auch bewusst zur

Kenntnis, bleiben aber skeptisch, ob sie tatsächlich etwas real Existierendes zutreffend beschreiben.

Wenn Sie nochmals an unser Schnappschussmodell denken, gibt es neben den Gedanken noch zwei weitere Kategorien, die man potenziell mit Gefühlen verwechseln könnte. So passiert es häufig, dass ich jemanden nach seinen Gefühlen frage und derjenige damit antwortet, was passiert ist. Das gehört jedoch in die Kategorie der Situation. Dies dürfte jedoch eher damit zusammenhängen, dass die Meisten es nicht gewohnt sind, von ihren Gefühlen zu berichten, sondern eher darüber zu reden, was vorgefallen ist. Auch denkbar ist, dass es sich häufig um eine Ausweichstrategie handelt, um nicht über seine Gefühle reden zu müssen. Die eigentliche Unterscheidung ist nämlich relativ leicht. Während es sich bei Gefühlen und Gedanken um inneres Erleben handelt – deshalb sind die beiden Kategorien auch mitunter subjektiv schwer auseinanderzuhalten – gehört alles außerhalb von uns in die Situation. Das umfasst also den jeweiligen Ort inklusive aller anwesenden Personen und deren Verhalten, also alles, was objektiv* passiert ist. Bleibt als Letztes noch die Kategorie des Verhaltens. Wie im Abschnitt zur Achtsamkeit bereits ausgeführt, umfasst das Verhalten alles, womit wir mit der Umwelt bzw. der Situation interagieren. Also alle unsere motorischen, verbalen (was wir sagen) und paraverbalen (wie wir es sagen) Reaktionen. Begriffe aus dem Bereich der Verhaltensweisen, die fälschlicherweise als Gefühl bezeichnet werden könnten, sind zum Beispiel „aggressiv", „ausgenutzt", „respektiert", „liebevoll", „angenommen/zurückgewiesen" oder „verstanden". Im Gegensatz zum Ärger, der ein Gefühl ist, bezeichnen wir mit

---

* Für unsere praktischen Zwecke definieren wir in diesem Zusammenhang „objektiv" als das, was auch eine Kamera in Bild und Ton festhalten und worauf sich vermutlich eine größere Gruppe von Beobachtern einigen könnte, was tatsächlich zu sehen und zu hören war.

Aggressionen Verhaltensweisen wie brüllen, schimpfen, drohen oder gar physische Gewalt auszuüben. Ferner *handeln* wir respektvoll oder liebevoll, *nehmen* jemanden *an* oder *weisen* ihn *zurück* und *äußern* Verständnis (die Kursiv-Stellung dient der Betonung, dass es sich um Verben handelt, also *Tu*-Wörter.).

Wir haben uns bis hierhin von zwei Seiten der Frage genähert, wie wir unsere Gefühlswahrnehmung und -benennung verbessern können. Zum einen haben wir eine Reihe zentraler Gefühle benannt und beschrieben, in welchen Situationen sie passenderweise auftauchen und dementsprechend unter „ungestörten" Umständen zu erwarten sind. Zudem haben wir erörtert, welchen Impuls uns die unterschiedlichen Emotionen geben, was uns auch einen Hinweis darauf liefern kann, welche Emotion jeweils vorliegt. Habe ich z. B. einen starken Fluchtimpuls, liegt der Verdacht nahe, dass ich Angst habe. Zum anderen haben wir uns von der Seite genähert, was keine Gefühle sind. Dies betrifft alle Aspekte der äußeren Situation, alle Gedanken und alles, was ein Verhalten darstellt. Abschließend möchte ich noch drei weitere Kategorien benennen, die ebenfalls keine Gefühle, Emotionen oder Stimmungen im engeren Sinne darstellen, obwohl sie ebenfalls körperlich wahrgenommen werden. Die erste Kategorie betrifft klar benennbare körperliche Empfindungen und Signale, die auf ein Bedürfnis hinweisen wie Müdigkeit, Hunger, Durst oder Erschöpfung. Die zweite Kategorie betrifft körperliche Symptome, also Anzeichen oder Warnsignale, die auf eine physische Gefahr oder zugrundeliegende Krankheit hinweisen können. In diese Kategorie fallen etwa Schmerzen, Schwindel, Magen-/Darmprobleme, Atemnot oder Ähnliches. Zu betonen ist, dass diese Anzeichen auf Gefahren bzw. Krankheiten hinweisen *können*, aber nicht müssen. Sie können aber auch durch psychische (also im weitesten Sinne bewusste und unbewusste gedankliche) Prozesse verursacht werden, dann sprechen wir von „Somatisierung". Handelt es sich um eine wechselseitige Beeinflussung und Verursachung psychischer und körperlicher Aspekte, die eine Erkrankung bilden, dann sprechen wir von psychosomatischen Prozessen. Es kann aber auch sein, dass es sich tatsächlich um ein Gefühl handelt, das ja immer auch körperliche Wahrnehmungen mit sich bringt, das aber nicht als Gefühl erkannt und benannt wird. So kommt es immer wieder vor, dass Menschen eigentlich Angst haben, aber nur die damit einhergehenden körperlichen Symptome wahrnehmen (u.a. Herzrasen, Atemnot, weiche Knie, Zittern, Schwitzen) ohne dies jedoch mit Angst in Verbindung zu bringen und ihr Erleben rein körperlich beschreiben und eine körperlich-medizinische Ursache vermuten. Ein Extrembeispiel ist jemand, der eine Panikattacke erfährt und in der Notaufnahme landet, weil er denkt, einen Herzinfarkt zu bekommen, obwohl er „nur" Angst hat. Die dritte und letzte Kategorie betrifft ebenfalls körperliche Empfindungen, die jedoch weder Gefühle im engeren Sinne, noch körperliche Bedürfnisse und auch keine klar benennbaren körperlichen Symptome darstellen. Vielmehr handelt es sich um sehr allgemeine Begriffe, die eher ein diffuses Erleben repräsentieren. Typische Begriffe in diesem Zusammenhang sind zum Beispiel „Stress", „Anspannung" oder „Unruhe". Alle drei Begriffe weisen auf eine körperliche Aktiviertheit hin, sind in Bezug auf ihren Informationsgehalt jedoch äußerst unspezifisch. Personen, die diese Begriffe verwenden, merken immerhin, *dass* etwas los ist, die Ungenauigkeit der Begriffe gibt aber keinen weiteren Hinweis darauf, *was* eigentlich los ist. Das ist ein deutlicher Unterschied zu den spezifischen Gefühlen, die Informationen darüber enthalten, um was für eine Situation es sich handelt (z. B. einen Angriff im Falle von Ärger) und wie man sich verhalten sollte (z. B. sich zur Wehr setzen). Verständlicherweise ist es äußerst unangenehm, wenn man zwar merkt oder besser gesagt im wahrsten Sinne des Wortes spürt, dass man sich offensichtlich in einer Situation befindet, die unseren Körper in einen aktivierten Zustand versetzt, ohne dass wir präzise benennen (können), was diesen Zustand auslöst und demzufolge auch nicht gut beurteilen können, mit welchem Verhalten wir sinnvollerweise reagieren sollten, also in welche Handlung wir die bereitgestellte Aktivierung umsetzen sollen. Ihnen ist sicher schon aufgefallen, dass mein Ansatz unter anderem darin besteht, Gedanken, Sprache und damit letztlich einzelne Worte genauer unter die Lupe zu nehmen, als wir das im Alltag üblicherweise tun und vielleicht sogar genauer, als Sie das jemals bisher getan haben. Diese genaue Betrachtung ist deshalb notwendig, weil Worte – und damit Sprache und Gedanken – absolut entscheidend dafür sind, wie wir Situationen interpretieren, was wir dementsprechend in einer Situation fühlen und nicht zuletzt, wie wir schließlich handeln und das Resultat der Handlungen bewerten. Kurz gesagt: Worte spielen eine zentrale Rolle für alle Belange unseres Lebens und Erlebens. Daher empfiehlt es sich, Worten mehr Beachtung zu schenken. Was bezeichnen die drei aufgeführten unspezifischen körperlichen Reaktionen also genau? „Stress" ist ein Begriff, der im heutigen Sinne von dem österreichisch-ungarischen Mediziner Hans Selye in den 1930er-Jahren geprägt wurde. Im Wesentlichen hat er damit eine allgemeine körperliche Anpassungsreaktion auf Belastungen beschrieben. Wichtig ist hierbei zum einen, dass „Stress" also eine innere Reaktion beschreibt, wohingegen äußere Belastungen, die diese Reaktion auslösen, als „Stressoren" bezeichnet werden. Diese sprachliche Trennung ist ein wichtiger Unterschied, da dann erst deutlich wird, ob wir von Aspekten der Situation oder von der entsprechenden körperlichen Reaktion reden. In dieser körperlichen Reaktion spielen neben dem zentralen Stresshormon Cortisol noch weitere Hormone eine Rolle, die zusammen physiologische Prozesse in Gang setzen, die kurzfristig den Körper mobilisieren, mit den jeweiligen Belastungen umzugehen, langfristig jedoch zu massiven gesundheitlichen Beeinträchtigungen bis hin zum Tod führen können. Die Dauer der Stressreaktion ist also entscheidend dafür, ob sie hilfreich oder schädlich ist. Die Stressreaktion kann durch rein physikalische Belastungen wie Hitze oder Kälte ebenso ausgelöst werden wie durch psychische Belastungen. Was diese Reaktion allerdings zunächst nicht enthält, ist eine emotionale Komponente, die uns einen Hinweis auf die genauere Ursache der (psychischen) Belastung gibt. Besteht die Belastung und körperliche Aktivierung in einer Situation, die wir als Gefahr wahrnehmen (Angst), als Angriff (Ärger), als zu hohe Quantität an Aufgaben (Überforderung), als ein anstehendes positives Ereignis (Vorfreude) oder als eine Herausforderung (Aufregung)? Es lohnt sich also, nicht bei dem Begriff „Stress“ stehenzubleiben, sondern zu versuchen, die konkrete Situation und emotionale Qualität genau zu benennen. Ähnliches gilt für den Begriff „Unruhe“, der in der Regel eine unspezifische Aktivierung des Herz-Kreislauf-Systems bezeichnet. Wie beim Begriff „Stress“ auch, bleibt hier jedoch unklar, was diese Aktivierung verursacht hat und wie zu reagieren ist. „Unruhe“ wird meistens weniger erlebt, solange man tatsächlich aktiv ist (z. B. arbeitet, Sport treibt, die Wohnung putzt) und wird dann verstärkt empfunden, wenn „nichts zu tun“ ist und man still auf dem Sofa sitzt oder im Bett liegt. Da die Empfindung dann stärker wahrgenommen wird, lassen sich viele davon wieder zu weiterer Aktivität aufscheuchen, um die unangenehme Unruhe nicht wahrnehmen zu müssen. Ein weiteres Beispiel für ein Verhalten, das kurzfristig einen kleinen Vorteil bietet (unangenehme Unruhe nicht wahrzunehmen), langfristig aber zu einem eskalierenden Teufelskreis führt (durch dauerhafte Aktivität gar nicht zur Ruhe kommen und schließlich in totaler Erschöpfung bis hin zum Burnout enden). „Anspannung“ ist ein ebenfalls unspezifischer Begriff bzw. unspezifischer Anzeiger von Belastung. Hinsichtlich des Informationsgehalts gilt daher dasselbe wie für die Begriffe „Stress“ und „Unruhe“. In Abgrenzung von den beiden anderen Begriffen bezieht sich „Anspannung“ aber nicht auf die Aktivierung des Hormon- und/oder Herz-Kreislauf-Systems, sondern dem Wortursprung nach auf die Anspannung von Muskeln. Ich betone „dem Ursprung nach“, denn hierin besteht bereits die Crux. Muskeln kann man offensichtlich anspannen, was sinnvoll ist, wenn man sich bewegen möchte. Starke Muskelanspannung ist notwendig bei körperlichen Höchstleistungen, wenn z. B. schwere Gegenstände zu bewegen sind. Das ergibt Sinn, wenn Sie Steine auf einer Baustelle hin und her schleppen oder Gewichte im Fitnessstudio bewegen. Was uns bei tatsächlichen schweren Gegenständen ganz gut gelingt ist, dass wir die Muskeln anspannen, während wir etwas heben und wieder entspannen, wenn wir es absetzen. Dies führt zwar zu Erschöpfung, ist aber nicht weiter problematisch – sofern wir es nicht übertreiben. Wie in so vielen Bereichen hat die Evolution von Sprache und Gedanken auch hier neben der äußeren, physikalischen Ebene der Gegenstände mit tatsächlichem Gewicht zu einer zweiten virtuellen inneren Ebene geführt. In dieser hantieren wir mit virtuellen Gewichten (die wir unter anderem als „Probleme“, „Aufgaben“, „Herausforderungen“, „Planungen“ oder „Projekte“ bezeichnen). Viele von uns arbeiten mit solchen gedanklich-virtuellen Objekten und müssen dafür statt körperlicher Kraft psychische Energie in Form von Konzentration, Problemlösen und Entscheiden aufwenden. Muskelkraft und körperliche Anstrengung im engeren Sinne braucht es dafür jedoch nicht. Leider hat das niemand unserem Körper mitgeteilt. Das führt dazu, dass, wann immer wir etwas als anstrengend erleben und wir intensiv an etwas arbeiten wollen, wir unsere Muskeln (unbewusst) anspannen, obwohl sie gar nicht gebraucht werden. Das erhöht die Anspannung etwa der Rücken- oder Nackenmuskulatur – um einmal die Klassiker zu benennen – keineswegs aber die Konzentrations-, Denk- oder Entscheidungsfähigkeit. Beobachten Sie sich mal selbst, wenn Sie oder jemand anderes von Ihnen verlangt, dass Sie sich mehr konzentrieren sollen. Legen Sie nicht auch die Stirn in Falten, kneifen die Augen zusammen und/oder spannen Nacken- oder Rückenmuskulatur an? Zumindest wäre dies eine typische, wenn auch gänzlich unnütze, Reaktion, die man bereits bei Kindern beobachten kann. Nicht ohne Grund sind Verspannungen und daraus resultierende Schmerzen weitverbreitet. Dies liegt also an der nicht zielführenden Muskelanspannung einerseits und andererseits daran, dass im Gegensatz zum Gewicht, das auch wieder abgesetzt wird, die mentale „Anspannung" lang anhaltend ist und den ganzen Arbeitstag und darüber hinaus andauern kann. Und da es kein physisches Gewicht gibt, das einfach abgesetzt werden kann, ist es auch nicht ganz so einfach zu „entspannen". Zum Glück gibt es aber auch dafür Ansätze, die funktionieren. Mehr davon im Übungsteil im Anhang.

Fassen wir einmal kurz zusammen, wo wir uns im Prozess des 4A-Modells befinden. Ich ersten Schritt (Achtsamkeit) haben wir in einer Art Schnappschuss eine konkrete Situation bewusst wahrgenommen und mithilfe des Schnappschussmodells unsere Wahrnehmungen unterschieden in Situation, Gedanken, Gefühle und Verhalten. Im zweiten Schritt (Akzeptanz) haben wir kurz das schiere Vorhandensein dieser Situation, Gedanken, Gefühle und Verhaltensweisen bestätigt, ohne gewisse Aspekte direkt nicht wahrhaben zu wollen und dagegen anzukämpfen. Aktuell befinden wir uns im dritten Schritt, der Analyse, und haben uns zunächst damit befasst, welche Gefühle ursprünglich zu welchen Situationen passen und welche angemessenen Handlungsimpulse sie uns dementsprechend geben. Ferner haben wir uns damit befasst, welche Begriffe keine Gefühle im engeren Sinne darstellen und dass es hilfreich ist, zu versuchen möglichst spezifische Gefühlswörter zu verwenden, da diese einen viel größeren Informationsgehalt haben. In diesem letzten Abschnitt haben wir uns dafür bereits mit der Definition einzelner Wörter beschäftigt und versucht möglichst konkret zu fassen, was wir mit diesen Wörtern meinen. Damit haben wir uns schon fließend in den Bereich der Analyse unserer Gedanken bewegt, die ja bekanntlich aus Wörtern aufgebaut sind. Der nun folgende Teil wird sich noch eingehender mit dieser Analyse befassen. Um nämlich letztendlich beurteilen zu können, ob unsere Gefühls- und Verhaltensreaktionen in einer Situation angemessen und hilfreich sind, müssen wir prüfen, ob unsere Gedanken, die wir im ersten Schritt beobachtet und bewusst wahrgenommen haben, die tatsächliche, objektive Situation treffend beschreiben. Natürlich ist dies immer nur näherungsweise möglich und es gibt in jeder Situation mehr oder weniger Spielraum diese unterschiedlich zu beschreiben. Dies spricht natürlich nicht dagegen, es zu versuchen und sich subjektive Perspektiven und (Fehl-)Interpretation immer mehr bewusst zu machen. Sich auf diese Weise einer Beschreibung der Realität zu nähern, ist das zentrale Anliegen des Analyseschritts im Allgemeinen und der Analyse des Realitätsgehalts unserer Gedanken im Speziellen. Denn nur, wenn unsere Schlussfolgerungen und Handlungen (halbwegs) auf der Realität basieren, können wir in der Realität klarkommen. **Je weiter wir mit unseren gedanklichen „Beschreibungen", Überzeugungen, Glaubenssätzen, Interpretationen von der Realität entfernt**

sind, desto mehr entspringen unsere Gefühle und tragischerweise auch unsere Handlungen letztlich unserer Fantasie. Man kann sich leicht vorstellen, dass das keine gute Grundlage ist, den Anforderungen des Lebens gerecht zu werden.

In Bezug auf die Analyse der Gefühle – und der zugrunde liegenden Gedanken – können wir nun das wahrgenommene Gefühl und das Wissen, zu welcher Situation das Gefühl passt, nutzen, um zu überprüfen, ob unser Gefühl die Realität widerspiegelt. Nehmen wir also z. B. Ärger wahr und wissen, dass Ärger einen Angriff bzw. eine Grenzüberschreitung signalisieren soll, können wir uns folgende Fragen stellen: Wer hat mich angegriffen, bzw. von wem habe ich mich angegriffen „gefühlt"? (Seitenbemerkung: Dies ist ein gutes Beispiel für eine übliche sprachliche Formulierung, nämlich „sich angegriffen zu *fühlen*". Sie sind hoffentlich inzwischen so weit sensibilisiert, dass Sie bemerkt haben, dass das Gefühl im eigentlichen Sinne Ärger ist, und die Einschätzung, ob es sich um einen Angriff handelt, eine gedankliche Bewertung bzw. Interpretation.). Worin genau besteht die Grenzüberschreitung, die die andere Person (angeblich) begangen hat? Handelt es sich wirklich um eine Grenzüberschreitung, z. B. einen körperlichen Angriff oder Übergriff, ein Eindringen in meine Privatsphäre, eine Beschneidung meiner Rechte, verbale Abwertungen? Oder fand ich lediglich etwas unangenehm oder unangemessen, das aber in den Bereich der Rechte bzw. des allgemein angemessenen Verhaltens anderer Personen fällt (z. B. die Äußerung einer Meinung, die mir nicht gefällt)? Auf analoge Art und Weise können Sie auch bezüglich der anderen Emotionen Ihr Wissen über passende Situationen nutzen, um Ihre eigenen Interpretationen und Einschätzungen nochmals zu überprüfen. Spüren Sie Angst, können Sie sich fragen: Was befürchte ich? Besteht diese Gefahr wirklich? Wie wahrscheinlich ist das? Ist es eine Gefahr für Leib und Leben?

Falls nicht: was wäre so schlimm daran, wenn die Befürchtung eintreten würde? Bei Traurigkeit können Sie sich fragen: Was ist der Verlust? Ist er schon eingetreten oder nur imaginiert? Ist der Verlust absolut oder reversibel (z. B. wenn Sie zu einem alten Freund schon lange keinen Kontakt mehr hatten, ist dies zwar ein Verlust, aber Sie könnten ja wieder den Kontakt aufnehmen). Bei Schuldgefühlen stellt sich die Frage: Was habe ich (angeblich) falsch gemacht? War dies wirklich ein Fehler meinerseits? Hatte ich die Verantwortung? Hatte ich die Möglichkeit, mich anders zu verhalten? Welchen Anteil hatten die Umstände und andere Personen, die möglicherweise eine Verantwortung hatten? Damit kommen wir nun zur Analyse unserer wahrgenommenen Gedanken im engeren Sinne.

Analyse der Gedanken

Bei der Betrachtung unserer Gefühle haben bereits gesehen, dass man potenziell Hunderte sprachlich differenzieren könnte, was aber ein unglaublicher Aufwand wäre und auch nicht notwendig ist. Aus pragmatischen Gründen haben wir uns daher auf einige wenige zentrale Gefühle beschränkt. Diese können für unsere Zwecke als eine solide Basis dienen, die bei Bedarf jederzeit erweitert und ausdifferenziert werden kann. Für Gedanken gilt offensichtlich in noch viel größerem Maße, dass wir uns nicht alle theoretisch denkbaren Gedanken anschauen können, die in allen denkbaren Situationen auftreten könnten. Ihre Anzahl ist für unsere Belange geradezu unendlich. Das führt dazu, dass wir wirklich in jeder einzelnen Situation, die uns gedanklich beschäftigt, in der wir unangenehme Gefühle erleben oder in der wir mit unserem Verhalten unzufrieden sind, eine Analyse unserer konkreten Gedanken durchführen müssen. Zum Glück sind Menschen jedoch Gewohnheitstiere. Und dies betrifft neben unseren Verhaltensgewohnheiten und den uns vielleicht etwas weniger bewussten Gefühlsgewohnheiten auch unsere Gedanken. Bei genauerem Hinsehen haben wir recht wenige „neue" oder „kreative" Gedanken, sondern haben immer wieder gleiche oder ähnliche Gedanken (Interpretationen, Glaubenssätze, Überzeugungen, Bewertungen, Befürchtungen etc.). Diese Denkgewohnheiten sind teilweise sehr individuell. Dieser individuell spezifische Anteil wird uns im Abschnitt über die biografische Prägung noch näher beschäftigen. Zum anderen gibt es aber auch Denkgewohnheiten, die uns mehr oder weniger allen gemein sind. An dieser Stelle interessieren uns vor allem sogenannte Denkfehler, also sehr weitverbreitete Arten von Gedanken, die uns aber auf eine falsche Fährte locken, d. h. die Realität nicht angemessen wiedergeben. Einige dieser typischen Denkfehler möchte ich Ihnen hier vorstellen.

Katastrophisieren

Der Denkfehler des Katastrophisierens beschreibt die weitverbreitete Tendenz des menschlichen Verstandes, in Situationen, in denen Unsicherheit herrscht und nicht ganz klar ist, was passiert ist oder passieren wird, diese Lücke mit furchtbaren Gedanken und Fantasien zu füllen. Ein typisches Beispiel ist eine Situation, in der ein geliebter Mensch unterwegs ist und versprochen hat, sich zu melden. Je länger man nichts von diesem Menschen hört, obwohl er nach eigenem Dafürhalten längst am Zielort angekommen sein sollte, desto aufdringlicher werden unter Umständen Gedanken wie: „Oh Gott, ihm ist sicher etwas zugestoßen. Bestimmt hatte er einen Unfall." Im gesundheitlichen Bereich bemerkt man vielleicht eine körperliche Missempfindung, z. B. einen Schmerz, ein Ziehen, ein Jucken, ein Zucken oder Ähnliches und denkt möglicherweise direkt: „Das ist sicher was Ernstes. Vielleicht habe ich Krebs." Eine Unterform von Katastrophisierungen, die sich auf schwere Krankheiten beziehen, kennen wir als hypochondrische Gedanken, die in massiver Form ein zentrales Element der psychischen Störung „Hypochondrie" darstellen. Ein weiteres Beispiel für eine Katastrophisierung ist jemand, dem am Arbeitsplatz ein kleiner Fehler unterlaufen ist, wie z. B. ein Tippfehler in einem Dokument oder einen Anruf vergessen zu haben, und der in der Folge denkt: „Wie stehe ich jetzt vor dem Chef da? Das bringt vielleicht das Fass zum Überlaufen. Vielleicht wirft er mich sogar raus. Dann bin ich arbeitslos und kann meine Miete nicht mehr bezahlen. Ich werde unter einer Brücke landen." Vielleicht denken Sie, insbesondere das letzte Beispiel sei übertrieben, aber fragen Sie sich mal selbst, ob Sie nicht manchmal ähnliche katastrophisierende Gedanken haben. Vor allem die Abfolge im letzten Beispiel, die von einem negativen Gedanken zum nächsten und zu immer größeren Katastrophen führt, ist sehr weitverbreitet. Eventuell haben Sie solche Katastrophisierungen eher im zwischenmenschlichen Bereich, wenn jemand Sie nicht freundlich gegrüßt hat oder auf Ihre Nachricht nicht direkt geantwortet hat? Kennen Sie dann Gedanken wie: „Hab' ich was falsch gemacht? Vielleicht hab' ich letztes Mal was Dummes gesagt? Sie denkt vielleicht, ich bin keine gute Freundin. Bestimmt will sie nichts mehr von mir wissen. Ich kann einfach keine Freundschaften aufrechterhalten. Keiner mag mich." Ein Merkmal dieser Katastrophisierungen ist, dass sie sich häufig kaskadenartig zu immer schrecklicheren, fürchterlicheren, katastrophaleren und allgemeineren Fantasien steigern. Was erstaunlich dabei ist, ist, dass wir alle wahrscheinlich schon unzählige solcher katastrophisierenden Gedanken hatten und in der Regel äußerst wenige der imaginierten Katastrophen eingetreten sind – falls überhaupt jemals eine davon eingetroffen ist. Doch scheinbar lernt unser sogenannter Verstand daraus nichts und fabriziert immer wieder neue Katastrophisierungen. Der Köder, den wir immer wieder schlucken, besteht dabei darin, dass ja diesmal tatsächlich etwas passiert sein *könnte*, auch wenn bisher nie etwas passiert ist. Das ist zwar logisch gesehen richtig, jedoch steht die emotionale Reaktion in keinem Verhältnis zur tatsächlichen Wahrscheinlichkeit. Der Umgang mit diesem und allen weiteren Denkfehlern besteht zunächst darin, nach den ersten beiden Schritten der (1) **A**chtsamen Wahrnehmung und der (2) **A**kzeptanz des Vorhandenseins dieser Gedanken als Einstieg in den nächsten Schritt der (3) **A**nalyse der entsprechenden Denkfehler diese für sich bewusst zu benennen. Sie treten also mit sich selbst in den Dialog und sagen sich z. B.: „Die Gedanken, die mir gerade durch den Kopf gegangen sind, sind Katastrophisierungen." Durch diese Benennung haben Sie sich bereits gedanklich auf die Metaebene begeben und den automatischen Prozess der eskalierenden Katastrophengedanken unterbrochen. Das ist bereits ein großer Fortschritt. Sie kennen bestimmt das Sprichwort: „Gefahr erkannt, Gefahr gebannt." In diesem Zusammenhang ist das Sprichwort sehr zutreffend. Das Erkennen und Benennen Ihrer Gedanken als Katastrophisierungen ist bereits die halbe Miete auf dem Weg zu einem hilfreichen Umgang damit in der Situation (kurzfristig) und einer geringeren Beeinflussung Ihrer Stimmung und Ihrer Handlungen durch diese Gedanken, also zu insgesamt besserem Wohlbefinden (langfristig).

Das Verbleiben auf der Metaebene ist ein zentrales Element der gesamten 4A-Methode. Sie befinden sich auf der Metaebene, wenn Sie Ihre Gedanken bewusst als Gedanken wahrnehmen und als solche kennzeichnen. Wir stärken die Metaebene nun dadurch, dass wir uns diese Gedanken aktiv anschauen und mit ihnen arbeiten. Um in unserem aktuellen Beispiel zu bleiben, sind wir bereits einen Schritt weitergegangen, indem wir die Gedanken als Katastrophisierungen bezeichnet haben. Der nächste Schritt besteht darin, die Gedanken weiter zu analysieren, also inhaltlich zu überprüfen. Im Falle der Katastrophisierungen ist eine entscheidende Prüffrage: „Wie wahrscheinlich ist es, dass die Katastrophe eintritt?". Weitere hilfreiche Fragen könnten lauten: „Wie häufig habe ich das schon gedacht und wie häufig ist es tatsächlich eingetreten?", und schließlich „Was ist ein wahrscheinlicheres bzw. das wahrscheinlichste Szenario in dieser Situation?". Diese Analyse der Gedanken ist etwas, das man üben muss. Es wird vermutlich zunächst erst im Rückblick gelingen, sich zu vergegenwärtigen, wie man sich verrückt gemacht hat. Mit zunehmender Übung wird es irgendwann dann auch in der Situation gelingen. Dabei muss man sich aber klarmachen, dass auch das nicht direkt bedeutet, dass die katastrophisierenden Gedanken sofort stoppen oder die entsprechenden Gefühle, die durch sie ausgelöst werden – vermutlich vor allem Angst – sofort verschwinden. Zunächst geht es darum, den gedanklichen Prozess zu unterbrechen, der uns in den katastrophisierenden Gedankenschleifen und den korrespondierenden Gefühlen festhält. Dafür kann es notwendig sein, dass, wenn ein Katastrophengedanke hundertmal auftaucht, Sie als Reaktion Hundertmal den Gedanken erkennen, benennen und analysieren bzw. sich das Resultat Ihrer Analyse vor Augen führen müssen. Dieser Wiederholungsaspekt wird vielfach vernachlässigt in dem Sinne, dass man denkt: „Ich weiß doch, dass es unrealistisch und übertrieben ist und trotzdem habe ich diese Befürchtungen und Angst." Das ist kein Widerspruch. Werfen Sie an dieser Stelle nicht die Flinte ins Korn. Sie haben die ersten wichtigen Schritte bereits absolviert, die Gedanken zu erkennen, zu benennen und zu analysieren (quasi der Wissensteil).

Das ist absolut entscheidend, denn ohne diesen Teil können Sie gar nicht vorankommen. Es reicht aber nicht aus. Das Wissen stellt vielleicht die ersten 5 % auf dem Weg zur Bewältigung der Situation dar. Die restlichen 95 % bestehen darin, den Prozess zu wiederholen. Zum Glück ist dies mit zunehmender Wiederholung mit immer weniger Energieaufwand möglich. Denn schließlich ist die Analyse des gleichen Gedankens immer wieder dieselbe und Sie kennen nach dem ersten Durchgang ja bereits das Ergebnis. Insofern können Sie bei den weiteren Wiederholungen immer wieder auf dieses Ergebnis zurückgreifen und es wiederholen. Dies sollte allerdings nicht zu mechanisch sein, sondern Sie sollten das jeweilige Ergebnis Ihrer Analyse so wiederholen, dass Ihnen der inhaltliche Sinn bewusst ist. Denken Sie daran: wir verfolgen eine langfristige Strategie und der Anfang kostet am meisten Energie. Aber mit zunehmender Übung werden sich Ihre Erfolge mit der Zeit beschleunigen und auf zahlreiche andere Situationen übertragen. Psychologen sprechen in diesem Zusammenhang von Generalisierung.

Schwarz-Weiß-Denken

Schwarz-Weiß-Denken wird auch als Entweder-oder-Denken oder etwas technischer als dichotomes Denken bezeichnet. Es zeichnet sich dadurch aus, dass man in lediglich zwei Kategorien denkt, die in der Regel zwei Extremen entsprechen. Typische Beispiele sind „Freund oder Feind“, „gut oder böse“, „gewinnen oder verlieren“, „sinnvoll oder sinnlos“, „falsch oder richtig“, „schuldig oder unschuldig“ und so weiter. Auch diese Eigenschaft des menschlichen Verstandes ausschließlich in zwei gegensätzlichen Kategorien zu denken ist nachvollziehbar und mitunter auch sehr hilfreich. Dies hängt damit zusammen, dass unser Leben davon bestimmt ist, Entscheidungen treffen zu müssen. Eine Entscheidung ist letzten Endes immer eine Dichotomisierung, d. h. eine Reduzierung von potenziell unendlichen Handlungsmöglichkeiten auf zwei Kategorien: die eine Handlung (bzw. Option), die ich auswähle, einerseits und sämtliche andere Handlungen (bzw. Optionen), die ich nicht wähle, andererseits. Der Verantwortung für die unzähligen Entscheidungen des eigenen Lebens gerecht zu werden, gehört zu den schwierigsten Aufgaben, die man zu bewältigen hat. Auf die Themen „Entscheidungen" und „Verantwortung" werden wir im Kapitel „Wohin geht die Reise?" sowie im Kapitel „Aktion" noch näher eingehen. Da das Treffen von Entscheidungen also genau darin besteht, uns aus wortwörtlich unendlichen Handlungsmöglichkeiten in einem gegebenen Moment eine Einzige auszuwählen, ist der Wunsch verständlich, dass in der Realität nur zwei simple Kategorien bestehen, die uns diese Auswahl erleichtern. Wenn es nur Freunde und Feinde gibt, ist offensichtlich, mit wem wir uns umgeben und wen wir meiden sollten. Wenn es nur gute und böse Menschen, Handlungen, Staaten etc. gibt, müssen wir nicht lange überlegen, für und gegen wen/was wir uns entscheiden. Das dumme ist nur, dass wir die Realität ganz schön verzerren müssen, um z. B. einen Menschen als ausschließlich gut oder böse/schlecht wahrzunehmen, einschließlich uns selbst. Jeder einzelne Mensch hat unterschiedlichste Eigenschaften, Stärken, Schwächen, Motivationen, Intentionen, Interaktionen, Verhaltensgewohnheiten sowie Ausnahmen von diesen Gewohnheiten. Das macht natürlich viele Situationen komplex, nicht zuletzt all solche, an denen andere Menschen beteiligt sind, denn jeder Mensch ist komplex und zu einem gewissen Grad unvorhersehbar – wieder einschließlich uns selbst. Das Ausblenden der komplexen Realität vereinfacht also unsere Entscheidungsfindung und ist in vielen Bereichen auch notwendig und hilfreich, da wir weder die Zeit noch die Energie haben, uns mit absolut jeder Situation im Detail zu beschäftigen. Das würde uns lähmen und wir könnten gar nicht reagieren. Ein Zustand, den die meisten von uns kennen, wenn wir zu keiner Entscheidung kommen können. Daher sind schnelle, einfache und dichotome Kategorisierungen hilfreich, notwendig und sinnvoll, um durchs Leben zu kommen. Der Nachteil besteht allerdings darin, dass wir manche Situationen so sehr vereinfachen, dass wir genau deshalb keine Lösung finden können, weil sie sich nicht in eine der beiden extremen Kategorien pressen lässt. Dann ist es notwendig, eine Situation differenzierter zu erfassen, also zusätzlich zu dem ursprünglichen Schwarz-Weiß-Denken die Möglichkeit von Grautönen zuzulassen bzw. aus dem Entweder-oder-Denken ein Sowohl-als-auch-Denken zu machen. Eine andere Art dies zum Ausdruck zu bringen besteht darin, aus dem dichotomen, kategorialen Denken des Entweder-oder ein dimensionales Denken des Von-Bis zu machen. Also statt alle Verhaltensweisen ausschließlich als „sinnvoll" oder „sinnlos" zu bezeichnen, verschiedene Verhaltensweisen zu sortieren als mehr oder weniger sinnvoll. Also z. B.: statt zu denken, „es war sinnlos, dass ich letzte Woche nur zwei Stunden für die Prüfung gelernt habe", könnten Sie sich sagen: „es war sinnvoller zwei Stunden zu lernen, als gar nicht. Noch sinnvoller wäre es allerdings, ich würde nächste Woche jeden Tag zwei Stunden lernen." Statt zu denken „Peter hat mir nicht zum Geburtstag gratuliert. Er ist ein schlechter Freund", könnten Sie sich sagen: „Peter hat zwar meinen Geburtstag vergessen, was ich schade finde. Aber in vielen anderen Situationen konnte ich mich auf ihn verlassen. Es ist ein ziemlich guter Freund." Es geht bei diesem Denkfehler also darum, dass wir bemerken, wenn wir eine Situation/Person gedanklich zu sehr vereinfachen und auf gegensätzliche Extreme reduzieren. Denn dann werden wir der entsprechenden Situation oder Person nicht gerecht und können nicht angemessen reagieren. Wenn Sie den Eindruck haben, dass Schwarz-Weiß-Denken ziemlich radikal ist, haben Sie recht. Allerdings werden wir beim nächsten Denkfehler sehen, dass es noch radikaler geht.

Übergeneralisierung

Während sich das dichotome Denken durch die Aufteilung der Welt in gegensätzliche Extreme auszeichnet – Freund und Feind, gut und böse etc. – wird bei der Übergeneralisierung selbst davon noch eine Option entfernt. Es sind dann wirklich „alles Feinde" oder „alle böse". In der etwas selteneren, aber ebenso unrealistischen Variante sind „alles Freunde" oder „alle gut". Die Alternative wird gar nicht mehr zugelassen und die Welt insgesamt oder die eigene Situation durchgängig einseitig betrachtet. Es handelt sich also um ein extremes Maß an Verallgemeinerung, durch die aufgrund einer einzigen oder wenigen Situationen, Interaktionen oder Personen auf alle Situationen, Interaktionen oder Personen(-gruppen) verallgemeinert wird. Beispiele für solche Gedanken sind: „Das passiert *immer* mir.", „Man kann *niemandem* trauen.", „*Alle* Männer sind Schweine.", etc. Solche Gedanken sind eigentlich leicht zu erkennen, da sie sich durch gewisse Wörter verraten: „nie", „immer", „keiner", „alle", „nichts", „alles" und ähnliche absoluten Begriffe, die auf der sprachlichen Ebene keine Ausnahmen zulassen. Da unser Verstand sehr wörtlich funktioniert, glauben wir, dass es tatsächlich keine Ausnahmen gibt und verhalten uns entsprechend. Was verständlicherweise häufig nicht besonders hilfreich oder zielführend ist. Wie beim dichotomen Denken auch, vereinfachen solche Verallgemeinerungen das Leben dahin gehend, dass wir weniger nachdenken und weniger Entscheidungen treffen müssen. Und wenn unsere Verallgemeinerungen auf zahlreichen Erfahrungen beruhen, werden wir damit auch häufig richtig liegen. Aber es ist eben nicht garantiert, dass wir immer richtig liegen, vor allem wenn unsere Verallgemeinerungen auf sehr wenigen Erfahrungen beruhen oder sogar auf gar keinen und nur übernommen/anerzogen sind. Daher ist es sinnvoll nach den oben aufgeführten Hinweiswörtern auf Übergeneralisierungen in den eigenen Gedanken Ausschau zu halten. Außerdem sollte man überprüfen, ob die Aussage auf die konkrete Situation zutrifft oder ob es hilfreicher ist, die Möglichkeit von Ausnahmen in Betracht zu ziehen (bzw. die „Regel" komplett über Bord zu werfen).

Globale negative Selbstbewertung

Hier handelt es sich um eine weitere Zuspitzung der Übergeneralisierung, bei der nur noch allgemeine negative Bewertungen der eigenen Person getroffen werden: „Ich bin nichts wert.", „Ich bin ein schlechter Mensch.", „Ich bin ein Versager.", „Ich bin nicht gut genug.", „Ich bin nicht liebenswert." Vielleicht haben Sie auch schon mal einen solchen Gedanken gehabt. Meistens sitzen diese Art von Gedanken tief versteckt „im Hinterkopf", sprich im Vorbewussten oder Unbewussten und kommen zum Vorschein, wenn wir bestimmten belastenden Situationen ausgesetzt sind. Zum Glück gelingt es uns vielfach, von diesen Gedanken auf die ein oder andere Art wieder loszukommen und unser Leben weiterzuführen. Daran hängenzubleiben ist ein zentrales Element von depressiven Entwicklungen, zu deren Charakteristika es gehört, eine sehr negative Sicht von sich selbst, seiner Situation und seiner Zukunft zu haben. Psychologen nennen eine übertrieben negative Perspektive auf diese drei Bereiche die „depressive Triade". Hierbei sind grundsätzlich dieselben Mechanismen am Werk, die in diesem Buch beschrieben werden. Daher funktioniert ein Mensch mit einer

Depression nicht grundsätzlich anders als ein Mensch ohne Depression. Allerdings sind diese Mechanismen hartnäckiger und dauerhafter, sodass in der Regel Hilfe von außen – also Psychotherapie – notwendig ist. Auch hier gilt es, die übertriebenen, übergeneralisierten, globalen, negativen Selbstbewertungen zu beobachten, zu benennen und durch eine differenziertere, realistischere, Ausnahmen berücksichtigende Sichtweise zu ersetzen. Sollte dies eigenständig überhaupt nicht mehr gelingen, ist eine Psychotherapie dringend angeraten.

Absolute Forderungen

Da der Begriff „absolute Forderung" sehr technisch ist, hat der amerikanische Kognitionspsychologie Aaron T. Beck dafür auch den Begriff „Musturbation" verwendet in Ableitung von „must", dem englischen Wort für „müssen". Im Deutschen könnten wir daher zugunsten der Merkfähigkeit des Begriffs analog von „Muss-turbation" sprechen. Gemeint ist damit die gedankliche (und sprachliche) Verwendung des Wortes „müssen", das eine absolute Forderung zum Ausdruck bringt, also sprachlich keine Alternative zulässt. Beispielsweise: „Ich muss noch meine Mutter anrufen." Oder: „Ich muss noch die Wohnung putzen." Bevor Sie nun vorschnell einwenden, dass Sie ja wissen, dass Sie das im strengen Sinne nicht müssen, erinnern Sie sich bitte daran, dass unser Verstand mitunter sehr wörtlich funktioniert, vor allem wenn wir nicht ganz bewusst und zielgerichtet über etwas nachdenken, sondern „auf Autopilot" sind. Zumal Sie bei anderen Beispielen – oder vielleicht sogar den aufgeführten – eventuell geneigt sind, darauf zu beharren, dass Sie das sehr wohl „müssen". An dieser Stelle verweise ich immer gerne auf ein Zitat meiner Großmutter: „Sterben muss ich, sonst gar nichts!". Und natürlich hatte sie damit recht. An dieser Stelle ist es wieder einmal äußerst wichtig, mit der Sprache (und entsprechend mit unseren Gedanken) sehr genau zu sein. Denn alles, was wir als ein absolutes Müssen an dieser Stelle durchgehen lassen, ohne Wenn und Aber, ohne die gedankliche Möglichkeit von Alternativen, kann – und wird – uns später Schwierigkeiten bereiten. Das liegt daran, dass gewisse Gedanken die Grundlage bilden für andere Gedanken, wie ein Fundament die Grundlage bildet für ein Haus. Und wenn Sie ihr Haus auf ein unbrauchbares Fundament bauen, müssen Sie sich nicht wundern, wenn es irgendwann in sich zusammen fällt. Ein unbrauchbares Fundament sind in diesem Zusammenhang Gedanken, die nicht hilfreich, irrational und gegebenenfalls schlichtweg falsch sind. Alle anderen Gedanken, die darauf aufbauen, sind dementsprechend auch nicht haltbar. Und wenn wir es sehr genau nehmen, dann ist jeder Satz, der mit „Ich muss ..." beginnt, falsch (mit der einzigen Ausnahme „Ich muss sterben."). Schauen wir uns die Nachteile an, wenn Sie häufig in Form von „müssen" denken. Eine direkt spürbare Auswirkung ist, dass Sie sich unter Druck gesetzt fühlen werden: unter Zeitdruck, durch Druck von anderen Personen oder von den Umständen „gezwungen". Das entsprechende Gefühl kann von Unruhe, Nervosität, Angst über Gereiztheit und Ärger bis zu Schuldgefühlen reichen. Ein weiterer Nachteil ist, dass Sie sich als fremdbestimmt erleben werden. Denn wenn Sie etwas „müssen", dann muss da ja auch jemand sein, der das von Ihnen verlangt. Aber wer ist das? Wer trifft die Entscheidungen in Ihrem Leben und bestimmt, was Sie tun müssen? Wenn da nun aber niemand ist und *Sie* die Entscheidungen treffen, dann kann doch von „müssen" nicht die Rede sein. Dann ist es das, was Sie *wollen*. Jetzt wenden Sie vielleicht ein: „Aber wenn mein Chef mir eine Aufgabe gibt, dann muss ich sie erledigen oder er wirft mich raus." Das kann natürlich sein. Das heißt aber nicht, dass Sie die Aufgabe machen müssen.

Die Frage, was Sie wollen, verschiebt sich lediglich auf eine andere Ebene: „*Wollen* Sie unter der Bedingung, dass zu diesem Job diese Aufgabe gehört, diesen Job machen?“. Das Missverständnis besteht also darin, dass der Fakt, dass Sie (ergänzen Sie bitte: „außer zu sterben“, auch wenn ich es nicht jedes Mal erwähne) nichts „müssen“ nicht bedeutet, dass das Leben ein Wunschkonzert ist und Sie alles haben können, was Sie wollen. In unserem Beispiel können Sie nicht gleichzeitig ihren Job behalten und die Aufgabe nicht ausführen. Das ändert aber nichts daran, dass Sie *die Wahl haben*. Und das gilt für alle Situationen im Leben. Sie können nicht einfach beliebig haben, was Sie wollen. Sie können aber frei wählen unter den Möglichkeiten, die zur Verfügung stehen. Jede Wahlmöglichkeit bringt dabei eigene Konsequenzen mit sich, die wir – bewusst oder unbewusst – gegeneinander abwägen, auch wenn wir natürlich nicht mit Sicherheit vorhersagen können, was die genauen Konsequenzen sein werden. Das macht es ja mitunter so schwer, Entscheidungen zu treffen. Wir kommen nicht darum herum, Entscheidungen zu treffen und die Verantwortung dafür zu tragen, auch wenn die Konsequenzen nicht im Detail absehbar sind. Darin liegt ein weiterer „Vorteil“ des scheinbaren „Müssens“. Es gaukelt uns vor, dass es keine Alternativen gäbe. Und wenn es keine Alternativen gibt, gibt es auch nichts zu entscheiden. Und wenn es nichts zu entscheiden gibt, gibt es auch keine Verantwortung. Ah, was für eine Erleichterung! Aber natürlich hat diese „Erleichterung“ einen Preis. Wir geben unser Leben aus der Hand. Es sind nicht mehr wir, die die Entscheidungen über unseren Lebensweg treffen, sondern die „Zwänge“, denen wir folgen „müssen“. Doch das ist ein Kuhhandel. Dem kleinen psychischen und emotionalen Gewinn, den man aus der Illusion bezieht, ja nicht anders zu können (sprich: zu „müssen“) steht die im schlimmsten Fall dauerhafte und steigende Unzufriedenheit mit dem eigenen Leben gegenüber. Diese Illusion des „Müssens" lässt sich in zwei Schritten auflösen. Im ersten Schritt können Sie sich sagen, dass Sie nichts müssen und sich die Alternative(n) klarmachen, die es gibt. Im ersten Schritt ist es wichtig, die Alternative(n) nicht zu bewerten, sondern sich die reine Existenz von mindestens einer Alternative (meistens aber unzähligen theoretischen Alternativen) vor Augen zu führen. Der zweite Schritt besteht darin, dass Sie unter den Handlungsalternativen *inklusive aller absehbaren Konsequenzen (!)* sich für diejenige entscheiden, die aus Ihrer Sicht die beste ist. Noch einmal: es geht nicht um Wunschalternativen, die nicht existieren oder absehbare Konsequenzen, die nicht berücksichtigt werden. Sie haben die Wahl zwischen den *möglichen* Alternativen und den jeweiligen Konsequenzen, die man mehr oder weniger gut abschätzen kann. Die Wahl, die Sie treffen, ist dann das, was Sie *wollen*. Indem Sie sich das klarmachen, übernehmen Sie die Verantwortung für Ihre Entscheidungen und damit für Ihr Leben. Ich bezeichne das auch gerne als „Autorenschaft", um deutlich zu machen, dass Sie auf diese Weise der Urheber Ihres Lebenswegs sind. Sie sehen, wie wir von dem scheinbar harmlosen kleinen Wörtchen „müssen" durch genaues Hinschauen zu so wichtigen Themen wie „Entscheidungen", „Verantwortung", „Zufriedenheit" und „Lebensweg" gelangt sind. Alle diese Themen werden wir in späteren Kapiteln nochmals aufgreifen. Zurückkommend zum Thema „Denkfehler" bemerken Sie also, wann das Wort „müssen" in Ihren Gedanken auftaucht. Machen Sie sich klar, dass Sie nichts müssen. Fragen Sie sich, ob ein höheres Wollen hinter dem „Müssen" steckt, im Sinne eines „Wer A sagt, muss auch B sagen." Dann handelt es sich nicht um ein absolutes Muss ohne Wenn und Aber, sondern eben um ein konditionales, also eines, dass auf kausale Zusammenhänge und damit auf Konsequenzen hinweist. Damit ist gemeint: „Sie *müssen* diese Aufgabe/

diesen Job *nicht* machen." Aber *wenn* Sie diesen Job nicht machen, *müssen* Sie damit leben, dass Sie entweder einen anderen Job machen müssen oder arbeitslos sind. Und dies zieht natürlich beides weitere Konsequenzen nach sich. Treten Sie gedanklich so weit zurück, bis Sie an der Stelle ankommen, an der Sie unter den tatsächlichen Möglichkeiten diejenige auswählen, die Sie verfolgen *wollen*. Dann übernehmen Sie im erwähnten Sinne die Autorenschaft, was zum einen mehr der Realität entspricht und zum anderen zu den angenehmen Gefühlen führt, die mit Selbstbestimmtheit einhergehen (z. B. Selbstvertrauen, Zufriedenheit, Stolz). Dieses Vorgehen gilt natürlich nicht nur für die großen Entscheidungen im Leben, wie z. B. welchem Job Sie nachgehen wollen, die man selbstverständlich nicht mal eben zwischendurch entscheidet. Es gilt auch für die kleinen Dinge des Alltags. Wenn Sie z. B. denken „Ich *muss* noch putzen." Was steckt dahinter, das Sie *wollen*? Vielleicht, dass Sie eine saubere Wohnung wollen, weil Sie das schöner oder angenehmer finden. Wer will das nicht? An dieser Stelle stellt sich die Frage, was Sie noch wollen. Vielleicht wollen Sie sich gleichzeitig aber auch erholen oder Sie wollen Ihre Freunde treffen. Es stellt sich also die Frage, was Sie am meisten wollen. Oder was in letzter Zeit am meisten zu kurz gekommen ist. Keine leichte Frage. Aber immerhin besser, es als eine Frage des Wollens als eine Frage des Müssens aufzufassen. Den Konflikt des Wollens werden wir im Abschnitt über Bedürfnisse und Prioritäten nochmals aufgreifen. Neben der Thematik des „Müssens" gibt es noch zwei sprachliche Varianten, auf die das hier Gesagte in ähnlicher Weise zutrifft. Gemeint sind der Begriff „sollen" und seine inverse Variante „nicht dürfen". Nach meiner Erfahrung unterscheiden sich Menschen dahin gehend, ob sie diese Begriffe ebenso absolut, also alternativlos, wie das „müssen" empfinden. Für manche ist dies der Fall. In der Regel weist das „sollen" oder „nicht dürfen" aber eher auf Gebote und Verbote hin, also auf ein moralisches Urteil. Im Gegensatz zum „müssen“ ist dann bewusst, dass es Alternativen gibt, diese sind aber moralisch sehr negativ besetzt. Hier tut sich das weite und wichtige Feld der Werte auf, dem wir uns noch eingängig widmen werden. An dieser Stelle sei lediglich empfohlen, ebenfalls wie beim „müssen“ auf das „sollen“ und „nicht dürfen“ in Gedanken und Sprache zu achten, es zu benennen und zu hinterfragen. Beim „sollen“ und „nicht dürfen“ können Sie sich zum Beispiel fragen, wer diese Gebote und Verbote ausspricht bzw. wo sie ihren Ursprung haben.

Emotionale Beweisführung

Wie der Name dieses Denkfehlers schon nahe legt, besteht er darin, eine Aussage mit einem Gefühl zu beweisen. Ein solcher Gedanke könnte lauten: „Ich habe mich so geschämt, also war das auch völlig daneben, was ich gesagt habe.“, „Natürlich war das nicht in Ordnung von ihm, sonst hätte ich mich ja nicht so geärgert.“, „Ich fühle mich so wertlos, also tauge ich auch nichts.“ Sie wissen inzwischen sicher, dass im letzten Satz gar kein echtes Gefühl vorkommt, sondern nur das Verb „fühlen“ verwendet wird im Zusammenhang mit „wertlos“, was eine gedankliche Bewertung darstellt. Trotzdem fällt der Gedanke in die Rubrik der emotionalen Beweisführung, da ein Empfinden als Argument dafür herangezogen wird, dass ein Sachverhalt stimmen müsse. In extremen Formen spielt diese Art der emotionalen Beweisführung zum Beispiel eine Rolle im Rahmen von Zwangserkrankungen: „Ich muss mir nochmals die Hände waschen, da ich mich verunreinigt fühle.“ oder auch im Rahmen von Essstörungen „Ich fühle mich zu dick, also darf ich nichts mehr essen.“ Natürlich spielen bei voll ausgeprägten psychischen Erkrankungen noch andere Faktoren eine Rolle, aber solche und ähnliche

Gedanken sind nichtsdestoweniger von zentraler Bedeutung. Aber auch in den weniger dramatischen eingangs angeführten Beispielen, in denen echte Emotionen vorkommen – Scham bzw. Ärger – werden diese fälschlicherweise als Begründungen bzw. Bewertungen für einen bestimmten Sachverhalt angeführt – im ersten Beispiel für das eigene Verhalten, im zweiten Beispiel für das Verhalten des Gegenübers. Dass ein Gefühl für sich genommen nicht zwangsläufig eine Realität, also eine tatsächliche, objektive Situation, widerspiegelt, ist ein zentraler Aspekt, den wir bereits im Abschnitt über Gefühle ausführlich erörtert haben. Genau das zu überprüfen, stellt ja den entscheidenden Schritt der Analyse dar, in der wir uns gerade befinden. Bezüglich des Denkfehlers der emotionalen Beweisführung geht es darum, zu bemerken, wenn Ihre Gedanken bereits ganz explizit Gefühle als „Beweise" anführen. Spätestens dann sollten Sie innehalten und Ihr Wissen über die Passung zwischen Situationen und Gefühlen nutzen, um zu überprüfen, ob Ihr Gefühl tatsächlich auf eine korrespondierende Situation hinweist oder ob Sie mit Ihrer gedanklichen Interpretation falsch liegen und diese anhand der Fakten korrigieren sollten.

Personalisierung

Diese weitverbreitete Form der Fehlinterpretation besteht darin, ein Verhalten einer anderen Person oder einen Vorfall auf sich selbst zu beziehen, also „persönlich zu nehmen", obwohl es nichts mit einem zu tun hat. Wie in den meisten Bereichen menschlicher Eigenschaften bzw. menschlichen Verhaltens gilt auch hier, dass manche mehr und manche weniger persönlich nehmen. Insgesamt muss man jedoch sagen, dass die meisten Menschen überschätzen, wie viel das Verhalten Anderer oder gar vollkommen unpersönliche Ereignisse mit ihnen zu tun haben.

So ist es gar nicht mal so selten, dass Menschen denken: „Natürlich muss das ausgerechnet wieder mir passieren, dass der Flug ausfällt/meine Bahn ihren Anschluss nicht erreicht/es regnet." Nüchtern betrachtet sind dies alles jedoch Beispiele, die überhaupt kein persönlich und absichtlich an oder gegen die betreffende Person gerichtetes Element beinhalten. Und auch in dem Sinne, dass nur diese eine Person betroffen wäre, ist es nicht persönlich. Schließlich sind alle Personen gleichermaßen betroffen, die den Flug gebucht haben/in der Bahn sitzen/sich im Bereich des Regens aufhalten. Ganz davon abgesehen, dass es sich in den Beispielen um ganz übliche, mit einer gewissen Wahrscheinlichkeit auftretende Ereignisse handelt. Wenn Sie bei diesen offensichtlich nicht persönlichen Ereignissen noch nicht in die Gefahr kommen, sie auf sich zu beziehen, sieht es in Interaktionen mit anderen Personen vielleicht schon ganz anders aus. Hier ist es deutlich schwieriger, diese nicht (ungeprüft!) auf sich zu beziehen. Stellen Sie sich vor, ein Arbeitskollege kommt morgens ins Büro und grüßt Sie nicht. Wenn Sie automatisch denken, „Er ist sicher sauer auf mich. Hab' ich was Falsches gesagt?", dann haben Sie sein Verhalten auf sich bezogen, obwohl es zunächst keinen Anlass dafür gab und zahlreiche alternative Erklärungen denkbar und vermutlich wahrscheinlicher sind, die nichts mit Ihnen zu tun haben. So könnte er bereits beim Hereinkommen in Gedanken bei einer Arbeitsaufgabe gewesen sein, mit der er direkt begonnen hat. Oder er hatte einen Streit mit seiner Partnerin, der ihn noch beschäftigt. Oder er hat gerade die Nachricht erhalten, dass sein Vater ins Krankenhaus gekommen ist. Oder unzählige weitere Möglichkeiten, was ihn gedanklich so beschäftigen könnte, dass er so in seine Gedanken vertieft ist, dass er gar nicht ganz in der Situation ist. Das kommt häufiger vor, als man es bei Anderen vermutet. Und das, obwohl man es von sich selbst sehr gut kennt. Vermutlich sind die meisten von uns die meiste Zeit des Tages in Gedanken irgendwo, aber nicht in der tatsächlichen Situation, in der sie sich gerade befinden. Womit wir wieder bei einer zentralen These dieses Buchs wären. Als Faustregel liegen Sie daher vermutlich deutlich häufiger richtig, wenn Sie ein ungewöhnliches, unübliches, nicht ganz in die Situation passendes Verhalten bei jemandem beobachten, dass es mehr mit der anderen Person und weniger oder nichts mit Ihnen zu tun hat. Zumindest aber sollten Sie überprüfen, ob irgendetwas dafür spricht, dass das Verhalten der anderen Person mit Ihrem Verhalten zusammen hängt. Und selbst in diesem Fall wäre es immer noch die Verantwortung der anderen Person, anzusprechen, was ihr nicht passt. Ein weiterer Aspekt einer übertriebenen Personalisierung besteht darin, sich über die Maßen für etwas verantwortlich zu fühlen, wofür man gar nicht oder nur zu einem gewissen Teil verantwortlich ist. Ein Beispiel hierfür ist etwa: „Meiner Mutter geht es schlecht wegen mir. Ich bin keine gute Tochter.“, „Ich bin selbst schuld, dass ich überfallen wurde, ich hätte vorsichtiger sein müssen.“, „Wenn ich ein besserer Lehrer wäre, würden alle Schüler bessere Leistungen erbringen.“ In allen Beispielen wird die eigene Rolle und der eigene Einfluss auf andere Menschen überbewertet und im Gegenzug deren eigene Verantwortung und deren eigener entscheidender Anteil an ihrem Verhalten ausgeblendet. Insbesondere wenn Sie dazu neigen vieles auf sich zu beziehen, sollten Sie nach diesem Denkfehler Ausschau halten. In der Analyse geht es dabei nicht darum, jeden eigenen Anteil und jede eigene Verantwortung kategorisch von sich zu weisen, sondern fair zu prüfen, was der eigene Anteil ist, wer ebenfalls einen Anteil daran hat und was realistische Erklärungen sind, die nichts mit Ihnen zu tun haben.

Etikettierung

Bei der Etikettierung handelt es sich um eine weitere Form der Generalisierung, die sich allerdings etwas anders äußert als die bisher beschriebenen Arten. Bei den oben aufgeführten Generalisierungen wurde ausgehend von einem Merkmal der Person (Mann, Frau, Ausländer, Lehrer etc.) behauptet, dass alle gleich seien, sich gleich verhielten oder gleiche Eigenschaften hätten. Es soll also eine Aussage über alle Personen mit diesem Merkmal sein. Bei der Etikettierung hingegen wird einer einzelnen Person ein Etikett angehängt, dass die Person angeblich umfassend beschreibt und aus dem viele oder gar alle Verhaltensweisen der Person abgeleitet werden können sollen. Beispiele könnten sein: „Das ist ein Depressiver.“, oder „Das ist eine Linksliberale.“ oder etwas persönlicher „Ich bin ein Tollpatsch.“ oder „Du bist ein Faulenzer.“ Insbesondere die letzten beiden Beispiele zeigen, dass wir alle davon ausgehen, dass es so etwas wie einen „Tollpatsch“ und einen „Faulenzer“ gibt, nur weil wir Wörter dafür haben. Doch wann ist man ein „Tollpatsch“ bzw. „Faulenzer“ oder wie wird man dazu? Viele von uns schleppen solche Etiketten seit der Kindheit mit uns herum. Vielleicht ist einem Kind einmal etwas heruntergefallen oder es ist über einen Gegenstand gestolpert und jemand hat dieses Verhalten als „tollpatschig“ bezeichnet. Schon an dieser Stelle kann man argumentieren, ob diese Bezeichnung bzw. Bewertung sinnvoll und hilfreich ist oder ob man nicht lieber davon sprechen sollte, dass dies absolut normale Vorkommnisse sind, die eigentlich überhaupt keiner näheren Beachtung bedürfen oder wenn überhaupt, dann als Versehen oder Missgeschicke bezeichnet werden können. Nun wird es aber (in diesem Beispiel) Eltern geben, die nicht dabei stehen bleiben, ein solches Missgeschick als „tollpatschig“ zu bezeichnen, sondern beim zweiten oder dritten Mal den Sprung machen, nicht mehr das Verhalten, sondern das Kind selbst als „tollpatschig" zu beschreiben. Und schon hat sich das Kind eine Eigenschaft eingefangen, die andere Kinder nicht haben, obwohl ihnen vielleicht ähnlich häufig oder selten Missgeschicke unterlaufen – wie uns allen. Vom „tollpatschigen Kind" ist es dann nur noch ein kleiner Schritt für die Menschheit, aber ein riesiger Sprung für die betroffene Person zum ausgewachsenen „Tollpatsch". Die Fremdetikettierung wird schließlich zur Selbstetikettierung und kann das ganze Leben bestimmen. Wer sich für einen Tollpatsch hält, wird vermutlich vor vielen Herausforderungen im privaten und beruflichen Leben zurückschrecken (z. B. Tennis spielen, etwas reparieren, Chirurg werden). Durch das Scheuen solcher Herausforderungen wird man zunehmend aufgrund mangelnder Übung in diesen Bereichen tatsächlich nicht besonders geschickt sein, was dann direkt wieder als „Beweis" für die eigene Tollpatschigkeit herhalten muss. Psychologen bezeichnen diesen Mechanismus als Selbsterfüllende Prophezeiung. Wir alle unterliegen diesen Prozessen. Nicht nur solche verdinglichten Etiketten wie „Versager", „Beziehungsunfähige" oder „Nervensäge" sind dabei mit Vorsicht zu genießen, sondern das Konzept von „Eigenschaften" im Allgemeinen. Wo ist der „faule Mensch", während er gerade arbeitet? Wo ist der „aggressive Mensch", während er gerade liebevoll mit seinen Kindern spielt? Hinter jeder Eigenschaft verstecken sich – wenn überhaupt – Verhaltensweisen. Und selbstverständlich haben Menschen Verhaltensgewohnheiten, deren Benennung hilfreich ist, um Menschen – inklusive sich selbst – zu beschreiben. Aber machen Sie sich bitte klar, dass wir bei der Verwendung eines Etiketts (z. B. einer Eigenschaft) immer verallgemeinern und so tun, als würde die betreffende Person sich zwangsläufig immer so verhalten, was auch impliziert, dass sie sich gegebenenfalls auch nicht ändern könne. Die Wahrheit ist, dass manche

Verhaltensgewohnheiten mitunter nur mit viel Aufwand zu ändern sind. Andererseits ist offensichtlich, dass für Verhaltensweisen immer gilt, dass man grundsätzlich so oder eben auch anders handeln kann. Diese Vorstellung ist die Basis für Veränderung und Entwicklung und auch Psychotherapie ist ohne die Freiheit auf die eine oder andere Art handeln zu können, nicht denkbar. Nicht zuletzt dieses Buch zielt darauf ab, Ihnen bei diesem Prozess behilflich zu sein. Hier sei zum wiederholten Male an das Motto erinnert: „It's simple, but it's not easy." Um Veränderung möglich zu machen, sollten Sie also darauf achten, wo Sie in Etiketten und Eigenschaften denken und diese in Verhaltensweisen zurück übersetzen. Auch dieser Schritt stärkt zusätzlich Ihre Autorenschaft im oben beschriebenen Sinne, da Sie so die Verantwortung für Ihr Handeln und Ihre Selbst- und Fremdzuschreibungen übernehmen und gegebenenfalls korrigieren.

Gedankenlesen und Hellsehen

Da es in diesem Buch ausdrücklich um einen rationalen Ansatz geht, lassen Sie mich nicht um den heißen Brei herum reden: wenn jemand Gedankenlesen oder Hellsehen könnte, dann hätten wir alle schon davon gehört, denn das wäre die berühmteste, reichste und mächtigste Person der Welt. Falls Sie ein weiteres Argument brauchen, sei hier der kanadisch-amerikanische Zauberkünstler James Randi erwähnt, der demjenigen eine Million Dollar geboten hat, der ihm solche oder ähnliche übernatürliche Fähigkeiten demonstrieren könne. Viele, die dachten, sie könnten Randi hinters Licht führen oder die tatsächlich glaubten, solche Fähigkeiten zu besitzen, haben es probiert. Doch die Million konnte niemand einstreichen. Selbst wenn Sie zu denjenigen gehören, die auch bisher nicht an die Existenz solch übernatürlicher Fähigkeiten geglaubt haben, haben Sie mit großer

Wahrscheinlichkeit schon Gedanken gehabt, die in eine dieser beiden Kategorien einzuordnen sind. Vielleicht kamen sie so scheinbar harmlos daher, wie „Der denkt wohl, er kann das mit mir machen." oder „Sie denkt sicher, ich bin uninteressant." Aber ich verrate Ihnen ein Geheimnis: *Sie* denken das! Woher weiß ich das? Na, weil es *Ihre* Gedanken *sind*. Alles, was Ihnen durch den Kopf geht, sind Ihre Gedanken. Das gilt auch, wenn Sie denken, Sie wüssten, was jemand Anderes denkt. Das können Sie aber niemals wissen. Bei niemandem. Sie können nur wissen, was jemand sagt – weil Sie es hören. Oder was jemand geschrieben hat – weil Sie es lesen. Aber niemand von uns hat direkten Zugang zu den Gedanken von Anderen. Das wäre Gedankenlesen und wenn Sie dies wirklich können, sollten Sie im Fernsehen auftreten. Es handelt sich also um das, was *Sie glauben*, was jemand Anderes denkt. Das könnte natürlich theoretisch sein, ist aber nicht unbedingt wahrscheinlich bei den unendlichen Möglichkeiten, was eine Person denken könnte (ganz zu schweigen von unterschiedlichsten zusätzlichen Denkfehlern Ihrerseits, siehe z. B. unter Personalisierung). Vielsagender sind Ihre Gedanken tatsächlich dahin gehend, was sie über *Sie* aussagen in Bezug darauf, was *Sie* über Andere bzw. über sich selbst denken. Ähnliches gilt für das „Hellsehen". Hiermit sind Gedanken gemeint, die uns vorgaukeln wollen, dass wir wüssten, was passieren oder wie sich jemand verhalten wird. Auch hier könnte das natürlich theoretisch wirklich eintreten, zumal wenn unsere Vermutung auf unseren Erfahrungen beruht. Aber wir wissen es eben nicht genau. Alle theoretisch möglichen Ereignisse haben eine gewisse Wahrscheinlichkeit. Trotz aller Wissenschaft und Technik können wir noch nicht einmal das Wetter für den nächsten Tag mit hundertprozentiger Sicherheit vorhersagen. Die absolut sichere Vorhersage menschlichen Verhaltens ist nach meinem Dafürhalten noch schwieriger. Die Botschaft zu den

Denkfehlern „Gedankenlesen" und „Hellsehen" besteht darin, dass es sich lohnt darauf zu achten, wann Sie der Illusion verfallen und glauben zu wissen, was jemand denkt oder was passieren wird. Häufig nehmen solche Fantasien eine gewisse Fahrt auf und werden weiter gesponnen zu ganzen inneren Fantasiediskussionen mit einer Person oder abstrusen Zukunftsszenarien, in denen eins zum anderen führt. Die Gefahr besteht dabei darin, zu vergessen, dass es bereits am Ausgangspunkt (Gedankenlesen bzw. Hellsehen) keine faktische Grundlage gab und das reichhaltig ausgeschmückte Fantasiegebäude nichts mit der realen Situation zu tun hat. Wenn wir dann unsere Reaktion von dieser Fantasie abhängig machen, müssen wir uns nicht wundern, wenn wir keine zufriedenstellenden Resultate in der Realität erzielen.

Damit wäre unsere Betrachtung der Denkfehler im engeren Sinne abgeschlossen, wobei die Liste, wie gesagt, nicht erschöpfend ist, sondern einen Überblick über die im Alltag wichtigsten Denkfehler geben soll. Wenn Sie sich dieser Denkfehler bewusst sind und an ihrer Veränderung arbeiten, haben Sie bereits viel gewonnen. Zum Abschluss dieses allgemeinen Teils zu bestimmten Arten von Gedanken, möchte ich Sie noch auf einige Aspekte aufmerksam machen, die keine Denkfehler im engeren Sinne darstellen, die Sie aber wegen deren ungünstiger Wirkung auch auf dem Schirm haben sollten.

Niedrige Frustrationstoleranz

Der Aspekt der niedrigen Frustrationstoleranz hängt eng mit dem wichtigen zweiten Schritt der 4A-Methode zusammen, der Akzeptanz. Wie wir in dem Abschnitt zur Akzeptanz gesehen haben, besteht diese im Wesentlichen darin, die Situationen und vorwiegend auch die Gefühle, die in einem bestimmten

Moment vorhanden sind, zu akzeptieren, also nicht dagegen anzukämpfen. Das bedeutet vor allem in Bezug auf die Gefühle, diese zu beobachten, zu benennen und sie *auszuhalten*. Die Fähigkeit, unangenehme Gefühle und sonstige Körperempfindungen (z. B. Schmerzen, Hitze, Kälte, Müdigkeit) auszuhalten, nennt man Frustrationstoleranz. Neugeborene haben zunächst eine geringe Frustrationstoleranz und schreien bei jeder Missempfindung. Da sie sich nicht selbst helfen können, ist dies eine wichtige und sinnvolle Verhaltensweise und bringt die Erwachsenen in deren Umgebung (hoffentlich) dazu, sich um die Bedürfnisse des Neugeborenen zu kümmern. Im Laufe der Kindheit und Jugend ist es jedoch sinnvoll, zu lernen, Missempfindungen zunehmend auszuhalten und trotzdem handlungsfähig zu bleiben bzw. zu werden. Die Alternative bestünde schließlich darin, weiterhin bei jeder Kleinigkeit zu weinen und entweder auf die Hilfe Anderer zu warten, hoffen und vertrauen oder wenn niemand zu Hilfe eilt, in verzweifelter Hilflosigkeit zu verharren. Mit zunehmendem Alter ist dies keine besonders hilfreiche Strategie, weshalb traditionell die Fähigkeit zur Frustrationstoleranz als zentraler Maßstab der Reife eines Erwachsenen – im Gegensatz zu einem Jugendlichen, einem Kind oder gar einem Säugling – galt. Im Zuge der Infantilisierung unserer Gesellschaft scheinen wir dies ein wenig aus den Augen verloren zu haben. Eine geringe Frustrationstoleranz zeichnet sich also durch das übertriebene Bedürfnis aus, jedwede unangenehme Empfindung sofort loswerden zu wollen, ohne zu berücksichtigen, ob das Aushalten einem höheren Ziel dient, also dafür notwendig ist, etwas von größerer Bedeutung zu erreichen (z. B. einen Gipfel zu erklimmen, eine Ausbildung abzuschließen, eine Beziehung zu vertiefen). Die Fähigkeit Frustration auszuhalten ist eng verknüpft mit der sogenannten Fähigkeit zum Belohnungsaufschub. Auch hierbei geht es darum, kurzfristig auf etwas Angenehmes zu verzichten (in unserem Fall ein angenehmeres Gefühl), um langfristig etwas zu erreichen. Bekannt wurde der Begriff der Fähigkeit zum Belohnungsaufschub durch Experimente eines amerikanischen Psychologen mit vierjährigen Kindern, die seither vielfach wiederholt und bestätigt wurden. Darin kündigte der Versuchsleiter den Kindern an, den Raum zu verlassen. Diese hatten eine Klingel, mit der sie den Versuchsleiter zurückrufen konnten, um *einen* Marshmallow zu erhalten. Wenn sie jedoch nicht klingeln würden und abwarten, bis der Versuchsleiter von allein zurückkommt – was er in der Regel nach 15 Minuten tat – würden sie *zwei* Marshmallows erhalten statt nur einem. Die Fähigkeit zu warten unterschied sich sehr unter den Kindern. Interessant ist dabei, dass die Studie zeigen konnte, dass die Kinder umso bessere schulische Leistungen im späteren Leben erzielten, je länger sie in dem Experiment warten konnten. Auch unabhängig von dieser und anderen Studien kann man sich leicht vorstellen, dass jemand mehr erreicht, wenn er in der Lage ist, Unangenehmes und Anstrengungen in Kauf zu nehmen. Das Sprichwort „Ohne Fleiß kein Preis" (oder auf Englisch noch treffender: „No pain, no gain.") bringt diese Erkenntnis auf den Punkt. Diese Fähigkeit zum Belohnungsaufschub bzw. zur Frustrationstoleranz wird wiederum ganz entscheidend beeinflusst von unseren Gedanken oder neudeutsch von unserem Mindset. Gedanken, die eine niedrige oder gar fehlende Frustrationstoleranz zum Ausdruck bringen, sind zum Beispiel: „Ich halte das nicht aus, wenn er mich verlässt.", „Ich kann das nicht ertragen, wie mein Chef mit mir redet.", „Die Trauer ist zu viel für mich." Die Problematik dieser Gedanken besteht wie so oft darin, dass unser Verstand diese wortwörtlich nimmt, sofern wir uns dies nicht bewusst machen. Und im wörtlichen Sinne sind sie *natürlich nicht* zutreffend. Denn im wörtlichen Sinne bedeutet „etwas nicht aushalten zu können" in letzter Konsequenz, dass man daran stirbt. Und in diese Illusion verfallen wir unbewusst, wenn wir unserem Verstand die obigen Sätze oder ähnliche unhinterfragt durchgehen lassen. Wenn wir dieser Illusion unterliegen, ist auch nicht mehr erstaunlich, wie sehr wir unter der jeweiligen Situation leiden, schließlich geht es in unserer Fantasie um Leben und Tod. Realistischerweise ist allerdings noch niemand an einem Gefühl gestorben. Gefühle sind natürliche Reaktionen des Körpers, die uns grundsätzlich helfen sollen, wie wir im Anschnitt über die Funktionen der unterschiedlichen Gefühle gesehen haben. Dies ändert nichts daran, dass Gefühle subjektiv äußerst unangenehm empfunden werden können und ihr Aushalten anstrengend ist. Erinnerung: „It's simple, but it's not easy."! Zwei weitere unausgesprochene gedankliche Annahmen, die häufig zur Gefühlsvermeidung beitragen und die allgemeine Frustrationstoleranz verringern, bestehen darin zu glauben, dass (1) das Gefühl gleichsam ohne Ende immer stärker werden würde oder dass (2) das Gefühl endlos fortbestehe, falls man nichts dagegen unternehme. Sie erinnern sich vielleicht an eine ähnliche Erörterung in den Abschnitten zur Akzeptanz und zu Gefühlen. In der Realität folgen alle Gefühle einem natürlichen Verlauf, der nach einem Maximum wieder abfällt und innerhalb eines gewissen zeitlichen Rahmens wieder versandet, sofern ihm kein dauerhafter Widerstand entgegengesetzt wird. Achten Sie also in Ihren Gedanken auf Anzeichen geringer Frustrationstoleranz und machen Sie sich die tatsächliche Funktionsweise von Gefühlen sowie den sinnvollen Einsatz von Akzeptanz bewusst. Im Gegensatz zu Gefühlen im engeren Sinne gilt es in Bezug auf rein körperliche Empfindungen wie Anstrengung, Müdigkeit oder Schmerz natürlich abzuwägen, ab wann durch ein Aushalten ein tatsächlicher (also körperlicher) Schaden entstehen würde.

Aufdringliche Gedanken

Ein Hauptanliegen der 4A-Methode, mit der ich Ihnen einen Ansatz an die Hand geben möchte, mit zunehmender Übung sämtliche Situationen bestmöglich zu meistern, besteht darin, dass Sie sich Ihre Gedanken bewusst machen (Schritt 1: Achtsamkeit) und diese auf ihren Realitätsgehalt überprüfen (Schritt 3: Analyse). Im Rahmen der Analyse haben wir uns unter dem Stichwort „Denkfehler" ferner unterschiedliche Arten von Gedanken angeschaut und beleuchtet, warum diese grundsätzlich problematisch sind und hinterfragt werden sollten. Auf einer allgemeineren Ebene möchte ich Ihnen eine grundsätzliche Skepsis Ihren Gedanken gegenüber nahelegen, insbesondere gegenüber denjenigen, die Sie noch nicht auf deren Stichhaltigkeit überprüft haben und denjenigen, die Ihnen das Leben schwer machen. Der indische Weise Ramana Maharshi ist sogar so weit gegangen, auf die Frage, ob man jeden einzelnen Gedanken überprüfen solle, zu antworten, dass man den Müll nicht einzeln untersuchen müsse, bevor man ihn entsorge. Das ist sicher radikal und selbstverständlich haben Gedanken und zielgerichtetes Nachdenken einen hohen praktischen Nutzen. Aber vielleicht können Sie aus dieser kleinen Analogie die Idee mitnehmen, dass wir alle jeden Tag unzählige unsinnige Gedanken haben, denen wir keine weitere Beachtung schenken sollten. In diese Kategorie der offensichtlich unsinnigen Gedanken fallen die sogenannten aufdringlichen Gedanken. Dies sind Gedanken mit komplett abwegigen Inhalten, die sich uns in gewissen Situationen aufdrängen können. Häufig haben diese aufdringlichen Gedanken gerade solche Dinge bzw. Handlungen zum Inhalt, die wir total ablehnen. Klassische Beispiele sind die Mutter, die denkt „Ich könnte mein Kind an die Wand oder aus dem Fenster werfen.", jemand, der denkt „Ich könnte ein Messer nehmen und auf meine Frau einstechen.“ oder jemand, der auf einer Schnellstraße unterwegs ist und denkt „Ich könnte in den Gegenverkehr lenken oder aus dem fahrenden Auto springen.“ oder auch jemand, der bei einer Versammlung (ein Meeting, im Theater, in der Kirche) denkt „Ich könnte unkontrollierte Obszönitäten rufen.“ Untersuchungen habe ergeben, dass 90 % aller Menschen solche aufdringlichen Gedanken haben. Und meine Vermutung bezüglich der restlichen 10 % ist, dass sie dies lediglich vor Anderen oder auch vor sich selbst nicht zugeben bzw. die Gedanken nicht bewusst wahrnehmen. Wie dem auch sei, ist das Vorhandensein solcher oder ähnlicher aufdringlicher Gedanken absolute Normalität. Und hat auch weiter nichts zu bedeuten, außer dass dem Gehirn vielleicht langweilig ist und es sinnfreie Gedanken produziert und z. B. auch mal solche in den Raum wirft, die normalerweise abwegig oder gar verboten sind. Den meisten Leuten gelingt es, intuitiv den richtigen Umgang mit solchen komplett unsinnigen Gedanken zu wählen und sie kurz innerlich als „Quatsch“ einzustufen, vielleicht sich kurz darüber zu amüsieren und dann seinen Alltag weiterzuverfolgen, ohne sich weiter damit auseinanderzusetzen. Ein Problem entsteht tatsächlich erst dann, wann man sich von diesen Gedanken an den Haken bekommen lässt und denkt: „Was, wenn ich das tatsächlich tue? Bin ich kriminell? Hasse ich mein Kind/meine Frau? Bin ich suizidal? Werde ich verrückt?“. Die ernsthafte Beschäftigung mit diesen Fragen und der Möglichkeit eine solche Handlung zu begehen führt vermutlich zu Angst und anderen unangenehmen Emotionen wie Schuld oder Scham. Diese Gefühle bestärken die Illusion, dass man sich mit diesen Fragen tatsächlich auseinandersetzen müsste. So kann ein Teufelskreis entstehen, der alleine deswegen schon nicht aufzulösen ist, da es nüchtern betrachtet völlig richtig ist, dass man so handeln *könnte*. Es vernachlässigt aber den Aspekt, dass es gar keinen Grund dafür gibt, anzunehmen, dass man so handeln wird. Ein Gedanke – den man sich nicht ausgesucht hat – ist eben etwas komplett anderes als eine Handlung, die man wählt und für die man sich entscheidet. Und wenn Sie nicht auf eine bestimmte Art handeln wollen, dann lassen Sie es eben. Die Angst in den obigen Beispielen beruht also darauf, nicht hinlänglich zwischen Gedanken und Handlungen zu differenzieren. Handlungen können Schaden anrichten, Gedanken nicht. Diese Vermischung von Gedanken und Handlungen wird von Psychologen Fusion genannt und spielt unter anderem bei Zwangserkrankungen eine große Rolle. Also: machen Sie sich bewusst, dass offensichtlich unsinnige und abwegige Gedanken vorkommen und nicht zwangsläufig etwas zu bedeuten haben und schon gar nicht ein Hinweis auf entsprechende tatsächliche Handlungen sind. Ein Mechanismus, den diese aufdringlichen Gedanken nutzen, basiert dabei auf dem Konjunktiv, dem wir uns nun noch etwas ausführlicher widmen werden.

Sinn und Unsinn des Konjunktivs

Der Konjunktiv ist eine sprachliche Verbform, die auf eine wesentliche Funktion des Verstandes hinweist. Neben den beiden anderen Verbformen in der deutschen Sprache – dem Indikativ (Wirklichkeits- oder Anzeigeform) und dem Imperativ (Befehlsform) – bezeichnen wir den Konjunktiv explizit als Möglichkeitsform. Nun ist es eine besonders hilfreiche Funktion des Verstandes, Möglichkeiten inklusive der mutmaßlichen Konsequenzen mental – also in der Fantasie – durchzuspielen, um uns dann für die erfolgversprechendste zu entscheiden. Der Konjunktiv zeigt dabei schon rein sprachlich an, dass wir uns im hypothetischen, theoretischen Bereich bewegen. Allerdings bedeutet die Tatsache, dass wir uns vorstellen, was passieren *könnte*, keineswegs, dass das Ausgedachte wahrscheinlich oder auch nur möglich ist. „Ich könnte so hoch springen, dass die Schwerkraft nachlässt und ich ins Weltall treibe und sterbe.“ kann ich zwar denken, aber die tatsächliche Möglichkeit besteht natürlich nicht. „Wenn ich rausgehe, könnte mich ein Meteorit treffen und erschlagen.“ ist nicht nur in der Fantasie, sondern grundsätzlich auch in der Realität möglich, aber äußerst unwahrscheinlich. In diesen beiden Beispielen ist Ihnen das vielleicht klar, relevanter für unseren Alltag wird es dann, wenn wir uns bewusst machen, dass vor allem Ängste immer davon leben, dass wir uns etwas vorstellen, was passieren könnte. Wie viel Angst wir haben, hängt dann vor allem davon ab, wie sehr wir uns auf diesen Gedanken fokussieren, ihm Glauben schenken und wie furchtbar die ausgemalten Konsequenzen sind. Was wir darüber mitunter aus den Augen verlieren ist, dass wir uns immer noch im Bereich der Fantasie befinden und uns eher darauf fokussieren sollten, ob diese Fantasie überhaupt möglich ist und wenn ja, wie wahrscheinlich sie ist. Generell ist der Konjunktiv – und damit unsere Fantasie im Sinne der Vorstellungskraft unseres Verstandes – vor allem dahin gehend hilfreich, die Möglichkeiten des eigenen Handelns in Bezug auf absehbare – sprich wahrscheinliche – Situationen auszuloten und weniger, um uns auf alle möglichen (und unmöglichen) Situationen vorzubereiten, was niemals gelingen kann. Ein weiterer Bereich, in dem uns der Konjunktiv in die Irre leiten kann und daher wenig hilfreich ist, betrifft alles, was bereits geschehen ist. Auch hier ist es gedanklich möglich, dass wir uns alternative Szenarien der Vergangenheit ausmalen. Von „Hätte ich das nicht gesagt, hätte sie mich nicht verlassen.“ und „Wären meine Eltern strenger gewesen, hätte ich mehr erreicht.“ bis zu „Hätte ich Biologie studiert, wäre ich glücklicher.“ sind das alles müßige gedankliche Übungen, da sich deren Wahrheitsgehalt einerseits nicht belegen lässt und die so bestenfalls als billige Ausrede dienen können und andererseits definitiv nichts mehr daran zu ändern ist – solange Zeitreisen nicht möglich sind. Hier empfiehlt es sich, uns einer alten Redensart zu erinnern: „Hätte der Hund nicht geschissen, hätte er den Hasen erwischt." Wie so häufig steckt in ihr viel Weisheit, denn sie soll uns darauf hinweisen, uns mit dem Konjunktiv der alternativen Vergangenheit nicht zu beschäftigen. Wahlweise können Sie als Erinnerung daran auch die zeitgenössische Variante verwenden: „Hätte, hätte, Fahrradkette!". Solche kleinen Mottos – oder in der wiederholten Form als Mantras – können Ihnen dabei helfen, die gröbsten gedanklichen Fallen zu vermeiden und sich so viel Zeit, Energie und Leid zu ersparen. Das heißt natürlich nicht, dass man nicht aus vergangenen Situationen lernen soll. Dafür ist jedoch der Fokus auf *zukünftiges* Verhalten notwendig und eine klare Absicht, was man konkret anders machen möchte. Dies wiederum wird uns in den Kapiteln „Wohin geht die Reise?" und „Aktion" noch eingehender beschäftigen.

Sonstige sprachliche Fallen

Aus den unzähligen sprachlichen und gedanklichen Fallstricken, die uns den Blick auf die Realität verstellen und sinnvolles Handeln erschweren, möchte ich noch einige kurz erwähnen, um Sie dafür zu sensibilisieren und anzuregen in einigen Bereichen genauer hinzuschauen, die Sie vielleicht bisher als unkritisch erachtet haben. Einige habe ich bereits an anderer Stelle erwähnt. Ich greife sie hier nochmals auf, um sie klar dem „virtuellen" Bereich der Gedanken zuzuordnen. Zudem hoffe ich, dass Sie auf diese Weise leichter Querverbindungen herstellen können, da alle Themen in diesem Buch miteinander zusammen hängen.

Im vorherigen Abschnitt habe ich zur Veranschaulichung eine Redensart angeführt. Das habe ich in diesem Buch bereits einige

Male getan. Die entsprechenden Redensarten oder Sprichwörter sind jeweils dahin gehend ausgewählt, ob sie eine allgemeine Weisheit auf den Punkt bringen. Und tatsächlich ist das der Sinn und Zweck solcher Redensarten und viele enthalten wichtige Erkenntnisse („Der Apfel fällt nicht weit vom Stamm.", „Der Ton macht die Musik.", „Kleinvieh macht auch Mist."). Allerdings gibt es auch zahlreiche Redensarten, die keineswegs hilfreich oder allgemeingültig sind, sondern lediglich die Sichtweise bestimmter Person oder einer bestimmten Zeitepoche wiedergeben oder nur in ausgewählten Situationen zutreffen („Kindermund tut Wahrheit kund.", „Der Fisch stinkt vom Kopf her.", „Reden ist Silber, Schweigen ist Gold."). Nicht zuletzt kommt es natürlich auch auf die jeweilige Interpretation an. Zudem werden Redensarten gerne von Generation zu Generation weitergegeben und gebetsmühlenartig wiederholt. Die Wahrscheinlichkeit ist daher groß, dass auch Sie einigen Redensarten von klein auf ausgesetzt waren und sie als Wahrheiten übernommen haben, ohne sie jemals überprüft zu haben. Wenn Sie also mal wieder bemerken, dass Sie eine Redensart oder ein Sprichwort zitieren, prüfen Sie doch nochmals, ob es wirklich stimmt, hilfreich ist und ob Sie es bewusst weiter verwenden möchten.

Ähnliches gilt für die Verwendung von Metaphern und Analogien. Hierbei handelt es sich um sprachliche Formen, die uns das Verständnis von Situationen oder Zusammenhängen erleichtern sollen. Gute und passend gewählte Metaphern und Analogien können dabei sehr hilfreich sein. Möchte man die Zusammenarbeit eines Teams fördern, spricht man davon, dass „alle an einem Strang ziehen" sollen. Mitunter wird in Teambuilding Maßnahmen die Metapher zurück übersetzt in die Realität, indem man zwei Teams ein Tauziehen durchführen lässt. Eine Analogie, die durchaus etwas verdeutlicht, kann der Vergleich von Körper und Psyche mit der Hardware und Software eines Computers sein. Doch natürlich hat die Analogie ihre Grenzen. Schließlich gibt es viele Aspekte eines Körpers, die nicht auf einen Computer zutreffen und viele Aspekte der Psyche, die nicht mit einer Software vergleichbar sind. Ebenso entspricht der Zusammenhang von Körper und Psyche nicht im Detail dem Zusammenhang zwischen Hardware und Software. Der Sinn und Zweck einer Metapher oder Analogie muss sich an ihrem Erklärungswert oder sonstigem praktischen Wert (z. B. zur Motivation) bemessen. Verwechseln Sie diese sprachliche Form jedoch nicht mit der Realität, denn dann leiten Sie möglicherweise Schlussfolgerungen aus der Metapher oder Analogie ab, die auf die Realität nicht zutreffen. Auch hier erweist es sich also wieder als sinnvoll, Ihre gedanklichen Konstrukte (Metaphern und Analogien) zu überprüfen, bevor Sie Ihre Handlungen darauf stützen.

Fassen wir noch einmal kurz zusammen, was wir bisher in der Analyse überprüft haben. Zunächst haben wir uns klargemacht, welches Gefühl grundsätzlich zu welcher Art von Situation passt. Mithilfe dieses Wissens konnten wir dann zum nächsten Schritt übergehen und schauen, ob unser jeweiliges wahrgenommenes Gefühl tatsächlich eine passende Reaktion auf die konkrete Situation darstellt. Da wir nicht nur reflexartige Gefühle haben, sondern auch über eine gedanklich-sprachliche Ebene verfügen, wird unsere emotionale Reaktion entscheidend durch unsere Gedanken vermittelt. Ob diese gedankliche „virtuelle" Realität im Einzelfall die tatsächliche Situation angemessen abbildet, muss erst noch überprüft werden, da wir mit unseren – bewussten und unbewussten – gedanklichen Interpretationen mitunter ziemlich daneben liegen können. In diesem Zuge haben wir uns häufige Denkfehler angeschaut, die es zu vermeiden gilt, um ein objektiveres, sachlicheres, beschreibendes Bild der Situation zu erhalten. Wenn unsere Gedanken die Situation einigermaßen realistisch abbilden, dann werden auch die resultierenden Gefühle zur Situation passen, da diese ja direkt aus den gedanklichen Interpretationen resultieren. Auf zwei kurze Formeln gebracht, heißt das:

(1) Wir fühlen, was wir denken!
(2) Gedanken korrekt, Gefühl korrekt!

Sind unsere Gedanken keine rationale Abbildung der tatsächlichen Situation, dann sind die entstehenden Gefühle eben auch nicht der Situation angemessen und ihrem Handlungsimpuls sollte *nicht* gefolgt werden. Die weitere Herangehensweise besteht dann darin, zunächst zu einer rationalen, realistischen gedanklichen Einschätzung der Situation zu kommen und auf diese unsere Verhaltensreaktion zu stützen. Aufgrund der neuen, treffenderen Interpretation der Situation wird sich mittelfristig – nach zahlreichen Wiederholungen dieses Prozesses – auch das inadäquate Gefühl abschwächen und gegebenenfalls ein passenderes Gefühl einstellen.* Widmen wir uns nun dem letzten Teil unserer Analyse, der Überprüfung des Verhaltens.

---

* Beispiel: Sie empfinden nach einem abwertenden Kommentar eines Arbeitskollegen Angst, was eine irrationale gedankliche Bewertung der Situation als Gefahr nahelegt. Die Bewertung als Gefahr und das Gefühl der Angst weisen nun eher auf eine Fluchtreaktion hin. Wenn Sie Ihre Gedanken nun aber überprüfen und zu einer rationaleren Bewertung der Situation als Grenzüberschreitung kommen, wäre als Gefühlsreaktion Ärger passender und eine angemessene Abgrenzungsreaktion sinnvoller. Je häufiger Sie in ähnlichen Situationen lernen, sich auf die rationale Einschätzung als Grenzüberschreitung zu konzentrieren und das entsprechende Abgrenzungsverhalten zu zeigen, desto eher wird zukünftig in einer solchen Situation Ärger spürbar werden, anstatt wie bisher Angst. Dieser Ärger ist passender und hilfreicher und unterstützt Sie bei der notwendigen Abgrenzung.

Analyse des vergangenen Verhaltens

In diesem Abschnitt der Analyse geht es um unser *vergangenes* Verhalten. Ob dies vor 5 Minuten, 5 Tagen, 5 Monaten oder 5 Jahren war, ist dabei egal. Wir können das Verhalten nur beobachten, wenn wir bereits reagiert haben. Insofern geht dieser Schritt immer erst im Nachhinein und etwaige Verhaltensänderungen sind erst dann möglich, wenn sich eine ähnliche Situation ergibt. Ich hatte ja bereits erwähnt, dass wir uns mit der 4A-Methode im Allgemeinen und dem Schritt der Analyse im Speziellen sozusagen „von hinten" an Situationen heran robben. Damit meine ich, dass wir zunächst eine Situation, die nicht zu unserer Zufriedenheit verlaufen ist, Minuten, Stunden oder Tage später analysieren (oder auch noch später nach der eigentlichen Situation). Mit zunehmender Übung der 4A-Methode wird es dann irgendwann möglich sein, bereits in der Situation in Echtzeit die ersten drei Schritte Achtsamkeit, Akzeptanz und Analyse durchzuführen. Dann kann man auf eine bewusste Weise eine Entscheidung über sinnvolles Verhalten treffen und dieses Verhalten zeigen. Mit der Frage, wie dieses neue, sinnvolle, hilfreiche Verhalten aussehen kann, befassen wir uns im Abschnitt zum vierten Schritt der 4A-Methode: „Aktion". Im Rahmen der Analyse geht es hier also zunächst um die Überprüfung der Zweckmäßigkeit des *bisherigen, alten* Verhaltens.

Je nachdem, wie die Prüfung der Gedanken und Gefühle ausgefallen ist, müssen wir hier einige Szenarien auseinanderhalten. Wenn die Gedanken und entsprechend die Gefühle zur Situation passend sind, dann erhalten wir bekanntlich einen sinnvollen Handlungsimpuls vom Gefühl. Als Faustregel liegen wir dann ziemlich richtig, wenn wir das entsprechende Gefühl auch in unseren Handlungen zum Ausdruck bringen. Wenn ich also zum Beispiel Angst habe, und meine Interpretation einer

Gefahr richtig ist, weil ich mich in einer dunklen Gasse befinde und ein Mann mit einem Messer vor mir steht, dann ist auch mein Impuls wegzurennen sinnvoll und ich sollte ihm folgen. Oder wenn ich Ärger verspüre und meine Interpretation einer Grenzüberschreitung korrekt ist, weil mein Chef mich gerade „Schwachkopf" genannt hat, sollte ich meinem Impuls folgen und mich zur Wehr setzen. Was allerdings in diesen beiden Beispielen und anderen Fällen zur Situation passender Emotionen noch zu klären ist, ist wie heftig meine Reaktion ausfallen sollte. Während im ersten Beispiel in der dunklen Gasse die Empfehlung: „Renn, so schnell du kannst!" angemessen ist, ist es im zweiten Beispiel nicht unbedingt angemessen, ihren Chef anzubrüllen, zu beschimpfen oder gar zu schlagen, egal, wie stark Ihr Ärger ist. In allen zivilisierten Situationen (hierunter fällt zunächst alles, was keine Gefahr für Leib und Leben oder einen physischen Angriff darstellt) empfehle ich das Motto: „Say it, don't show it!". Dieses Motto soll zum Ausdruck bringen, dass in aller Regel für einen reifen, erwachsenen Umgang mit den eigenen Emotionen angestrebt werden sollte, seine Gefühle primär in Worte zu fassen und nicht indirekt durch sein Verhalten zu zeigen. Im obigen Beispiel wäre das Brüllen, Schimpfen oder Schlagen ein *Zeigen* des Ärgers. In einem anderen Beispiel könnte ein Wimmern und Klagen und Stöhnen ein *Zeigen* von Überforderung oder Hilflosigkeit sein, wohingegen eine reifere Form des Emotionsausdrucks darin bestünde, dies in Worte zu fassen: „Ich fühle mich gerade total überfordert und hilflos." Daran anschließen könnte sich dann sinnvollerweise die Verbalisierung der passenden Handlung. Im Falle der Hilflosigkeit also zum Beispiel: „Könntest du mir bitte helfen.", und im Beispiel mit dem Chef könnten Sie sich zur Wehr setzen, indem Sie sagen: „Das ist nicht in Ordnung! Nennen Sie mich nicht so." Das konkrete Benennen von Gefühlen ist dabei umso angebrachter, je persönlicher die Beziehung zur anderen Person ist. So mag es angemessen sein, seiner besten Freundin seine Gefühle explizit zu benennen („das macht mir Angst"; „da habe ich mich geschämt"; „es hat mich geärgert, dass du nicht angerufen hast"; „Ich bin traurig, dass du wegziehst"), während im Arbeitskontext unter Umständen neutralere Formulierungen angebracht sein können (z. B. „ich finde es schade" statt „traurig"; „es hat mich irritiert" statt „geärgert"; „ich bin mir unsicher, ob …" statt „ich habe Angst").

Schwieriger wird es, wenn Sie im Rahmen der Analyse festgestellt haben, dass Ihre gedankliche Interpretation fehlerhaft ist und Ihre Gefühle daher wohl auch nicht passen. Dann sollten Sie – wie oben bereits erwähnt – zunächst bei der Analyse verharren und zu einer treffenderen Einschätzung der Situation kommen, bevor Sie handeln. Auch den Handlungsimpuls, den Ihnen das Gefühl gibt, sollten Sie dann zunächst unterbinden. Wenn Sie zu einer realistischen Einschätzung der Situation gekommen sind, sollten Sie Ihre Handlung auf diese basieren. Dies ist besonders dann schwierig, wenn das alte, unpassende Gefühl noch vorhanden ist, da Sie sich dann *entgegen dem Gefühl* verhalten müssen. Dies fällt allen Menschen besonders schwer und zeigt nochmals, wie sehr wir – unabhängig von Bildungsstand oder Intelligenz – letztendlich doch alle Gefühlsmenschen sind. Allerdings kann wahre Veränderung zwangsläufig nur da stattfinden, wo es sich „komisch anfühlt" bzw. wir regelrecht entgegen unseren Gefühlen handeln (z. B. nicht wegrennen, obwohl wir Angst haben; eine sinnvolle Handlung ausführen, obwohl sie ein Schuldgefühl mit sich bringt; uns etwas trauen, wobei wir uns unberechtigterweise schämen). Doch was genau tun, wenn in einer Situation kein Verlass auf unser Gefühl und den entsprechenden Handlungsimpuls ist? Eine Situation beinhaltet ja nicht zwangsläufig, was eine *hilfreiche Reaktion* auf sie darstellt. Das merken Sie, wenn Sie sich die Frage stellen: Hilfreich wofür? Anders als bei Situationen, die sehr stark vorgeben, welche Reaktionen hilfreich sind (Gefahren, Angriffe), ist es bei den meisten Situationen, die wir in unserem – mehr oder weniger – zivilisierten Alltag erleben, keineswegs immer so klar, welche Reaktion sinnvoll ist. Was sinnvoll und hilfreich ist, müssen wir selbst individuell beantworten. Hier kommt wieder das Konzept der Autorenschaft zum Tragen: Sie selbst sind in der Verantwortung, zu sagen, was Sie erreichen wollen. Das berührt die Frage nach *Ihren* Wünschen, Bedürfnissen, Zielen und Werten. Da Sie diese Frage erst beantworten müssen, bevor Sie zielgerichtet handeln können, werden wir uns im Abschnitt „Wohin geht die Reise?" zunächst eingängig damit beschäftigen. Zudem stellt sich folgende weitere Frage: wenn Sie bisher bestimmte Situationen wiederholt falsch eingeschätzt haben, dementsprechend inadäquate Gefühle hatten und schließlich nicht zweckmäßig und zielgerichtet gehandelt haben, was haben Sie dann die ganze Zeit getrieben? Und wo kommen diese dysfunktionalen – nicht zielführenden – Gedanken, Gefühle und Verhaltensweisen her? Mit diesem Aspekt werden wir uns im Abschnitt „Woher kommt das alles?" beschäftigen. Wenn Sie dann zumindest eine grobe Idee davon haben, warum Sie bisher so gehandelt haben und wohin Sie in Zukunft wollen, können wir uns schließlich dem abschließenden Schritt der 4A-Methode widmen, der Aktion. Denn Erich Kästner hatte in jedem Fall recht, als er sagte: „Es gibt nichts Gutes, außer man tut es!".

Woher kommt das alles?

„They fuck you up, your mum and dad,
They may not mean to, but they do.
They fill you with the faults they had
And add some extra, just for you."

– PHILIP LARKIN –

Die beiden Abschnitte zum „Woher?“ und „Wohin?“ stellen Ergänzungen bzw. Vertiefungen der 4A-Methode dar, die die Effektivität und Effizienz der Methode nochmals deutlich erhöhen. Es bleibt grundsätzlich dabei, dass Sie mit den vier Basisschritten jede Situation meistern können. Und in der jeweiligen Situation müssen Sie auch nichts Zusätzliches tun, was die Methode verkomplizieren würde. Mit den beiden Schritten „Woher?“ und „Wohin?“ können Sie sich stattdessen unabhängig von konkreten aktuellen Situationen auseinandersetzen und sich ein generelles Wissen über sich selbst erarbeiten, dass Ihnen dann in allen erdenklichen Situationen zugutekommen wird und mit dem Sie die Wirksamkeit der 4A-Methode erheblich steigern können.

Die erste Ergänzung beruht auf der Erfahrung, dass wir alle uns in ähnlichen Situationen immer wieder ähnlich verhalten. Diese Regelmäßigkeit unserer Reaktionen in bestimmten Situationen geht häufig auch damit einher, dass wir uns ähnlich fühlen und ähnliche Gedanken haben, wann immer wir der jeweiligen Situation begegnen. Zum Beispiel könnte jemand in geselligen Situationen immer wieder denken: „Die Anderen sind alle viel interessanter als ich. Ich bin ein totaler Langweiler. Die finden sicher blöd, was ich zu sagen habe.“ Diese Gedanken lösen dann möglicherweise immer wieder Gefühle der Scham oder auch der Angst aus. Das Resultat ist dann vermutlich, dass die betreffende Person sich sehr zurückhaltend verhält und lieber nichts sagt. In einem weiteren Beispiel könnte immer wieder die Situation vorkommen, dass ein Chef seine Mitarbeiterin fragt: „Haben Sie schon die Aufgabe erledigt?“, die Mitarbeiterin immer wieder denkt: „Ich sollte das schon längst erledigt haben. Er denkt sicher, ich bin eine schlechte Mitarbeiterin. Ich kann einfach nichts richtig machen.“ und enorme Schuldgefühle bekommt oder auch Niedergeschlagenheit und Verzweiflung empfindet.

Um solche Situationen, Gedanken und Gefühle zu vermeiden, zieht sie dann vielleicht den Schluss, noch mehr zu arbeiten und weniger Pausen zu machen. Wenn solche Abfolgen von Situationen, Gedanken, Gefühlen und Verhaltensreaktionen auf starre Art und Weise immer wieder gleich ablaufen, sprechen wir von „Mustern“. Bestimmte Arten von Situationen (in unseren Beispielen gesellige Treffen bzw. Nachfragen des Chefs, ob etwas bereits erledigt ist) agieren als Auslöser – neudeutsch: Trigger – und führen so, als ob jemand auf einen Knopf gedrückt hätte, automatisch, auf festgelegte Art und Weise und ohne bewusste Entscheidung zu den immer gleichen Gedanken, Gefühlen und Verhaltensreaktionen. Nun ist in vielen Lebensbereichen unser Denken, Fühlen und vor allem unser Verhalten unbewusst und läuft mehr oder weniger automatisch ab. Man denke zum Beispiel ans Autofahren und Zähneputzen, dass wir alle in der Regel ohne bewusste Steuerung ausüben und das trotzdem wunderbar funktioniert und seinen Zweck erfüllt. Solche Routinen sind also hilfreich und müssen auch nicht weiter hinterfragt werden. Anders sieht es in unseren beiden Beispielen aus, in denen das Ergebnis der unbewussten Muster deutlich negativer ist. Im einen Fall wird die Person, die sich nicht traut, etwas zu sagen, Schwierigkeiten haben, Kontakte zu knüpfen und sozial weniger eingebunden sein, als sie es sich vielleicht wünscht. Im anderen Fall wird die Mitarbeiterin eventuell immer mehr arbeiten bis zur Erschöpfung, und das, obwohl die Nachfrage des Chefs eventuell gar keine Kritik darstellte und es nur um die objektive Information ging, ob etwas bereits erledigt sei. Die Gefahr solch starrer Muster besteht also einerseits darin, dass sie eine vorgefertigte Reaktion hervorrufen, die die eigentliche Situation verkennt und zu einer nicht hilfreichen Handlung führt. Andererseits sind durchaus Muster denkbar, die in gewissen Situationen zu angemessenen Reaktionen führen, da diese aber eben starr ablaufen und nicht flexibel sind, können sie nicht auf Situationen angepasst werden, in denen eine andere Reaktion sinnvoller und hilfreicher wäre. Ein Beispiel von großer Tragweite ist, dass viele Menschen in Situationen mit „Autoritätspersonen“ mit einer Mischung aus Angst und Eingeschüchtertsein einerseits und dem Vertrauen in deren Meinungen und der damit einhergehenden Sicherheit andererseits reagieren. Dies ist kein Wunder, da wir alle einst Kinder waren und mit scheinbar übermächtigen Autoritätspersonen aufgewachsen sind, die uns mehr oder weniger Angst gemacht bzw. Sicherheit gegeben haben. Auf jeden Fall waren sie aber viel stärker und schlauer als wir selbst, und von ihrem Wohlwollen hing geradezu unser Leben ab. Offensichtlich ist unsere Situation als Erwachsene eine gänzlich andere. Natürlich mag es immer noch Menschen geben, die stärker oder schlauer sind als wir und auch solche, von denen wir in gewisser Weise abhängig sind (z. B. Vorgesetzte, Entscheidungsträger in Behörden etc.). Doch die Unterschiede und Abhängigkeiten sind deutlich weniger gravierend. Hinzu kommt, dass mit „Autoritätspersonen“ zunächst Menschen gemeint sind, die mit dem Habitus einer Autorität auftreten oder denen wir aufgrund ihrer gesellschaftlichen Position eine Autorität zuschreiben (Ärzte, Wissenschaftler, Politiker, Vorgesetzte, Priester usw.). Nun ist es durchaus sinnvoll, mit einem gewissen Respekt und Vertrauen in die Meinung einer Autoritätsperson zu reagieren, *wenn* die Autorität auf einer tatsächlichen Kompetenz beruht. Wenn jemand viele Jahre Medizin studiert hat und einen Abschluss erworben hat, dann ist es sinnvoller, dessen Behandlungsempfehlung zu folgen als der Empfehlung Ihres Onkels Karl-Heinz, der nicht Medizin studiert hat, aber etwas im Internet gelesen hat, nur weil Sie Ihren Onkel gedanklich und emotional als Autoritätsperson erleben. Auch sollten Sie nicht jedem Arzt blind glauben, vor allem wenn Ihnen etwas komisch, unlogisch oder unseriös vorkommt. Sprich: ein starres Muster, „Autoritätspersonen" immer zu vertrauen und zu glauben, mag zwar zu einigen richtigen Entscheidungen führen, wird Ihnen aber immer dann Probleme bereiten, wenn jemand als Autorität auftritt bzw. bei Ihnen eine entsprechende Reaktion auslöst, aber tatsächlich keine kompetente und vertrauenswürdige Autorität ist. Die Nachteile von Mustern bestehen also darin, dass sie einerseits grundsätzlich das Erreichen wünschenswerter Ergebnisse verhindern können (siehe die ersten beiden Beispiele) und andererseits durch ihre Starrheit und mangelnde Flexibilität in Bezug auf nur *scheinbar* ähnliche Situationen mal zu guten und mal zu schlechten Entscheidungen führen können (siehe das Beispiel der „Autoritätspersonen").

Doch woher kommen diese Muster? Diese Frage beschäftigt viele Menschen, die mit ihren Reaktionen in bestimmten Situationen unzufrieden sind und mitunter an der Frage verzweifeln: „Warum verhalte ich mich immer wieder so?". Häufig schließt sich daran noch ein zweiter Teil an: „... obwohl ich es nicht will.", „... obwohl es mir nicht guttut.", „... obwohl ich es besser weiß." Ich empfehle dann immer, die Frage zunächst auf einer ganz allgemeinen Ebene zu beantworten, die bereits einen Großteil des Mysteriums „warum" man sich so verhält, beseitigt. Die simple Antwort, die auf jeden Fall immer stimmt, lautet: **Weil Sie es irgendwann und irgendwo gelernt haben.** Sie sind also nicht mit den beschriebenen Mustern auf die Welt gekommen und Sie sind auch nicht einfach unveränderbar so, sondern Sie haben diese im Laufe Ihres Lebens erworben. Nun gibt es in verschiedenen Wissenschaften seit langer Zeit den Streit, was denn nun erworben und was angeboren ist (bekannt im Englischen als Nature/Nurture-Debatte und im Deutschen als Natur/Kultur-Debatte). Dabei interessieren uns hier jedoch nicht alle Feinheiten, sondern nur ein grundsätzliches Verständnis, dass wir für die bessere Nutzung der 4A-Methode brauchen können. In groben Zügen haben Studien ergeben, dass wir mit einem gewissen Temperament auf die Welt kommen. Dies können Sie sich so vorstellen, dass manche Babys auf äußere Reize stärker und schneller mit körperlicher Aktivierung reagieren. Sie sind also „temperamentvoller“ als andere Babys, die eine höhere Reaktionsschwelle haben, also stärkere Reize benötigen und weniger stark durch diese aktiviert werden, insgesamt also ruhiger sind. Man kann sich leicht vorstellen, dass dies bereits einen großen Unterschied dafür macht, wie diese Babys mit ihrer Umwelt interagieren und vorwiegend auch dafür, wie die Umwelt auf diese Babys reagiert. Und so beginnt eine endlose Dynamik von Interaktionen. Ebenfalls tief in unseren Genen verankert und somit angeboren sind die eingangs besprochenen Grundemotionen, die dabei helfen sollen, reflexartig auf problematische Situationen reagieren zu können (Gefahr, Angriff, Verlust etc.). Auf der anderen Seite haben wir die Ebenen der Gedanken und des Verhaltens. Gedanken bedienen sich der Sprache, und Sprache muss offensichtlich erlernt werden. Nun gibt es sicher angeborene Grundlagen der Sprache, die einen Spracherwerb ermöglichen, aber sprachliche Inhalte – also was wir über uns, Andere und die Welt denken – erwerben wir von klein auf im Verlaufe unseres Lebens. Für das Verhalten gilt Ähnliches: Es gibt sicher genetische Grundlagen für basale Bewegungsmuster, wie z. B. das Laufen. Aber konkrete Verhaltensweisen im Sinne von Reaktionen auf bestimmte Situationen werden erworben. Die Fähigkeit zu laufen ist angeboren, doch wohin Sie später laufen und wovor Sie weglaufen ist es wohl kaum. Ebenso ist die Fähigkeit zu denken und zu sprechen angeboren, aber wohl kaum, *was* Sie denken und sagen. Um auf unsere Muster zurückzukommen, handelt es sich in Situationen, in denen ein Muster aktiviert ist, um Situationen, in denen Sie – im Nachhinein – nicht den

Eindruck haben, dass *Sie* entschieden haben, was Sie denken/sagen, fühlen und wohin Sie laufen. Vielmehr scheint es subjektiv so zu sein, als ob jemand oder etwas anderes das Kommando über uns übernimmt. Und genau das ist tatsächlich auch der Fall. Wir haben irgendwann in unserem Leben gelernt, wie wir über entsprechende wiederkehrende Situationen – bzw. über uns in diesen Situationen – zu denken haben. Damit verbunden haben wir auch eine Gefühlsreaktion auf diese Situationen erlernt – da diese ja an die Gedanken gebunden ist – und schließlich gelernt, mit welchem Verhalten wir am besten darauf reagieren. Diese erlernte Reaktionskette hat sich dann durch Wiederholung – also Übung – etabliert und ist schließlich zur automatischen und unbewussten Routine geworden, vergleichbar dem Prozess beim Erlernen des Autofahrens, der zunächst als bewusster Prozess beginnt und mit zunehmender Übung und Routine unbewusst wird. Die Muster stellen also erlernte Reaktionen auf Situationen dar, denen wir wiederholt ausgesetzt waren. Weniger dramatische Begriffe als „Muster“ für dieses Phänomen sind zum Beispiel „Routinen“ oder schlichtweg „Angewohnheiten“. Diese Begriffe sind deutlich näher an einer Beschreibung dessen, worum es sich tatsächlich handelt als Begriffe wie „Charakter“ oder „Persönlichkeit“, die manchmal auch benutzt werden um solche Muster zu beschreiben und schon auf sprachlicher Ebene eine festgeschriebene Gegebenheit suggerieren: „Ich bin halt so und ich kann es nicht ändern.“ Auch deshalb ist die Betonung von erlernten Reaktionsmustern oder -gewohnheiten von zentraler Bedeutung. Sie leitet unsere Aufmerksamkeit darauf, dass wir nicht so geboren wurden, sondern unser Lebensweg uns dahin gehend geprägt hat und zum Zweiten darauf, dass wenn wir diese alte, wenig hilfreiche, unangenehme Reaktion erlernt haben, wir genauso gut auch eine neue Reaktion erlernen können. Allerdings müssen wir uns dafür erst einmal der alten

Reaktion im Detail bewusst werden, um dann eine neue alternative gedankliche und Verhaltensreaktion zu üben, üben, üben. Zwei Bedingungen, von denen meistens mindestens eine nicht erfüllt ist, selbst wenn Menschen sich sehr unwohl fühlen und sehr unzufrieden sind. Da selbst im besten Fall das Üben anstrengend und langwierig ist, entsteht der Eindruck und das geflügelte Wort, dass Menschen sich nicht ändern. Ich würde allerdings eher sagen, aus den genannten Gründen ist es eher die Ausnahme, aber es besteht berechtigte Hoffnung auf Veränderung. Genau dabei will Ihnen die 4A-Methode helfen. Wenn nun also unsere starren und nicht zielführenden Muster erlernt sind, wann und wo haben wir sie dann erlernt? Grundsätzlich ist es möglich neue Muster, Routinen, Angewohnheiten jederzeit im Leben erworben zu haben und auch weiterhin zu erwerben. Allerdings muss man davon ausgehen, dass solche Muster umso stabiler und grundlegender sind, je früher im Leben sie erworben wurden. Dies ist aus verschiedenen Gründen auch offensichtlich. Zum einen ist unser Gehirn nie mehr so offen und lernfähig wie in den ersten Lebensjahren. Was wir als Kind in den ersten Lebensjahren alles lernen, werden wir in solchem Umfang in keinem späteren Lebensabschnitt von vergleichbarer Dauer lernen. Zum anderen lernt jedes Kind in den ersten Lebensjahren alle motorischen und sprachlichen Grundlagen für das spätere Leben. Wer zum Beispiel bis zum sechsten Lebensjahr nicht ausreichend motorisch gefordert und gefördert wird, wird es später extrem schwer haben, motorische Herausforderungen zu meistern (z. B. eine neue Sportart meistern oder einen motorisch anspruchsvollen Beruf ausüben). Dies drückt sich zum Beispiel in der redensartlichen Beschreibung solcher Menschen aus, die „als Kind nicht draußen gespielt haben" oder auch dem – eben nur bedingt richtigen – Sprichwort: „Was Hänschen nicht lernt, lernt Hans nimmermehr."

Neben diesen motorischen und sprachlichen Basisfähigkeiten werden eben auch zentrale Muster erlernt, die bestimmte Situationen, gedankliche Bewertungen, Gefühle und Reaktionen in festen Komplexen zusammen fassen. Um sich klarzumachen, wie grundlegend diese früh erworbenen Fähigkeiten und Muster sind, bietet sich eine Computermetapher an: in den ersten Lebensjahren wird uns sozusagen unser Betriebssystem aufgespielt. Dieses Betriebssystem ist so zentral für unser Funktionieren, aber auch so selbstverständlich, dass wir sein Vorhandensein gar nicht bemerken. Gleichwohl bildet es die Grundlage für alle weiteren Fähigkeiten, Fertigkeiten und Muster, die wir im weiteren Leben erwerben. Doch diese haben mit zunehmendem Alter in unserer Analogie eher den Charakter von Dienstprogrammen oder Apps, die wir viel einfacher ergänzen, updaten oder durch neue Programme ersetzen können. Haben wir einen Fehler im Betriebssystem, wirkt sich das jedoch potenziell auf alle anderen Programme aus. Gleiches gilt für unsere grundlegenden Muster, die wir in den ersten Lebensjahren erworben haben, auf denen alles Weitere aufbaut und die in der Regel wie von allein ablaufen, ohne dass wir uns dessen bewusst sind. Das ist auch nicht weiter schlimm, solange sie uns keine Schwierigkeiten bereiten. Davon ist allerdings leider nicht auszugehen. Dies liegt schlicht und ergreifend daran, dass niemand von uns eine perfekte Kindheit hatte, da es so etwas nicht gibt. Der amerikanische Psychologieprofessor Steven Hayes geht sogar so weit zu sagen: „Jede Kindheit ist traumatisch." Was er damit meint ist, dass es das Leben mit sich bringt, dass wir alle in der Kindheit – und darüber hinaus – schmerzhafte Erfahrungen machen. Dass manche Kindheiten sehr viel traumatischer sind als andere, soll damit natürlich nicht verschleiert werden. Wir haben nun also bereits eingegrenzt, wann wir vermutlich die entscheidenden grundlegenden Muster erworben haben, nämlich in den ersten drei bis sechs Lebensjahren. Natürlich werden auch später im Leben noch weitere Muster erworben, doch wir gehen davon aus, dass mit zunehmendem Alter die neu hinzukommenden Muster weniger weitreichend und weniger grundlegend und im Gegenzug zunehmend bewusster und leichter veränderbar sind. Für unsere Zwecke interessieren uns daher in erster Linie für die sehr früh erworbenen, sehr grundlegenden Muster, da diese den größten Einfluss auf unser Leben haben werden und daher auch potenziell das meiste Leiden verursachen können. Mit der Beantwortung der Frage nach dem Wann, liegt auch die Antwort auf die Frage nach dem Wo auf der Hand, denn die ersten Lebensjahre haben die Meisten in der Regel in einem primären familiären Umfeld verbracht. Für viele wird dieses Umfeld vor allem aus den Eltern bestanden haben, für manche vielleicht aus nur einem Elternteil, für manche gab es vielleicht noch andere wichtige Bezugspersonen wie Großeltern, Onkel und Tanten, ältere Geschwister etc. Doch die allermeisten von uns waren in den ersten Lebensjahren vor allem, wenn nicht gar ausschließlich einer überschaubaren Anzahl von Personen ausgesetzt. Diese Personen, bzw. genauer gesagt deren Verhalten bildeten somit unser primäres Umfeld, in dem wir entsprechend unser Betriebssystem erhalten haben. Diese Überlegung bzw. Feststellung ist einerseits unglaublich banal, andererseits ist es erstaunlich, wie wenig wir uns deren weitreichenden Implikationen bewusst sind. Dementsprechend ist es ein ungeheuer lohnenswertes Unterfangen, den bewussten Versuch zu unternehmen, sich ein Bild vom eigenen Betriebssystem zu machen. Nun gibt es Formen der Psychotherapie, die sich genau dies zur Aufgabe gemacht haben und über einen Zeitraum von drei Jahren, fünf Jahren, zehn Jahren oder noch länger in zwei oder drei Sitzungen pro Woche versuchen, die eigene Biografie bis ins kleinste Detail zu erinnern und zu interpretieren, was dies alles zu bedeuten habe. Wer diesen Prozess durchläuft, ist häufig in der Lage, eine tausend-seitige Autobiografie zu verfassen. Diese Herangehensweise ist jedoch aus verschiedenen Gründen ähnlich wenig zielführend, wie sich überhaupt nicht mit der eigenen Biografie zu beschäftigen. Zum einen sind unsere Erinnerungen nicht etwas Statisches, das wir einfach nur abrufen. Vielmehr werden einzelne Aspekte, die wir erinnern, ergänzt durch unser Gehirn, das etwaige Lücken kreativ ausfüllt. So können durch immer genaueres Nachfragen immer mehr Details produziert werden, die von tatsächlichen Erinnerungen irgendwann nicht mehr zu unterscheiden sind. Diesem Ergänzungsprozess sind grundsätzlich keine Grenzen gesetzt, sodass man diese Form der „biografischen Arbeit" geradezu endlos betreiben kann. Es stellt sich die Frage, welche *Relevanz* das zusammen getragene Material dann hat, zum einen im Sinne seines Realitätsbezugs, zum anderen im Hinblick auf seine Nützlichkeit für das weitere Leben. Damit wären wir beim nächsten Kritikpunkt, nämlich, dass das reine Zusammentragen von mutmaßlichen biografischen Details an sich bereits eine Veränderung im aktuellen Leben bewirken würde. Dies ist nach meiner Erfahrung nicht der Fall. Hingegen gibt es viele Belege dafür, dass entscheidend ist, wie ich mit dem erarbeiteten biografischen Wissen umgehe, welche Schlüsse ich daraus ziehe und vor allem inwiefern ich mich daraufhin anders *verhalte*. Wie so häufig in diesem Buch, ist auch hier von zentraler Bedeutung zwischen den Extremen der Nichtbeschäftigung mit der eigenen Biografie einerseits und der übertriebenen Beschäftigung andererseits den Mittelweg zu finden, und die Nützlichkeit des Vorgehens schlichtweg am tatsächlichen Resultat zu bemessen. Der effizienteste und effektivste Weg der Auseinandersetzung besteht nach meiner Erfahrung darin, einen gezielten, zeitlich überschaubaren, strukturierten Blick auf die eigene Biografie zu werfen und die

Erkenntnisse daraus so zu konzentrieren, dass sie ein handliches Format aufweisen, das einen tatsächlichen pragmatischen Nutzen für den Umgang mit Situationen im Hier und Jetzt hat. Übungen dazu, wie Sie dort hinkommen, finden Sie im Anhang dieses Buchs mit den praktischen Übungen. Hier möchte ich Ihnen zunächst beschreiben, wie dieses handliche Format aussehen kann. Wir greifen dafür auf eine Struktur zurück, die Sie bereits kennengelernt haben und adaptieren sie ein wenig. Das hat den Vorteil, dass sie sich nahtlos in die 4A-Methode einfügt und die Integration des biografischen Aspekts vereinfacht, da Sie die Struktur schon kennen. Und zwar verwenden wir den vierteiligen Aufbau des Schnappschuss-Modells. Dieses bildet ja bereits die Grundlage für die Anwendung der 4A-Methode um jede aktuelle Situation zu meistern. Um den Effekt der Methode zu „boostern" arbeiten wir parallel an der Ausformulierung der biografischen Komponente. Während das Schnappschuss-Modell sich explizit nur mit einer einzigen konkreten Situation befasst, betrachten wir auf analoge Art und Weise nun die „typischen" Aspekte Ihrer Kindheit. Der Kategorie „Situation" aus dem Schnappschuss-Modell entsprechen dabei die zentralen Elemente des Umfeldes, in dem Sie aufgewachsen sind. Wie eingangs beschrieben waren die prägendsten Faktoren in unserer frühen Entwicklung für uns alle unsere primären Bezugspersonen, bzw. deren Verhalten. Da wir es gewohnt sind, statt in Verhaltensweisen eher in „Eigenschaften" zu denken, versuchen wir im ersten Schritt Eigenschaftswörter zu sammeln, die unsere Eltern – oder sonstigen primären Bezugspersonen – beschreiben. Wenn Sie die Übung direkt durchführen möchten, greifen Sie am besten auf möglichst frühe Erinnerungen zurück und versuchen Sie, sich einen nach dem anderen Ihre Eltern aus der Sicht mit Ihren Kinderaugen vorzustellen. Welche Eigenschaften fallen Ihnen dann ein? Seien Sie – wie man das in einem klassischen Brainstorming machen würde – nicht zu kritisch („Er war ja nicht immer so.“; „Ich will nichts Negatives über sie sagen.“), sondern sammeln Sie einfach alle Begriffe, die Ihnen in den Sinn kommen. Wenn Sie auf weniger als drei bis fünf Eigenschaften pro Elternteil kommen, sollten Sie definitiv einige der Übungen aus dem praktischen Teil im Anhang durchführen. In unserer übersichtlichen Struktur zur biografischen Prägung bilden diese Eigenschaften Ihrer Eltern die Basis dafür, nachzuvollziehen, in welcher Atmosphäre Sie aufgewachsen sind. Dies bildete auf einen Nenner gebracht die *Situation*, der Sie in den ersten Lebensjahren ausgesetzt waren. Der Begriff der Atmosphäre ist auch deshalb hilfreich, weil Menschen häufig die falsche Auffassung haben, dass vor allem besondere, ungewöhnliche und dramatische Ereignisse der Kindheit einen besonders prägenden Effekt haben. Dies kann natürlich vereinzelt der Fall sein, wenn sich solche Ereignisse konkret benennen lassen (z. B. ein Todesfall in der Familie, das Erleben eines schlimmen Unfalls, einer Gewalttat oder eines Missbrauchs). Vernachlässigt wird dabei jedoch eher der – mehr oder weniger subtile – prägende Einfluss wiederkehrender, alltäglicher, dauerhafter Begebenheiten, die an das spezifische Elternverhalten gebunden waren und sich in einer bestimmten Atmosphäre geäußert haben. Mit „Atmosphäre“ ist in diesem Zusammenhang gemeint, dass wir als Kind etwas wahrgenommen – „gespürt“ – haben, was wir nicht gut benennen konnten, was uns aber bewusst war. Ein erster Schritt, uns diese Atmosphäre bewusster zu machen und genauer zu greifen zu bekommen, besteht darin, das Elternverhalten mit Adjektiven zu beschreiben. Der zweite Schritt betrifft analog zum Schnappschuss-Modell die Ebene der Gedanken. Auch hier interessiert uns nicht so sehr, was wir in einer einzelnen Situation gedacht haben, sondern was wir im Allgemeinen gedacht haben. Wir sprechen deshalb in diesem Zusammenhang von Grundüberzeugungen oder Glaubenssätzen. Es geht also um die grundsätzlichste Ebene dessen, was uns unsere Eltern durch ihr Verhalten über uns selbst und die Welt vermittelt haben. Dies kann auf explizite Art und Weise erfolgt sein, also dadurch, dass uns direkt gesagt wurde: „Du taugst nichts.“, „Du bist faul.“, „Warum bist du nicht mehr wie deine Schwester?“. Vielleicht gab es auch allgemeine Regeln: „Es gibt keine Widerrede.“, „Mach einfach ein bisschen mehr, als du kannst.“, „Es wird aufgegessen.“, „Du solltest der Vernünftigere sein.“ Manchmal werden auch ausgewählte Sprichwörter und Redensarten verwendet: „Ein Indianer kennt keinen Schmerz.“, „Vögel, die morgens singen, holt abends die Katz'“. Doch vieles wird natürlich auch ohne Worte vermittelt. So zeigen Eltern zwangsläufig durch Gestik, Mimik und Emotionsausdruck, welche Verhaltensweisen und auch welche Gefühle sie bei ihren Kindern schätzen und welche nicht. So lernen wir quasi „zwischen den Zeilen“*, was wir zu tun und zu lassen haben, welche Gefühle erwünscht sind und welche nicht, wann wir ein „braves“, „liebes“, „anständiges“ Kind sind und wann nicht. All diese Erfahrungen haben wir teils bewusst, teils unbewusst in unseren Überzeugungen und Glaubenssätzen abgespeichert. Diese Glaubenssätze zutage zu fördern, ist nicht ganz einfach – aber möglich. Fragen Sie sich dazu: Was habe ich häufig zu hören bekommen? Wie wurde ich bezeichnet? Was sollte/musste ich tun? Was durfte ich auf keinen Fall/was wurde bestraft? Wir verfolgen dabei grundsätzlich zwei Wege, um Ihre zentralen Glaubenssätze ans Licht zu bringen. Zum einen durch die zielgerichtete Auseinandersetzung mit Ihrer Biografie, zum anderen, indem wir im Analyseschritt die auftretenden Gedanken in einer konkreten aktuellen

* Die Fähigkeit, gut zwischen den Zeilen lesen zu können, nennen wir Intelligenz. Nicht ohne Grund setzt sich der Begriff „Intelligenz“ aus den lateinischen Worten für „zwischen“ (inter) und „lesen“ (legere) zusammen.

Situation in immer tiefere Schichten verfolgen, bis wir auf die dahinter liegenden allgemeinen Glaubenssätze stoßen. Dazu hinterfragen wir im Schritt „Analyse" unsere Gedanken immer weiter mit der „warum"-Frage, bis wir bei der letztendlichen „Begründung" angekommen sind, die nicht weiter begründet werden kann und gleichsam einfach gesetzt ist wie ein Axiom* in der Mathematik. Im Rahmen der Biografie versuchen wir den Ursprung dieser Setzung der Grundüberzeugungen nachzuvollziehen, um so eine Brücke zwischen den „historischen" Anfängen unseres Gedankengebäudes und den Situationen, in denen es uns heute Schwierigkeiten bereitet, zu schlagen. Die Gedankenebene spielt dabei eine ganz zentrale Rolle, denn sie ist die Ebene, auf der das Narrativ** stattfindet, das wir uns – mehr oder weniger bewusst – über uns selbst, über Andere und über die Welt und unseren Platz in ihr im Allgemeinen erzählen. Sie ist gleichsam die Brille, durch die wir alles sehen. Nicht umsonst haben wir Redensarten wie „alles durch die rosarote Brille sehen", „etwas schwarz sehen" oder „da hat er rotgesehen". Diese Metaphern beschreiben, dass etwas in uns und mit uns passiert – also dass alte Muster aktiviert sind – das unseren Blick auf die jeweilige Situation verändert und alles in eine bestimmte Richtung getönt aussehen lässt. Je stärker das jeweilige Muster dabei ausgeprägt ist, desto häufiger und desto mehr Situationen erscheinen „im selben Licht". Manche dieser Sichtweisen sind so tief verwurzelt und erscheinen uns so normal und offensichtlich, dass wir gar nicht mehr bemerken, dass wir durch eine bestimmte

* Als absolut richtig anerkannte Wahrheit, die keines Beweises bedarf und aus der andere Aussagen abgeleitet werden.

** Ein Narrativ ist eine Erzählung, die wir nutzen, um uns unsere Umwelt zu erklären. Diese Erzählung wiederum wirkt sich darauf aus, auf welche Aspekte der Umwelt wir uns fokussieren, sodass wir letztlich ausgewählte Aspekte wahrnehmen, die das Narrativ bestätigen. Somit erhält und verstärkt es sich in der Regel selbst, unabhängig von seinem tatsächlichen Realitätsgehalt.

getönte Brille schauen. Die Biografiearbeit dient letztlich dazu, sich dieser Brille bewusst zu werden, um sie dann absetzen zu können und die Realität klarer wahrnehmen zu können. Sie können sich auch vorstellen, dass wir uns ein Bild davon machen wollen, welcher Anteil Ihrer Gedanken, Gefühle und Handlungsgewohnheiten einer erlernten Reaktion auf Situationen aus Ihrer Vergangenheit geschuldet ist. Damit können wir diesen Anteil aus der aktuellen Situationen „herausrechnen" und nur auf das reagieren, was in der jeweils momentanen Situation tatsächlich vorhanden ist. Denn nur dann ist Ihre Reaktion angemessen und zielführend. Neben der gedanklichen Ebene (Überzeugungen, Glaubenssätze, Interpretationen, Narrative) machen es uns vor allem die Gefühle schwer, von der Vergangenheit loszukommen. Denn analog zur aktuellen Situation, repräsentiert durch das Schnappschuss-Modell, lösen auch die erlernten Gedanken zu ihnen passende Gefühle aus. Daher gehört zu der durch unsere Lerngeschichte erworbenen Brille, durch die wir die Welt sehen, auch eine emotionale Tönung. Uns diese emotionale Komponente ebenfalls bewusst zu machen, ist der nächste Schritt, einen besseren Überblick über unsere Prägung zu erhalten. Als Erstes können Sie sich ganz allgemein fragen: Welche Emotionen haben meine Kindheit geprägt? War ich ein ängstliches Kind? Habe ich mich oft schuldig gefühlt oder geschämt? Hatte ich viele Wutausbrüche? War ich eher melancholisch oder gar verzweifelt? War ich launisch oder scheinbar unemotional? Geben Sie sich dabei nicht zu schnell mit allgemeinen Antworten zufrieden wie: „Ich hatte eine schöne Kindheit.", „Ich war ein glückliches Kind.", oder „Ich kann mich nicht erinnern." Diese und ähnliche Gedanken sind häufig Anzeichen für einen automatischen Schutzmechanismus, um sich nicht an unangenehme Situationen oder Gefühle erinnern zu müssen, schließlich fühlen wir alle uns nicht unbedingt gerne *verletzlich* oder *hilflos*. Aber natürlich sind dies nicht nur subjektive Gefühle, sondern Eigenschaften, die die Realität von Kindern treffend beschreiben. Zuzulassen, dass wir verletzlich und hilflos waren, dass wir mehr oder weniger unschöne Dinge erlebt haben und entsprechende Gefühle damit einhergingen, ist der nächste wichtige Schritt auf dem Weg zur Identifikation unserer alten Muster. Im praktischen Teil im Anhang finden sich einige Übungen, die Ihnen helfen können, einen Zugang zu diesen „alten" Emotionen zu finden. Ein weiterer Ansatzpunkt besteht darin, dass wir ja davon ausgehen, dass sich diese alten Muster in unserer Gegenwart massiv (hinderlich) auswirken. Alle obigen Fragen können Sie sich also auch in der Gegenwart stellen: Bin ich häufig ängstlich? Bin ich schnell gereizt und ärgerlich oder gar cholerisch? Ist mir Vieles peinlich oder habe ich schnell ein schlechtes Gewissen? Fühle ich mich oft hilflos und ohnmächtig? All diese Gefühle sind natürlich normale Reaktionen auf entsprechende Situationen. Verdächtig wird es allerdings, wenn ein bestimmtes Gefühl besonders häufig vorkommt, in allen möglichen Lebensbereichen und Situationen eine Rolle spielt und Sie den Eindruck haben, dass sich andere Menschen in ähnlichen Situationen nicht unbedingt so fühlen würden. Sowohl Ihre erinnerten typischen alten Gefühle als auch Ihre aktuell vorherrschenden häufigen Gefühle können Sie dann abgleichen mit den alten Glaubenssätzen, die Sie bereits zutage gefördert haben. Es ist davon auszugehen, dass Sie einige „Passungen" finden, da Gefühle immer an entsprechende passende Gedanken gebunden sind, sprich von ihnen ausgelöst werden. Wenn Sie diese alten Gefühle nur schlecht greifen und benennen können, können Sie daher auch andersherum vorgehen und Ihr Wissen aus dem Analyseteil und dem Abschnitt zu Gefühlen nutzen, um inhaltlich aus den Gedanken abzuleiten, zu welchen Gefühlen sie höchstwahrscheinlich führen würden. Ebenso können Sie nochmals einen Blick auf die Eigenschaften werfen, die Sie zu Ihren primären Bezugspersonen gesammelt haben. Auch aus ihnen kann man oft eine Vorhersage über vermutliche Gefühlsreaktionen ableiten. Wenn bei einem Elternteil als Eigenschaft „cholerisch" oder „aggressiv" steht, braucht es nicht viel Fantasie, um sich vorzustellen, dass ein solches Verhalten bei einem Kind Angst auslöst. Vielleicht haben Sie Ihren Elternteil noch in entsprechender Art und Weise vor Augen, können aber Ihre eigene Angst nicht mehr erinnern. Dann stellen Sie sich einfach vor, wie es heute wohl wäre, wenn jemand, der dreimal so groß ist wie Sie (also 5 bis 6 Meter groß!) einen Wutausbruch bekommen würde, der sich gegen Sie richtet. Stellen Sie sich weiter vor, dass Sie mit dieser Person tagtäglich zusammen leben und von ihr abhängig sind. Sie würden sich wahrscheinlich so einiges einfallen lassen, um diese Person zu besänftigen. Ein weiteres Beispiel ist, wenn bei einem Elternteil als typische Eigenschaft „traurig", „melancholisch" oder gar „verzweifelt" steht. Auch hier kann man sich leicht vorstellen, wie sich ein Kind fühlt, das z. B. die Mutter auf diese Weise erlebt. Ein Mensch, den das Kind liebt und von dem sich das Kind Liebe und Zuwendung wünscht und braucht. Dies wird vermutlich Gefühle der Hilflosigkeit und Ohnmacht, aber häufig auch Schuldgefühle auslösen, da insbesondere Kinder alles auf sich selbst beziehen und sich vielfach für das Wohlergehen der Eltern verantwortlich fühlen, sofern Eltern nicht deutlich vermitteln, dass sie mit ihrem Leben und ihren Gefühlen klarkommen können und gleichzeitig noch die Kapazität haben, sich um die Belange und Gefühle der Kinder zu kümmern. Als weiterer Anknüpfungspunkt um Ihre habituellen* Gefühle bewusst zu machen sei hier abschließend erwähnt, dass Sie sich auch an konkrete einzelne Situationen erinnern

* gewohnheitsmäßigen

können, die Ihnen besonders im Gedächtnis geblieben sind. Wir alle haben solche Erinnerungen, die häufig etwas Prototypisches über unsere Kindheit zum Ausdruck bringen. Schieben Sie diese Erinnerungen also auch nicht vorschnell zur Seite. Es hat vermutlich einen Grund, warum Ihnen ausgerechnet diese Situation(en) besonders im Gedächtnis geblieben ist/sind. Versuchen Sie daher einmal für diese Situationen das auslösende Elternverhalten, Ihre Gedanken und das entsprechende Gefühl auf den Punkt zu bringen. Den Abschluss unseres Überblicks über Ihre Prägung bilden – wiederum analog zum Schnappschuss-Modell – Ihre üblichen Verhaltensreaktionen. Da wir auch hier wieder nicht nur eine einzelne Situation aus der Vergangenheit betrachten, sondern nach Mustern auf der Suche sind, könnte man auch von Verhaltensgewohnheiten sprechen. Da es sich um Verhaltensgewohnheiten handelt, die dem Umgang mit schwierigen Situationen und Gefühlen dienten, verwende ich bevorzugt den Begriff „Schutzstrategien". Dieser Begriff ist deshalb besonders hilfreich, da er sofort darauf hinweist, das Sie als Kind eine „Strategie" entwickeln mussten, um möglichst gut klarzukommen, auch wenn dies in der Regel kein bewusstes Unterfangen war. Zum anderen ist darin der Aspekt des Schutzes vorhanden, dem die Strategie diente. Dies kann uns dabei helfen, alte Strategien, die heute vielleicht nicht mehr hilfreich sind, nicht zu schnell zu verdammen, sondern zunächst zu würdigen, dass diese ursprünglich eine sinnvolle Funktion hatten, nämlich uns zu schützen. Und in der Regel haben sie diese Funktion so gut es ging bzw. so gut es dem Kind möglich war auch erfüllt. In diesem Zusammenhang sei kurz ein Phänomen erwähnt, dass mich immer wieder überrascht, nämlich wenn Menschen überrascht darüber sind, dass Geschwister sehr unterschiedlich sind, „obwohl sie im selben Haushalt aufgewachsen sind". Dies ist allerdings überhaupt nicht erstaunlich, wenn man sich vor

Augen führt, dass ein Kind, das eine bestimmte Strategie verfolgt (z. B. „das brave Kind“, „das fleißige Kind“, „das funktionierende Kind“), damit eine bestimmte Rolle besetzt. Für weitere Geschwister wird es daher schwierig sein, dieselbe Rolle zu besetzen. Sei es, dass die Konkurrenz mit dem (älteren) Geschwister zu groß ist, sei es, dass die Eltern – wie alle Menschen in allen Situationen – diese Rolle bereits vergeben haben und daher eine alternative Rolle gewählt werden muss. Sich dieser unterschiedlichen Rollen im Familiensystem bewusst zu werden, kann ebenfalls dazu beitragen, die eigenen Schutzstrategien und Muster offenzulegen. Auch hier können Sie wieder die bereits erarbeiteten Aspekte Ihrer Prägung (Elternverhalten, Glaubenssätze, Gefühle) zur Hand nehmen, um zu überprüfen, mit welchen Verhaltensweisen Sie auf eine konkrete Eigenschaft Ihrer Eltern, einen bestimmten Glaubenssatz oder ein vorhandenes Gefühl reagiert haben um sich zu schützen. Diese Schutzstrategien können natürlich individuell sehr unterschiedlich ausfallen und oberflächlich betrachtet manchmal sogar gegensätzlich erscheinen. Grob lassen sich alle Schutzstrategien dabei in drei Kategorien einteilen: (1) bestätigen, (2) vermeiden und (3) bekämpfen. Die Charakteristika dieser drei Kategorien von Schutzstrategien sowie typische Beispiele möchte ich Ihnen in der Folge kurz vorstellen.

(1) Bestätigen

Alle Strategien, die auf der Bestätigung der Glaubenssätze aufbauen, basieren auf der inneren Akzeptanz, dass die Glaubenssätze richtig sind. Das Kind resigniert im Angesicht der negativen Zuschreibungen durch die Eltern und hisst sozusagen die weiße Flagge, die signalisiert: „Ja, ich bin so. Du hast recht.“ Das ist in der Regel die naheliegendste Strategie, um jemanden zu besänftigen, indem man ihm oder ihr in vollem Umfang zustimmt. Diese Zustimmung stoppt meistens die Aggression bzw. verhindert eine weitere Eskalation. Im Zusammenhang mit der Zuschreibung negativer Eigenschaften, Abwertungen und Beschimpfungen zahlt das Kind allerdings den hohen Preis eines sehr negativen Selbstbildes, das wiederum die Ursache und Basis eines niedrigen Selbstwerts ist. Auf die wiederholte Beschimpfung „Du bist ein Taugenichts." folgt der Glaubenssatz „Ich bin nicht gut genug." und schließlich bejahende Schutzstrategien, die dies zum Ausdruck bringen. So wird jemand, der diesen Glaubenssatz hat, sich zum Beispiel eher für Jobs bewerben, für die er eigentlich überqualifiziert ist, sich selbst gegenüber Anderen eher klein machen oder in Beziehungen verbleiben, die ihm nicht guttun und Fehler eher bei sich als bei Anderen suchen. Jemand, der immer wieder zu hören bekommen hat „Wegen dir geht es deiner Mutter jetzt schlecht." wird vielleicht den Glaubenssatz entwickeln „Ich bin für die Gefühle Anderer verantwortlich." und als Schutzstrategie, die diesem Glaubenssatz zustimmt, versuchen jede Befindlichkeit der Mutter wahrzunehmen und jeden Wunsch zu erahnen und zu erfüllen. Als allgemeine Strategie entwickelt sich daraus womöglich, sich generell komplett auf die Bedürfnisse und Befindlichkeiten Anderer auszurichten, sich für Andere aufzuopfern und die eigenen Bedürfnisse und Gefühle hintanzustellen. Während solch negative Zuschreibungen wie in den beiden Beispielen von außen betrachtet offensichtlich schädlich sind und häufig auch für die Betroffenen einigermaßen schnell zu erkennen sind, gibt es auch Muster mit übertrieben positiven Zuschreibungen, die problematisch sind. So nimmt das Phänomen zu, dass Eltern ihre Kinder unkritisch mit Zuschreibungen wie „Du bist der Tollste.", „Du bist meine Prinzessin.", oder einfach „Das hast du toll gemacht." überschütten, ohne zwischen wünschenswerten und weniger wünschenswerten Verhaltensweisen zu unterscheiden und ohne soziale Relationen zu anderen Kindern oder Mitmenschen im Allgemeinen zu wahren. Dies führt notgedrungen zu bejahenden Verhaltensstrategien, die sich darin äußern, dass das Kind sich eben auch wie die wichtigste Person der Welt verhält, Aufmerksamkeit, Bewunderung, Bevorzugung und Gehorsam von seinem Umfeld einfordert. Dass ein solches Verhalten Schwierigkeiten mit sich bringt, kann man sich leicht vorstellen, wenn Andere diesen Forderungen nicht nachkommen oder gar eigene Bedürfnisse anmelden. **In beiden Fällen entstehen die Nachteile daraus, dass die Realität systematisch verkannt wird und die entsprechenden Verhaltensstrategien, die auf das primäre Umfeld abgestimmt waren und dort funktioniert haben, nicht angemessen sind.** Im ersten Beispiel führen sie im Wesentlichen dazu, dass sich der Betroffene unter Wert verkauft, tatsächlich unter seinen Möglichkeiten bleibt und einen niedrigen Selbstwert hat. Im zweiten Beispiel wird das Verhaltensmuster vermutlich zu vermehrten Konflikten mit Menschen führen, die die Rolle als „besonderer Mensch*" nicht bestätigen.

(2) Vermeiden

Die allgemeine Schutzstrategie des Vermeidens kann sich auf alle Ebenen der Prägung beziehen: Elternverhalten, Glaubenssätze und Gefühle. In Bezug auf die Eltern kann sich die Vermeidung darin äußern, den Eltern wortwörtlich aus dem Weg zu gehen und sich ins eigene Zimmer zurückzuziehen oder mit zunehmendem Alter das Haus für längere Zeit zu verlassen. Es kann sich aber auch darauf beziehen, die Eltern in bestimmten

---

* Gemeint ist mit „besonders" an dieser Stelle jemand, der davon ausgeht, eine besondere, bevorzugte Behandlung zu verdienen.

Situationen zu vermeiden. Man denke an ein Kind, dass der Mutter aus dem Weg geht, wenn sie gereizt ist oder dem Vater, wenn er betrunken nach Hause kommt. Die Vermeidung kann aber auch subtilere Formen annehmen, zum Beispiel, wenn ein Kind sich nicht verstanden oder angenommen fühlt, wird es vermeiden, sich offen zu äußern und seine Gedanken und Gefühle mitzuteilen und sich innerlich zurückziehen in eine Fantasiewelt. Auf der Ebene der Glaubenssätze können zwar nicht die Gedanken selbst aktiv vermieden werden. Denn ebenso wie man sich nicht vornehmen kann, nicht an den berühmten „rosa Elefanten" zu denken, kann man die Glaubenssätze nicht vermeiden, indem man sich vornimmt, z. B. „nicht daran zu denken, dass man ein Taugenichts ist". Sehr wohl kann man aber Situationen oder ganze Lebensbereiche vermeiden, auf die sich die Glaubenssätze inhaltlich beziehen. So kann man die Gefahr der Zuschreibung „Du bist ein Tollpatsch." vermeiden oder zumindest verringern, indem man generell Herausforderungen an die Geschicklichkeit wie Sport oder etwas zu basteln oder zu bauen aus dem Weg geht. Auch Glaubenssätze wie „Ich bin eine Nervensäge" oder „Du Besserwisser"* kann man vermeiden, indem man wenig oder gar nichts sagt oder im Extremfall gar nicht mit Leuten interagiert, also zum Beispiel keine Freundschaften pflegt. Ein großer Anteil von Schutzstrategien dienen schließlich der Vermeidung von Gefühlen. Gefühle sind letzten Endes das, was wir im wahrsten Sinne des Wortes zu spüren bekommen und was dementsprechend der deutlichste Ausdruck unseres

* Manche Menschen speichern ihre Glaubenssätze in der Du-Form ab, so wie sie sie von ihren Eltern gehört haben. Andere wiederum übersetzen sie innerlich in die Ich-Form. Wie reden Sie mit sich, z. B. wenn Ihnen ein Missgeschick unterläuft? Sagen Sie eher „Du bist so blöd." oder „Ich bin so blöd." zu sich? Oder reden Sie nie negativ mit sich selbst? Dann gratuliere ich Ihnen und Sie können dieses Buch weiter verschenken an jemanden, der es braucht.

Leidens ist. Eltern können grausame Verhaltensweisen an den Tag legen, doch wenn man nichts spürt, ist es „nicht so schlimm“ oder sogar möglich sich einzureden, dass „alles in Ordnung“ sei. Eine Langzeitfolge dieser Schutzstrategie ist die Illusion „eine schöne Kindheit“ gehabt zu haben, insbesondere in Kombination mit einem generellen Mangel an Erinnerungen bis in ein relativ fortgeschrittenes Alter. Welche Strategien gibt es, die Kinder sich aneignen, um (unangenehme) Gefühle zu vermeiden? Nun, grundsätzlich alle Strategien, die wir eingangs auch schon im Zusammenhang mit Erwachsenen erörtert haben. Also potenziell alles, womit man sich ablenken kann. Zum Beispiel eine exzessive Beschäftigung mit Schule und Lernen, das permanente Vertiefen in ein Hobby, in den vergangenen Jahren vermehrt auch eine exzessive Handynutzung. Je mehr es Richtung Pubertät geht, kommen natürlich die beliebtesten „erwachsenen“ Fluchtstrategien hinzu: Alkohol, Nikotin, Drogen, Sex. Aber in manchen Fällen kommt es auch zu einer regelrechten Loslösung des Bewusstseins von den körperlichen Wahrnehmungen (Dissoziation) oder einer Wahrnehmung der Gefühle auf einer rein körperlichen Ebene bzw. einer Umwandlung der Gefühle in körperliche Symptome (Somatisierung). In letzterem Fall wird zwar noch etwas gespürt, aber eben nicht das eigentliche, ursprüngliche und vermutlich völlig angemessene Gefühl, das in die Situation passen würde. Das kann zum Beispiel daran liegen, dass auch das Vorhandensein von Gefühlen im Allgemeinen oder bestimmten Gefühlen per Glaubenssatz verboten ist (z. B. „Wenn du wütend bist, ist Mama ganz traurig.“; „Stell dich nicht so an.“, „Du musst doch nicht traurig sein.“). Wenn Gefühle nicht generell verboten oder unerwünscht sind, kann es dennoch sein, dass ein bestimmtes Gefühl, z. B. Ärger, nicht sein darf. Das Kind empfindet statt dieser eigentlichen Emotion, die in der Situation angemessen wäre (sog. primäre Emotion), eine andere Emotion (sog. sekundäre Emotion), die erlaubt und damit weniger bedrohlich ist, wie z. B. Angst. Insbesondere Angst ist häufig eine solche, biografisch bedingte, sekundäre Emotion, die eine andere Emotion ersetzt, die eigentlich in der entsprechenden Situation angemessener wäre, wie z. B. Ärger im Falle einer Grenzüberschreitung oder Trauer im Falle eines Verlusts. Doch Ärger auf einen Elternteil kann schnell bedrohlich werden, wenn vonseiten des Elternteils mit Gegenaggression zu rechnen ist. Trauer kann schnell bedrohlich sein, wenn hinter ihr die Erkenntnis steht, dass man von den Eltern emotional nicht bekommt, was man sich wünscht oder gar braucht. Die Angst bildet dann vielfach eine Ausweichmöglichkeit, die zwar anzeigt, dass etwas nicht stimmt, aber verschleiert, worum genau es sich bei der Ursache handelt. Denkbar sind allerdings auch andere Kombinationen von unterdrückten primären und erlaubten sekundären Emotionen. Die Frage, welche Emotionen Sie aus ihrer Kindheit erinnern – oder generell von sich kennen – und welche Sie eigentlich nie empfinden, kann einen ersten Hinweis auf solche primären und sekundären Emotionen bei Ihnen geben, deren weitere Erforschung lohnenswert sein könnte.

(3) Bekämpfen

Die dritte der generellen Kategorien von Schutzstrategien besteht im Bekämpfen des Glaubenssatzes bzw. im Beweisen wollen, dass der Glaubenssatz nicht stimmt. Um dies direkt an einem weitverbreiteten Beispiel festzumachen: der Glaubenssatz „Du bist nicht gut genug." wird dann etwa dadurch bekämpft, alle Energie darin zu investieren, besser und besser zu werden. Extrem leistungsmotivierte Menschen sowie ausnahmslos alle Perfektionisten, die mir je begegnet sind, befanden sich fast dauerhaft im Kampf mit ihrem Glaubenssatz „nicht gut genug" zu sein. Das ergibt bei näherer Betrachtung ja auch ein stimmiges Bild. Wer immer weiter arbeitet, egal, wie gut er schon ist, was er schon erreicht hat, wie erschöpft er schon ist oder ob überhaupt noch eine Verbesserung zu erwarten oder möglich ist, der muss zwangsläufig den festen Glauben haben, das „er (bzw. seine Leistung) nie gut genug ist". Ein gutes Beispiel für die strikte, wortwörtliche Wirkungsweise dieser Glaubenssätze in den Tiefen unseres mentalen Betriebssystems. Die absolute Formulierung und wörtliche Befolgung lässt schlicht keine Ausnahmen und kein Ende der Anstrengungen zu, da es kein „genug" gibt. Warum? Weil „du nicht genug bist". Klassenbester – „nicht genug", Weltmeister – „nicht genug", Millionär – „nicht genug". Es ist völlig egal, was jemand mit diesem Glaubenssatz tut oder erreicht. Die Option, dass es genug ist, ist mental nicht wirklich vorhanden. Das Tragische ist, dass Menschen im Bekämpfen-Modus dieses Ziel trotzdem verfolgen. Ein Fachbegriff für dieses Bekämpfen lautet Kompensation. Grundsätzlich ist dies ein guter Mechanismus, denn das Wort bedeutet so viel wie „Ausgleich". Und wie so häufig macht auch hier die Dosis das Gift. Eine kompensatorische Strategie im Umgang mit einem Glaubenssatz wie „Du taugst nichts." oder „Du bist nicht genug." kann dazu führen, dass jemand stark motiviert ist, sich zu beweisen und sich anzustrengen um etwas zu erreichen. Das ist grundsätzlich hilfreich und hat für die betroffene Person Vorteile, die aus den Früchten der Leistung resultieren. Problematisch wird es dann, wenn das Muster tatsächlich so stark ausgeprägt ist, dass es *nie* genug ist und die Person sich bis zur totalen Erschöpfung aufreibt und/oder über das zwangsläufige Verfehlen des Ziels „gut genug" zu sein verzweifelt. Dann kann man von einer Überkompensation sprechen, die auf den extrem negativen Auswirkungen der Prägung basiert: Elternverhalten: „Das reicht nicht.

Das taugt nichts. Ist das alles? Das geht aber besser.“, Gedanken: „Ich bin nicht genug/es ist nie genug.“, Gefühle: Niedergeschlagenheit, Scham, Schuld; Schutzstrategie – Modus „Bekämpfen“: extremes Leistungsverhalten.

Wie bereits Eingangs des Themas biografisch geprägter Muster erwähnt, sind die in den ersten Lebensjahren durch das primäre Umfeld vermittelten Muster die grundlegendsten, weitreichendsten und häufig am meisten unbewussten. Neben dem primären Umfeld – also meistens den Eltern – sind wir alle natürlich noch weiteren prägenden Einflüssen ausgesetzt. Schließlich sind wir alle jeweils in das kulturelle Umfeld unserer Zeit und des Ortes, an dem wir aufgewachsen sind, eingebunden. Da die Glaubenssätze, die wir vermittelt bekommen, bzw. die wir aus dem Verhalten unseres Umfeldes ableiten, die entscheidende Rolle für unsere emotionalen Reaktionen und schließlich unsere Schutzstrategien auf der Verhaltensebene spielen, stellt sich vor allem die Frage, welche Glaubenssätze oder Glaubenssysteme wir neben den für unsere Eltern spezifischen Sichtweisen noch vermittelt bekommen haben. Der Begriff „Glaubenssysteme“ lässt womöglich zunächst an Religionen denken, die ebenfalls vermittels der Familie und anderer Institutionen eine – vielfach unhinterfragte – Basis unserer Sichtweisen bilden. Aber auch andere Ideologien sind keineswegs auf „Gottesstaaten“ oder Diktaturen beschränkt. Auch in Demokratien westlicher Prägung gibt es unhinterfragte Grundannahmen, deren Richtigkeit uns so selbstverständlich und „normal“ verkommt, dass wir sie gar nicht als ausgewählte Möglichkeiten unter vielen betrachten. Aber auch innerhalb eines Landes gibt es selbstverständlich unzählige kulturelle und subkulturelle „Glaubenssysteme“ deren Besonderheit und Einfluss uns nicht bewusst ist, da alles, was für uns und unser Umfeld „normal“ ist, gleichsam ausgeblendet wird. Als Metapher für dieses Phänomen wird gerne der

Fisch verwendet, der keine Vorstellung davon hat, was Wasser ist, weil er nichts anderes kennt. Auch liegt es in der menschlichen Natur, das Gewohnte und die eigenen Sichtweisen gleichzusetzen mit „Normalität". Insofern sind von Natur aus immer die Anderen, die ideologisch Verblendeten, die falschliegen. Wie bei der familiären Prägung lohnt es sich auch bezüglich aller anderen gesellschaftlichen Prägungen ein Bewusstsein für die Tönung der *eigenen* Brille zu entwickeln. Denn nur so können Sie letztlich bewusst entscheiden, welche Ihrer Glaubenssätze Sie tatsächlich für realistisch und hilfreich halten. Diese bewusste Auswahl kann den entscheidenden Unterschied dafür machen, ob wir ein zufriedenes oder ein unzufriedenes Leben führen. Jemand hat einmal gesagt „Tradition ist nur ein Wort für alles, was man als wahr erachtet, ohne es selbst überprüft zu haben". Da mag etwas dran sein. Das bedeutet allerdings nicht, dass Tradition nur Verblendung bedeutet und keinen Wert hat. Zum einen ist unser Leben natürlich zu kurz, um uns alles Wissen der Welt selbst anzueignen oder von null an zu beginnen auszuprobieren, wie wir ein „gutes" Leben führen können. Viele menschliche Gewohnheiten wurden tradiert – also weitergegeben – da sie von großem Nutzen sind. In Erinnerung an den Abschnitt über Denkfehler ist es daher wichtig, nicht in ein Schwarz-Weiß-Denken zu verfallen. Denn wie so oft befinden sich die beiden größten Fehler, die man begehen kann, an den Extremen. Der eine Fehler besteht in diesem Zusammenhang darin, alle Traditionen und Glaubenssätze blind zu übernehmen, ungeachtet ihrer Konsequenzen. Der andere Fehler besteht darin, alle Traditionen grundsätzlich als überkommen zu erachten und vorschnell über Bord zu werfen, ebenfalls ohne über Sinn und Zweck der Traditionen und die Folgen von deren Aufgabe oder Zerstörung nachzudenken. Parallel zu unseren durch die Ursprungsfamilie vermittelten Glaubenssätzen und dort entwickelten Schutzstrategien ist es also sinnvoll, auch kulturelle und subkulturelle Ideologien und Glaubenssysteme sowie die damit einhergehenden Traditionen – im Sinne äußerer Verhaltensgewohnheiten – bewusst zu machen und daraufhin zu überprüfen, ob sie unter dem Strich eher hilfreich oder eher schädlich für uns sind. Dabei ist zu berücksichtigen, dass in der Regel diejenigen Glaubenssätze und Traditionen am emotionalsten und am vehementesten verteidigt werden, die am weitesten von der Realität entfernt sind und am wenigsten offensichtliche Vorteile bringen. Dieses Phänomen kann man schnell erkennen und verstehen, wenn man sich klarmacht, dass die Realität einfach das ist, was ist. Weder die Realität benötigt dafür einen Kraftaufwand, noch müssen Sie viel Energie darin investieren, diese Realität aufrechtzuerhalten. Sie existiert, ob Sie für sie Partei ergreifen oder nicht. Wenn Sie einen Apfel als „Apfel" bezeichnen und behaupten, dass Sie ihn essen könnten, werden Sie merken, dass Sie das wenig (emotionale, motivationale und motorische) Energie kostet. Wenn Sie nun aber einen Autoreifen als „Apfel" bezeichnen und behaupten, dass Sie ihn essen könnten, werden Sie bemerken, dass sich die Realität gegen diese Sichtweise sträubt, ganz zu schweigen von den negativen Konsequenzen, wenn Sie auf Ihrer Sichtweise der Realität beharren. Je vehementer Sie an Ihrer Fehlinterpretation festhalten, desto mehr Energie wird es Sie kosten und desto gravierender werden die Konsequenzen für Sie sein. Dies ist genau der Grund, warum ideologischer Fundamentalismus nur über starke Emotionen funktioniert. Ohne all diese Energie würde das unrealistische Gedankengebäude in sich zusammenstürzen.

Zusammenfassend ist festzuhalten, dass wir alle im Laufe unseres Lebens Muster aus Glaubenssätzen, (alten) Emotionen und Schutzstrategien erworben haben, mit denen wir auf starre, unhinterfragte Art und Weise auf zahlreiche Situationen reagieren. Die grundlegendsten dieser Muster wurden dabei in den ersten Lebensjahren im primären Umfeld erlernt und sind eingebettet in allgemeinere kulturelle und subkulturelle Muster. Im späteren Verlauf des Lebens können weitere Muster hinzugekommen sein, die in aller Regel jedoch weniger umfassend sowie üblicherweise bewusster sind. Da diese später erworbenen Muster auf älteren aufbauen, stellen sie häufig weiter entwickelte, elaboriertere oder subtilere Versionen der frühen grundlegenden Muster dar. Wer als Kind in einer konfliktreichen Situation – z. B. mit den Eltern oder zwischen den Eltern – mit Vermeidung reagiert hat, hat sich vielleicht in seine „Höhle" unter dem Bett verkrochen oder sich in die selbst erschaffene Welt seiner Actionfiguren vertieft. Dieselbe Person wird sich zwanzig, dreißig, vierzig oder mehr Jahre später wahrscheinlich bei Konflikten nicht mehr unters Bett verkriechen – wobei auch das vorkommen kann – sondern vielleicht im Hobbykeller oder im Arbeitszimmer verschwinden, hinter einer Zeitung oder im Internet abtauchen, wann immer es brenzlig wird. Oberflächlich betrachtet sind dies „normale", „erwachsene" Verhaltensweisen, doch letzten Endes erfüllen sie dieselbe alte Vermeidungsfunktion und kommen lediglich in neuen Kleidern daher. In einer familiären Situation, in der ein Kind zu wenig Aufmerksamkeit bekommen hat, hat es vielleicht den Glaubenssatz entwickelt, nicht wichtig zu sein, und die Schutzstrategie entwickelt, diesen Glaubenssatz zu bekämpfen, indem es die Aufmerksamkeit durch lautes Verhalten oder Clownereien auf sich zieht. Dies ist eine Strategie, die man häufig bis ins Erwachsenenalter beobachten kann. Sie könnte sich aber auch wandeln in andere Strategien, Aufmerksamkeit zu erlangen, wie z. B. sich besonders auffallend oder sexy zu kleiden oder besonders provokative Thesen zu vertreten. Oberflächlich betrachtet also sehr unterschiedliche Verhaltensweisen, die aber auf ähnliche zugrunde liegende Muster verweisen können und den Betroffenen in aller Regel nicht bewusst sind. Dieses fehlende Bewusstsein für die eigenen Muster bringt verschiedene Nachteile mit sich. Zum einen verunmöglicht es, dass man eine Entscheidung treffen kann, ob das starre automatische Muster überhaupt passend ist für die jeweilige Situation. So kann es – um die beiden Beispiele aufzugreifen – ja durchaus sinnvoll sein, in gewissen Situationen einen Konflikt zu vermeiden oder die Aufmerksamkeit auf sich zu ziehen. Allerdings wird es in anderen Situationen wiederum sinnvoller sein, einen Konflikt anzusprechen und auszutragen oder „unter dem Radar zu fliegen“ bzw. Anderen das Zentrum der Aufmerksamkeit zu überlassen. Diese Entscheidung kann man nur fällen, wenn man sich der Reaktionstendenzen der eigenen Muster sowie der Möglichkeit von Alternativen bewusst ist. Darüber hinaus kann keine Abwägung der Vor- und Nachteile der Schutzstrategien stattfinden, selbst wenn die grundsätzliche Tendenz – Vermeidung oder Bekämpfung – sinnvoll und hilfreich sein sollte. So kann die Vermeidung eines Konfliktes mit einem Nachbarn, dem Sie sowieso nur dreimal im Jahr über den Weg laufen, eine sinnvolle Entscheidung sein. Wenn Sie diese Entscheidung jedoch nicht bewusst treffen und bereits jeden Gedanken an den Nachbarn vermeiden wollen, indem Sie zum Alkohol greifen, liegen die Nachteile auf der Hand. Auch mag es eine sinnvolle Strategie für eine Berufseinsteigerin sein, die Aufmerksamkeit ihrer Vorgesetzten auf sich zu ziehen. Allerdings dürfte es deutlich sinnvoller sein, dies über gute Ideen oder das Übernehmen besonderer Aufgaben zu tun, als darüber, sich besonders sexy zu kleiden, was verschiedenste Nachteile mit sich bringen könnte (z. B. Etikettierung durch männliche wie weibliche KollegInnen; Erlangen einer ungewollten Art von Aufmerksamkeit; Untergraben der eigenen Seriosität und Autorität und damit der angestrebten

Art von Wichtigkeit). Das Bewusstsein über die eigenen Muster hingegen eröffnet eine Flexibilität der Verhaltensweisen, mit denen man auf eine spezifische Situation reagieren kann und ermöglicht die Abwägung von Vor- und Nachteilen. Flexibilität gilt nicht zuletzt als einer der besten Maßstäbe für psychische Gesundheit und Wohlbefinden. Während flexibles Reagieren aufgrund von bewussten Entscheidungen und Abwägungen den Weg zum Meistern jedweder Situationen beschreibt, stellt das starre Verharren im althergebrachten Bestätigen, Vermeiden und Bekämpfen eine Verstärkung der erlernten Muster dar und erhält diese aufrecht. Die Schutzstrategien stellen insofern die entscheidende Komponente dar, durch die sich die individuelle – oder auch familiäre – Geschichte immer wieder wiederholt. Ein Aspekt, der allgemein als tragisch erlebt wird und mitunter den Anschein eines „unausweichlichen Schicksals" vermittelt. Doch es gibt verschiedene Lichtblicke, damit beschäftigt sich ja gerade dieses Buch. Zum einen ist es möglich, sich dieser Muster bewusst zu werden. Und zum anderen ist es möglich sie zu durchbrechen, indem wir uns anders verhalten. Und unser Verhalten liegt grundsätzlich unter unserer willentlichen Kontrolle, was nicht heißt, dass es leicht sei, sein Verhalten zu ändern: „It's simple, but it's not easy!".

Ein weiterer Aspekt, der einerseits erheblich dazu beträgt, dass wir in der Regel in unseren alten Mustern verbleiben, und damit andererseits aber auch eine Chance für einen Ansatzpunkt beinhaltet, aus ihnen auszubrechen, stellen unsere aktuellen engsten Bezugspersonen bzw. die Beziehungen zu ihnen dar. Wir haben nämlich nicht nur mit unseren eigenen Glaubenssätzen, von ihnen ausgelösten alten Gefühlen und alten Schutzstrategien zu kämpfen. Wir haben uns als Teil unserer Muster auch Personen ausgesucht, die zu diesen Mustern „passen", indem sie sie auf unterschiedlichste Art bestätigen. Offensichtlich – wenn auch nicht „ausgesucht" im eigentlichen Sinne – ist dies in Bezug auf die Herkunftsfamilie. Da diese das Umfeld gebildet hat, in dem unsere Muster und insbesondere unsere Glaubenssätze erworben wurden, ist davon auszugehen, dass diese Personen uns häufig noch auf ähnliche Art begegnen werden. Sie werden uns ähnlich behandeln und ähnliche Zuschreibungen verwenden, wenn nicht gar auf diesen Zuschreibungen beharren. Natürlich können auch die primären Bezugspersonen/Eltern sich verändern und weiterentwickeln bzw. ihre erwachsenen Kinder anders behandeln, aber die Erfahrung aus dem therapeutischen Alltag zeigt, dass dies meistens nicht der Fall ist und alte (Beziehungs-) Muster vor allem im Umgang mit den Eltern schwer zu durchbrechen sind. Dies liegt eben an der gegenseitigen Verstärkung der eigenen Muster durch die entsprechenden komplementären* Verhaltensweisen und -muster der Eltern. Unsere grundlegenden Muster sind dabei so prägend, dass sie einerseits festlegen, was für uns die unhinterfragte und meist unbewusste „Realität" und „Normalität" ist und andererseits auch den Standard oder Maßstab dafür bilden, was erstrebenswert und wünschenswert ist. Insofern wird auch unser Bild davon, was „Liebe" ist und wen wir attraktiv finden, massiv davon geprägt, welche Art von Interaktionen wir in der Kindheit erlebt haben. Daher ist in unseren Mustern nicht nur gleichsam in Stein gemeißelt, *wer* wir sind und *was* wir zu tun und lassen haben, sondern auch, wer unsere bevorzugten Interaktionspartner sind, vor allem für intime Beziehungen. Bereits Sigmund Freud hat herausgearbeitet, dass es geradezu unvermeidlich ist, dass Attraktion und Verliebtheit sehr stark daran gebunden sind, dass wir in einer Art

---

* Komplementär bedeutet wörtlich „gegensätzlich" oder „ergänzend" und meint in unserem Zusammenhang das sich ergänzende oder zueinander Passende im Schlüssel-Schloss-Prinzip. Etwa wie eine unterwürfige Person sich mit einer dominanten Person ergänzt, da die gegensätzlichen Interaktionsformen zueinanderpassen.

Wiederholungszwang Interaktionskonstellationen aus unserer Kindheit wiederherstellen und zukünftige Partner die Rolle des (meist gegengeschlechtlichen) Elternteils übernehmen. Welche unterschiedlichen Interaktionskonstellationen und Rollenverteilungen es gibt, haben verschiedene Therapieformen und diagnostische Ansätze versucht zu kategorisieren (u. a. Schematherapie oder die Operationalisierte Psychodynamische Diagnostik). Diese Ansätze basieren auf typischen Konstellationen, die für einen allgemeinen Überblick oder einen wissenschaftlichen Ansatz sehr hilfreich sein können. Jedoch besteht ein entscheidender Nachteil dieser Ansätze darin, dass in der realen Welt keine individuelle Person genau einer der vorgegebenen Lehrbuchkategorien entspricht und damit immer nur teilweise zutreffend ist. Diesem Buch liegt daher der Ansatz zugrunde, direkt beim Individuum – also bei Ihnen – anzusetzen und genau *Ihre* persönlichen Muster und damit *Ihre* bevorzugten Interaktionspartner herauszufinden. Neben den grundsätzlichen drei Kategorien von Schutzstrategien – Bestätigen, Vermeiden, Bekämpfen – lassen sich dabei noch zwei grundlegende Rollen unterscheiden, die wir einnehmen können. Die übliche Rolle ist zunächst verständlicherweise die des Kindes, das dem Elternverhalten ausgesetzt ist und entsprechend mit den beschriebenen Mustern und Schutzstrategien reagiert. Wenn diese Rolle im späteren Leben beibehalten oder in bestimmten Situationen aktiviert wird, denken, fühlen und verhalten wir uns häufig wieder wie in der Kindheit. Deshalb spreche ich in diesem Zusammenhang gerne von *alten* Gedanken, *alten* Gefühlen und *alten* Verhaltensweisen, die nur bedingt in die neue, aktuelle Situation passen. Die amerikanischen Autorinnen Margaret Paul und Erika J. Chopich (1990) haben daher sogar vom „Inneren Kind“ gesprochen, was seither zum geflügelten Wort für die Aktivierung dieser alten Muster geworden ist. Ich bevorzuge hingegen die Formulierung, dass man sich in solchen Situationen „*wie* ein Kind" fühlt und empfehle nach deren Wahrnehmung (Schritt 1 der 4A-Methode) und Würdigung und Akzeptanz ihres Vorhandenseins (Schritt 2 der 4A-Methode) zeitnah zum dritten Schritt der 4A-Methode überzugehen. Im dritten Schritt sollte man dann die Gedanken, Gefühle und Verhaltensimpulse aus der *Perspektive des rationalen Erwachsenen* deutlich als alte Gedanken, alte Gefühle und alte Verhaltensimpulse benennen, um möglichst noch vor der Verhaltensreaktion entscheiden zu können, ob sie angemessen und hilfreich sind. Nur dieses Weiterschreiten ermöglicht es, im vierten Schritt der 4A-Methode (Aktion) eine zielgerichtete, hilfreiche Handlung abzuleiten und auszuführen. Die Gefahr der „Inneres Kind"-Metapher besteht dabei darin, dass diese zu wörtlich verstanden wird, dass wir dieses „Kind" hegen und pflegen und seine Gedanken, Gefühle und Verhaltensweisen ausleben wollen. Doch **das eigentliche Ziel besteht darin, dysfunktionale Nachwirkungen der Kindheit hinter uns zu lassen, nicht sie zu pflegen!** Es sei denn, Sie möchten in einem regressiven Stadium verharren und die erwachsene Verantwortung für Ihr Leben lieber von sich weisen. Das alles bedeutet natürlich nicht, dass die „Inneres Kind"-Metapher nicht hilfreich sein kann, um einen Zugang zu seinen Mustern zu finden und ihnen zunächst mit einer akzeptierenden Haltung zu begegnen. Wenn im erwachsenen Leben nach wie vor die Schutzstrategien und Reaktionsweisen im Vordergrund stehen, die in der meist frühen Kindheit erworben wurden, führt die Aktivierung der Muster also zum Verbleiben in der Kindesrolle. Damit geht einher, dass die komplementäre Rolle entsprechend die Elternrolle ist. Dies kann sowohl die Rolle sein, die der Vater oder die Mutter gespielt haben, oder auch eine Mischung aus beiden. In diesem Fall werden vor allem Lebenspartner, aber mitunter auch enge Freunde, danach „gecastet", ob sie diese Rolle ausfüllen. In der Realität handelt es sich dabei immer um eine Mischung aus Aspekten, Eigenschaften, Verhaltensweisen, die die jeweilige Person mitbringt und Aspekten, die „hinzufantasiert" werden bzw. die sich aus der Dynamik der Interaktion ergeben. Im Laufe des Lebens – beginnend mit der Pubertät – ist es jedoch auch möglich, dass man selbst in die Rolle des Vaters oder der Mutter wechselt und sich entsprechend in seinen Interaktionen bzw. Beziehungen jemanden sucht, der komplementär die Rolle des Kindes übernimmt. Auf diese Weise stellt man ebenfalls die eigene Kindheitssituation wieder her, wobei man allerdings den jeweils anderen die eigenen Erfahrungen „spüren" lässt. Mit dem Begriff der „Dynamik" ist dabei gemeint, dass eine Person, deren Muster die Schutzstrategie enthält, dominant aufzutreten, zu Beginn des Kennenlernens vielleicht zunächst recht zurückhaltend auftritt und nur hier und da kleine dominante Gesten oder Aussagen aufblitzen lässt. Nun ist das Gegenüber vielleicht aufgrund der Situation des Kennenlernens zunächst auch zurückhaltend und reagiert eher zustimmend, obwohl er oder sie von der Tendenz her nicht unbedingt ausgesprochen unterwürfig ist. Dennoch kann sich die Dynamik dahin gehend weiter aufschaukeln, dass die eine Person zunehmend dominanter auftritt, während die andere zunächst gar nicht so recht weiß, wie ihr geschieht und schleichend in eine immer unterwürfigere Rolle gerät, ohne dass dies notwendigerweise ihrem eigenen Muster entspricht. Am meisten verstärken sich dabei komplementäre Muster, die beide Personen bereits mitbringen. Aber eine Interaktionsdynamik mit klar verteilten Rollen kann auch dann entstehen, wenn vor allem eine Person ein starkes Muster aufweist, da diese Person gleichsam eine deutliche Rollenaufteilung braucht. Wohingegen eine flexiblere Person sich dadurch auszeichnet, dass sie zunächst dem „Interaktionsangebot" des Gegenübers entspricht. Denn dies ist grundsätzlich eine gute Strategie, um mit anderen Menschen klarzukommen. Problematisch wird es dann, wenn die andere Person jedoch diese Flexibilität nicht entgegenbringt und auf der strikten Rollenaufteilung beharrt. Menschen mit stark ausgeprägten Mustern kann man daher daran erkennen, dass man sich als gegenüber nur auf eine bestimmte Art und Weise verhalten „darf" und bereits bei leichten Abweichungen Sanktionen erfolgen. Umgangssprachlich reden wir dann oft von „schwierigen" Personen, während man bei extremen Ausprägungen fachlich korrekt von Persönlichkeitsstörungen sprechen würde. Das Vorliegen solcher Persönlichkeitsstörungen wird je nach Studie ungefähr bei 12 % der Bevölkerung angegeben. Wenn mehr als jede achte Person in Ihrem Leben schwierig ist, sollten Sie mal überprüfen, wie Sie Freunde, Bekannte und Partner auswählen. Wenn Ihnen alle Menschen schwierig vorkommen, fallen Sie womöglich selbst unter die 12 %. Je stärker Ihre Muster ausgeprägt sind, desto mehr Zeit und Energie ist nötig, um etwas daran zu ändern. Grundsätzlich ändert sich dabei jedoch nichts an der Anwendbarkeit der 4A-Methode. Abschließend bleibt zum Thema Prägung nochmals festzuhalten, dass wir zwei unterschiedliche Wege beschreiten, die sich im Endeffekt sozusagen in Ihren Mustern treffen. Der eine Weg beginnt in der jeweiligen aktuellen Situation und folgt dabei der 4A-Methode. Der Schwerpunkt liegt hierbei im dritten Schritt der Analyse bei der Hinterfragung Ihrer Gedanken. Wie bereits erörtert gelangen wir bei zunehmender Hinterfragung auf immer tiefere Ebenen, bis wir schließlich auf Ihrer persönlichen letzten Argumentationsebene bei den Glaubenssätzen Ihres „Betriebssystems" ankommen. Zum anderen nähern wir uns dieser Ebene durch das Erinnern von typischen, aber auch besonderen Situationen aus Ihrer Kindheit und arbeiten auf dieser Basis Glaubenssätze und Grundüberzeugungen heraus. Die gesamte Vorarbeit, die wir bis zu diesem Zeitpunkt geleistet haben, dient letzten Endes einem Zweck: jede Situation bestmöglich zu meistern. Das ist schließlich das Versprechen, das ich Ihnen im Titel des Buchs gegeben habe. Wenn Sie der vorgeschlagenen Methodik folgen, dann stehen Sie in einer konkreten Situation nun an der Stelle, dass Sie die äußere Situation, Ihre Gedanken und Ihre Gefühle bewusst wahrgenommen haben, diese äußere und innere Realität akzeptiert haben, anstatt sich gegen deren schieres Vorhandensein direkt zu sträuben oder es zu leugnen („Es ist, wie es ist.") und haben eine Analyse durchgeführt, ob Situation, Gedanken, Gefühle und Verhaltensimpuls zusammenpassen. Für diese Analyse haben Sie zudem Ihr Wissen über Ihre individuelle, biografische Prägung genutzt, um gewohnheitsmäßige alte Glaubenssätze, alte Gefühle und alte Schutzstrategien zu erkennen und den Anteil, der mehr mit alten Erfahrungen als mit der aktuellen Situation zu tun hat „heraus zu rechnen". Wenn Sie dies alles getan haben, steht nun eine Entscheidung darüber an, wie Sie denn nun am besten reagieren, also was ein hilfreiches Verhalten in der jeweiligen Situation wäre. Dabei ist bisher offen geblieben, was denn „hilfreich" ist. Um das beantworten zu können, müssen wir uns zunächst eine weitere Frage stellen: „Hilfreich wofür?". Diese Frage zielt darauf ab, was wir denn mit unserem Verhalten erreichen wollen. In manchen Situationen mag es Ihnen einigermaßen bewusst sein, was Sie eigentlich erreichen wollen. Aus meiner Erfahrung wissen Menschen jedoch häufig überhaupt nicht – zumindest nicht explizit – worauf genau sie aus sind, bzw. was Ihnen in der jeweiligen Situation wichtig ist. Und wenn ich gar nicht weiß, was ich erreichen will, dann kann ich natürlich auch gar nicht beurteilen, ob mein Verhalten hilfreich ist oder nicht, wie das dem nächsten Kapitel vorangestellte Zitat aus Alice im Wunderland anschaulich zum Ausdruck bringt. Dieses wenig bewusste, gleichsam automatische durchs Leben gehen, hängt wie wir gesehen haben mit unserer Prägung und unseren Gewohnheiten zusammen, die wir meistens wenig hinterfragen. In ihnen ist festgeschrieben, was wir zu tun und zu lassen haben und damit auch, was zu erreichen ist. Doch ist das auch das, was uns guttut und/oder was wir wollen? **Um von alten Mustern wegzukommen, unser Leben wirklich selbst in die Hand zu nehmen und alle Situationen zu meistern, müssen wir zunächst beantworten, was wir wollen.**

Wohin soll die Reise gehen?

„Alice came to a fork in the road.
'Which road do I take?' she asked.
'Where do you want to go?'
responded the Cheshire cat.
'I don't know' Alice answered.
'Then,' said the cat, 'it doesn't matter.'"

– LEWIS CARROLL, ALICE IN WONDERLAND –

Um die Fragen zu beantworten, was wir denn eigentlich wollen, was uns guttut und wo die Reise hingehen soll, hat es sich als hilfreich erwiesen, die drei Bereiche (1) Bedürfnisse, (2) Ziele und (3) Werte zu betrachten.

(1) Bedürfnisse

In der Psychologie und anderen Wissenschaften gibt es zahlreiche unterschiedliche Definitionen und Einteilungen bzw. Aufzählungen von Bedürfnissen. Da keine wissenschaftliche Einigkeit herrscht, möchte ich auch hier nicht den Eindruck einer richtigen oder falschen Sichtweise erwecken, sondern Ihnen – wie generell in diesem Buch – einen Ansatz an die Hand geben, der sich als praktisch extrem hilfreich erwiesen hat. Danach sind Bedürfnisse als etwas Grundlegendes zu verstehen, das allen Menschen gemein ist. Darin unterscheiden sie sich deutlich von Zielen und Werten, die individuell sehr variieren. Menschen können also Ziele und Werte verfolgen, die für andere Menschen keine Rolle spielen. Bedürfnisse hingegen können zwar mehr oder weniger stark ausgeprägt sein, werden aber als Wünsche, Verlangen oder gar als Ausdruck des Mangels von etwas Lebensnotwendigem verstanden, das grundsätzlich alle Menschen in einem gewissen Ausmaß teilen. Vielleicht haben Sie im Zusammenhang mit Bedürfnissen schon einmal von Maslows Bedürfnishierarchie gehört. Da sich dieses Modell nicht im Detail empirisch bestätigt hat und gegen gewisse Aspekte berechtigte Kritik hervorgebracht werden kann, möchte ich nur eine Grundidee daraus übernehmen, nämlich dass es eine gewisse Hierarchie von Bedürfnissen gibt. Die fundamentalste Ebene von Bedürfnissen bilden die physiologischen Bedürfnisse, die direkt mit dem Überleben im Zusammenhang stehen. Zu diesen gehören im engeren Sinne: atmen, essen, trinken, schlafen, ausscheiden. Häufig wird in dieser Reihe auch das sexuelle Bedürfnis aufgeführt. Im Gegensatz zu den anderen physiologischen Bedürfnissen stirbt jedoch niemand, wenn er seine sexuellen Bedürfnisse nicht befriedigt. Diese nehmen daher eine Zwitterstellung zwischen der physiologischen und der psychologischen Ebene ein, was vermutlich unter anderem dazu beiträgt, dass die menschliche Sexualität mitunter eine ambivalente oder konfliktbeladene Angelegenheit darstellt. Nach der Befriedigung der überlebensnotwendigen physiologischen Bedürfnisse kann man als zweitwichtigste Ebene sogenannte Sicherheitsbedürfnisse benennen. Diese beinhalten die persönliche Sicherheit (z. B. vor Gefahren wie Gewalt und Naturereignissen; darunter fällt eine sichere Unterkunft), finanzielle Sicherheit (hier hineinfallen vorhandene Ressourcen, Unterstützung und der Bereich der Erwerbstätigkeit) sowie die Sicherstellung unserer Gesundheit. Über diesen beiden Ebenen der physiologischen Bedürfnisse und Sicherheitsbedürfnisse möchte ich als dritte und abschließende Ebene für unsere praktischen Zwecke die Ebene der psychologischen Bedürfnisse ansiedeln. In diesem Bereich gibt es potenziell die meisten unterschiedlichen Bedürfnisse und die Meinungen gehen weit auseinander. Manche Forscher postulieren weitere unterscheidbare Ebenen, die aus meiner Sicht aber nur bedingt sinnvoll und hilfreich sind und zudem wissenschaftlich nicht bestätigt werden konnten. Stattdessen möchte ich Ihnen für die Ebene der psychologischen Bedürfnisse eine sehr überschaubare Struktur an die Hand geben. Sie ist sehr hilfreich dafür, Ihre eigenen Bedürfnisse zu überprüfen, sie zu ordnen und die Struktur gegebenenfalls nach Belieben mit weiteren Bedürfnissen zu ergänzen, die Sie bei sich wahrnehmen. Der Vorteil dieser simplen Struktur ist zudem, dass sie aus empirischen wissenschaftlichen Untersuchungen gewonnen wurde.

Diese Untersuchungen wurden unter anderem von Wissenschaftlern um den Psychologen und Psychotherapeuten Klaus Grawe durchgeführt*. Aus zahlreichen Fragebogendaten extrahierte er mithilfe statistischer Verfahren vier Grundbedürfnisse:

- *Bedürfnis nach Orientierung und Kontrolle*: dies umfasst das Bedürfnis, sich Ereignisse und Zusammenhänge erklären und verstehen zu können, einen Einfluss auf eine Situation zu haben sowie vorhersehen zu können, was einen vermutlich erwarten oder was geschehen wird.
- *Bedürfnis nach Lustgewinn und Unlustvermeidung*: dieses Bedürfnis umfasst sowohl die Tendenz, unangenehme Reize und Empfindungen zu vermeiden und loszuwerden, als auch angenehme Reize und Empfindungen zu suchen, zu verstärken oder zu vermehren. Was als angenehm oder unangenehm gilt, ist dabei nicht objektiv festgelegt, sondern von subjektiven Bewertungen abhängig.
- *Bedürfnis nach Bindung*: das Bedürfnis nach dauerhaften, emotional bedeutungsvollen Beziehungen zu wichtigen Bezugspersonen, die nicht beliebig durch andere ersetzbar sind.
- *Bedürfnis nach Selbstwerterhöhung und Selbstwertschutz*: das Bedürfnis ein positives Bild von sich selbst zu erlangen, zu fördern, auszubauen und zu verteidigen, welches man selbst wertschätzt und das von Anderen wertgeschätzt wird.

Wenn Sie prüfen, ob Sie Ihre physiologischen Bedürfnisse, Ihre Sicherheitsbedürfnisse und die vier psychologischem Grundbedürfnisse in ausreichendem Maße erfüllen oder ob es in gewissen Bereichen deutliche Defizite gibt, haben Sie bereits

* Psychologische Therapie, Klaus Grawe (1998). Hogrefe, Göttingen.

einen guten Anhaltspunkt, in welcher Hinsicht Sie eventuell aktiv werden sollten. Aus der Ebene der Bedürfnisse können wir somit auf sehr fundamentale Art *hilfreiches Verhalten* ableiten als solche Verhaltensweisen, die die Befriedigung der grundlegenden Bedürfnisse sicherstellen.

(2) Ziele

Im Gegensatz zu Bedürfnissen gibt es keine für alle Menschen allgemeingültigen Ziele. So mag der eine vielleicht einen Master in Kommunikationswissenschaften erlangen und die andere einen Marathon laufen wollen. Einer möchte mal nach Paris reisen und eine Andere auf einem Kamel reiten. Der Vielfalt und der Fantasie sind keine Grenzen gesetzt. Während ein Bedürfnis etwas Momentanes ist, das ich *gerade* befriedige oder nicht, hat ein Ziel meistens eine mittel- oder langfristige Zeitkomponente. Der entscheidende Unterschied besteht jedoch darin, dass ich ein Bedürfnis nicht ein für alle Mal „abhaken" kann. Wenn ich gerade meinen Hunger gestillt habe, ist das Bedürfnis eine Zeit lang befriedigt, aber etwas später oder vielleicht am nächsten Tag bin ich wieder hungrig. Bedürfnisse benötigen insofern ein fortlaufendes „Monitoring", ob sie gerade in ausreichendem Maße erfüllt sind oder ob eine Handlung notwendig wird. Auf Ziele wird hingegen kontinuierlich in mehreren Schritten hin gearbeitet. Wenn sie einmal erreicht sind, sind sie sozusagen „abgehakt" und müssen nicht weiter berücksichtigt werden bzw. neue Ziele müssen her. Wenn ich den Master in Kommunikationswissenschaften erlangt habe, ist dieses Ziel erreicht und es sind keine weiteren Handlungen notwendig, da das Ziel sich erledigt hat. Ziele haben in der Regel den Effekt, dass sie uns motivieren, da wir uns von ihrer Erreichung etwas versprechen. Allerdings ist ebenso eine häufige Erfahrung, dass vielfach die Freude über ein erreichtes Ziel nur von kurzer Dauer ist. Meistens fällt man zeitnah „in ein Loch“, da das motivierende und strukturierende Element fehlt und man gar nicht so recht weiß, was man machen soll, wenn das übergeordnete Ziel fehlt. Eine Schwierigkeit, die viele weitverbreitete Ziele mit sich bringen, besteht zudem darin, dass wir uns etwas zum Ziel setzen, das nicht alleine von uns abhängig ist, sondern von anderen Personen oder äußeren Umständen abhängig ist. So kann man sich zwar das Ziel setzen, z. B. einen Job zu bekommen, einen Partner zu finden oder mit einer Geschäftsidee finanziell erfolgreich zu sein, aber natürlich liegen diese Ziele nicht alleine in der eigenen Kontrolle. Es braucht jemanden, der Ihnen einen Job gibt, der mit Ihnen in einer Partnerschaft sein will und Menschen, die für Ihre Idee, Ihr Produkt oder Ihre Dienstleistung etwas bezahlen. Diese Thematik wird uns im Abschnitt über Maßstäbe noch interessieren. Für den Moment stellt sich zunächst die Frage, welche mittel- und langfristigen Ziele Sie erreichen wollen, die Sie motivieren, die Ihnen wichtig sind und auf die Sie hin arbeiten. Neben den Bedürfnissen bilden Ihre Ziele die Basis, um beurteilen zu können, ob Ihr Verhalten hilfreich und im wahrsten Sinne des Wortes eben zielführend ist.

(3) Werte

Wenn wir versuchen den Begriff „Werte“ mit Inhalt zu füllen, können wir damit beginnen zu sagen, dass es um das geht, was uns wichtig ist. Im Gegensatz zu Bedürfnissen haben Werte allerdings keine Allgemeingültigkeit für alle Menschen. Werte sind hingegen individuell und werden zunächst durch die Herkunftsfamilie sowie die Gesellschaft und die jeweilige Subkultur, in der man aufwächst, geprägt und vorgegeben. Im Laufe des Lebens werden sich Menschen dann mehr oder weniger Ihrer Werte bewusst und behalten diese entweder bei, lassen sie hinter sich oder verfolgen neue Werte. **Im Idealfall handelt es sich mit zunehmendem Alter um selbst gewählte Werte.** Diese Wahlmöglichkeit besteht in Bezug auf Bedürfnisse nicht oder zumindest deutlich weniger. Bedürfnisse kann man lediglich wahrnehmen oder nicht wahrnehmen und befriedigen oder nicht befriedigen. Man kann sich jedoch nicht wirklich aussuchen, ob man Hunger haben will oder ein stärkeres oder schwächeres Bedürfnis nach sozialem Kontakt hat. Ein Bedürfnis kann schwanken, aber zu einem gegebenen Zeitpunkt ist es, was es ist. Werte hingegen sind grundsätzlich etwas, worüber ich eine Entscheidung treffe – oder treffen kann – ob es mir wichtig ist oder nicht. Werte unterscheiden sich zudem von Zielen dadurch, dass es sich nicht um etwas Punktuelles handelt, auf das man hinarbeitet und das man bei Erreichung abhakt. Werte fallen eher in die Kategorie der berühmten taoistischen Redewendung: „Der Weg ist das Ziel." Es geht also nicht so sehr darum, irgendwo anzukommen, sondern um den Weg, den man beschreitet. Man könnte auch sagen, dass es bei Zielen eher darum geht, *was* ich im Leben anstrebe, während es bei Werten darum geht, *wie* ich etwas angehe. Manchmal wird in Ihrem Leben eher ein konkretes Ziel im Vordergrund stehen, z. B. eine Prüfung zu bestehen, und es ist Ihnen relativ egal, wie Ihnen das gelingt. Ein anderes Mal wird das Ziel weitestgehend egal sein, wie z. B. beim Skifahren. Man kann zwar sagen, das Ziel sei die Talstation des Skiliftes, aber in der Regel wird niemand Skifahren, *weil* er an der Talstation ankommen möchte, sondern weil das Skifahren selbst eine wertgeschätzte Aktivität darstellt. Noch deutlicher wird dies beim Tanzen, wo es überhaupt kein Ziel im engeren Sinne gibt, schließlich geht es beim Tanzen selten darum, auf der anderen Seite des Raumes anzukommen. Auch geht es nicht darum, möglichst schnell zu tanzen oder als Erster fertig zu sein. Der Sinn und Zweck des Tanzens ist das Tanzen selbst, bzw. die Freude, die diese Aktivität bereitet. Der Unterschied von Zielen und Werten hat erhebliche Auswirkungen auf die gesamte Lebensphilosophie. So sind wir im westlichen Kulturkreis sehr stark auf die Erreichung von Zielen und Lösung von Problemen fokussiert. Dies übertragen wir häufig, ohne es zu merken, auf das Leben selbst, als ob es wie bei einem Marathon eine Ziellinie gäbe oder das Leben ein Problem darstelle, das man lösen könne. ***Die* Lösung für das Leben gibt es nicht, da das Leben kein Problem ist.** Wie ich versuche, Ihnen in diesem Buch zu vermitteln, ist es sogar möglich, komplett ohne das Konzept von Problemen durchs Leben zu gehen. Und wenn das Leben ein Wettlauf mit einem Ziel wäre, dann wäre die Ziellinie für uns alle dieselbe: nämlich sechs Fuß unter der Erde. Ein weiterer Grund dafür, dass es nicht immer ausschließlich darum geht, irgendwo möglichst schnell anzukommen. Die Idee, dass die Art und Weise, wie man durchs Leben geht, wichtiger ist, ist hingegen im Hinduismus ein zentraler Aspekt. Mit dem Begriff „Lila" beschreiben Hinduisten das Leben als ein Schauspiel, eine Belustigung oder einen Tanz. Das legt die Frage näher, *wie* man auftreten möchte bzw. *wie* man tanzen möchte. Ist Ihr Leben eher ein Tango, ein Walzer, Jazz Dance oder Heavy Metal Headbanging? Sind Sie mit 30 bpm*, 90 bpm oder 150 bpm unterwegs? Wenn Sie mich fragen, ist dies eine schöne Sichtweise auf das Leben. Sie rückt in den Blickpunkt, dass wir über unsere Ziele, die bis auf den kurzen Moment der Erreichung immer in der Zukunft liegen, den Weg aus den Augen verlieren oder nur als ein Mittel zum Zweck erachten. Doch das wäre schade, denn dieses „Mittel zum Zweck" macht den Mam-

* Beats per minute. Eine Maßeinheit für das Tempo eines Musikstücks.

mutanteil unseres Lebens aus. Diesen Hinweis hat uns unter anderem schon John Lennon gegeben, als er sagte: „Das Leben ist das, was passiert, während Sie andere Pläne machen."*. Den Fokus mehr daraufzulegen, *wie* wir durchs Leben gehen, bedeutet, sich die Frage nach unseren Werten zu stellen. Wie eingangs bereits erwähnt, lautet die Frage zunächst ganz simpel: „Was ist mir wichtig?". Die meisten Menschen antworten daraufhin mit abstrakten Begriffen wie „Vertrauen", „Ehrlichkeit", „Freundlichkeit", „Offenheit" oder Kategorien wie „Gesundheit", „Freunde", „Abenteuer". Das sind durchaus gute Startpunkte. Um sie jedoch in die Tat umsetzen zu können, müssen wir sie operationalisieren, wie Psychologen das nennen. Dies bedeutet, die abstrakten Begriffe in konkrete Verhaltensweisen zu übersetzen, die man dann auch tatsächlich ausführen kann. Dies ist ein spannender Prozess, für sich selbst zu formulieren, wie man es durch sein Verhalten zum Ausdruck bringt, dass einem zum Beispiel Vertrauen, Offenheit oder Gesundheit wichtig sind. Die meisten Menschen, die ich bei diesem Prozess unterstützt habe, waren erstaunt, dass sie sich bisher noch nie darüber Gedanken gemacht hatten, wie die Werte, die ihnen (angeblich) wichtig sind, sich konkret in ihrem Verhalten äußern. Nicht wenige mussten sogar überrascht feststellen, dass ihnen Werte als abstrakte Begriffe nach eigenem Bekunden zwar wichtig seien, diese sich aber tatsächlich mitunter nur sehr wenig oder überhaupt nicht in ihrem Verhalten wiederfinden. Im praktischen Teil im Anhang finden Sie einige Übungen, wie Sie sich Ihrer Werte bewusst werden und diese in Ihrem alltäglichen Verhalten zum Ausdruck bringen können. Werte zu haben und diese nicht in Verhalten umzusetzen ist ein großer Quell von Unzufriedenheit und sabotiert den Selbstwert. Sich seiner Werte bewusst zu sein und diese auch

* Im Original: „Life is what happens to you while you're busy making other plans."

zu leben hingegen trägt erheblich zu Zufriedenheit bei. Darüber hinaus ist die Orientierung des eigenen Lebens an Werten die vorläufig beste mir bekannte Antwort auf die Frage nach dem Sinn des Lebens: benennen Sie klar, was Ihnen wichtig ist – also wie Sie durchs Leben gehen bzw. „tanzen" wollen – und dann verhalten Sie sich dementsprechend! Wenn Sie den heutigen Tag im Sinne Ihrer Werte gelebt haben, sind Sie natürlich damit nicht „fertig" und brauchen jetzt neue Werte, wie dies bei Zielen der Fall ist. Vielmehr sind Werte so etwas wie ein Kompass, der Ihnen eine Richtung vorgibt. So können Sie zwar in Richtung Westen unterwegs sein, aber niemals im Westen ankommen. Ebenso können Sie sich heute vertrauensvoll, freundlich und offen verhalten haben und erhalten jetzt keine Medaille, dass Sie ein vertrauensvoller, freundlicher, offener Mensch sind. Sondern morgen und an allen folgenden Tagen gibt es neue soziale Interaktionen, in denen Sie durch Ihr Verhalten diese Qualitäten wieder und wieder unter Beweis stellen müssen, wenn Sie Ihren Werten treu bleiben wollen. Im Allgemeinen stellen Werte dabei einen langfristigen Kompass dar. Es ist also nicht hilfreich, sich auf einer täglichen Basis nach seinen Werten zu befragen und damit auch permanent die Frage aufzuwerfen, was man als sinnvoll erachtet. Dies ist ein sicherer Weg, sich unglücklich zu machen. Auf der anderen Seite bindet Sie auch nichts zwangsläufig ein Leben lang an bestimmte Werte. Als praktische Empfehlung bietet es sich an, sich idealerweise einmal die Zeit zu nehmen, sich seiner Werte bewusst zu werden – bzw. sie festzulegen oder auszuwählen – und ihnen dann für einen gewissen Zeitraum zu folgen. Nach einem längeren Zeitraum können Sie dann überprüfen, ob Ihre Werte noch das repräsentieren, was Ihnen wichtig ist oder ob Sie Anpassungen vornehmen wollen. Ob dieser „längere Zeitraum" nun sechs Monate, ein Jahr, drei Jahre oder zehn Jahre beträgt, bleibt Ihnen frei überlassen. Aus klinischer Erfahrung sollten Sie jedoch nicht aufgrund jeder kleinen Änderung in Ihrem Leben – ein Video, ein Artikel, eine Mode – oder aufgrund einer neuen Person in Ihrem Leben – ein Partner, eine Freundin, ein Experte – alle Ihre Werte über den Haufen werfen. Werte sollen Ihnen Sinn und Stabilität im Leben geben, und das geht nur, wenn sie eine gewisse zeitliche Dauer haben und nicht ohne Weiteres von außen zu beeinflussen sind.

Dies bringt uns zurück auf einen Aspekt, den wir bereits kurz beleuchtet haben, nämlich die zeitliche Perspektive dessen, was wir wollen. Bedürfnisse, Ziele und Werte lassen sich verallgemeinernd verschiedenen zeitlichen Perspektiven zuordnen, in Bezug darauf, ob hauptsächlich kurz-, mittel- oder langfristige Konsequenzen berücksichtigt werden. Da Bedürfnisse in einem konkreten aktuellen Moment auftauchen und wahrgenommen werden, verlangen sie in der Regel auch nach einer sofortigen oder zeitnahen Befriedigung, wohingegen mittel- und langfristige Konsequenzen eine eher untergeordnete Rolle spielen. Wenn Sie eine Minute lang die Luft anhalten, werden Sie bemerken, dass im Vergleich zum Bedürfnis Luft zu holen alle anderen Ziele, Pläne und „Probleme" in Ihrem Leben in den Hintergrund treten um nicht zu sagen gar keine Rolle spielen. Ist dieses Bedürfnis zur Genüge erfüllt – was zum Glück in Bezug auf das Atmen meistens der Fall ist – haben wir die Kapazität, uns mit längerfristigen Sachverhalten zu beschäftigen. Das Bedürfnis verschwindet aus unserem Bewusstsein und die Möglichkeit „mehr" zu atmen besitzt keinen weiteren Reiz. Im Prinzip gilt dies auch für unsere sonstigen Bedürfnisse. Sind sie zur Genüge erfüllt, beschäftigen Sie uns nicht weiter. Erleben wir einen Mangel, treten Sie schnell in den Vordergrund und lassen andere längerfristige Überlegungen verblassen. Für unsere physiologischen Bedürfnisse, Sicherheitsbedürfnisse und grundlegenden psychologischen Bedürfnisse zu sorgen, gehört zu den menschlichen Basiskompetenzen, die „eigentlich“ kinderleicht sind, da jedes Kind, das eine halbwegs ungestörte Entwicklung durchläuft, sie wie von allein befriedigen kann. Die Crux liegt leider in dem kleinen Wörtchen „ungestört“. Wie wir im Abschnitt über die biografische Prägung gesehen haben, besteht die statistisch gesehen „normale“ – also die in den meisten Fällen auftretende – Entwicklung darin, mehr oder weniger „gestört“ zu sein. D. h., dass die spezifischen Bedingungen im Elternhaus sowie die sonstigen kulturellen und subkulturellen Faktoren im Regelfall dazu führen, dass unsere „Erziehung“ und Entwicklung nicht unbedingt an der angemessenen Befriedigung unsere Grundbedürfnisse orientiert ist bzw. uns nicht ermächtigt, diese selbst zu erfüllen. Vielmehr werden verschiedene Bedürfnisse möglicherweise verleugnet, bestraft, unter- oder überversorgt. Zudem entwickeln wir die besprochenen Schutzstrategien, mit denen wir entsprechend der vorgegebenen Regeln unsere Bedürfnisse bekämpfen, verleugnen oder einen anderen Mangel oder Überschuss (z. B. an Gefühlen) kompensieren. Ein bekanntes Beispiel ist ein Mangel an elterlicher Zuwendung, der dann mit übermäßigem Essen kompensiert wird und so das natürliche Bedürfnis nach Nahrungsaufnahme kapert. Da das Essen aber immer nur ein kurzes Trostpflaster darstellt, den Mangel an Zuwendung aber letztlich nicht behebt, tritt gleichsam keine „Sättigung“ ein, wie dies beim physiologischen Hunger der Fall wäre. Das Essverhalten verfehlt dann sowohl den ursprünglichen Zweck einer langfristig angemessenen Ernährung als auch den erworbenen Zweck, den Mangel an Zuwendung auszugleichen. Auf diese Weise führt der fehlgeleitete – in unserem Beispiel übermäßige – Umgang mit dem kurzfristigen Essbedürfnis auf mehrfache Weise zu negativen langfristigen Folgen (u. a. ungesunde Ernährung, Übergewicht, Defizit in der Entwicklung von zielführenden Kompetenzen, um Zuwendung zu erlangen). Dies ist auch der grundsätzliche Mechanismus hinter Süchten. Dabei kann es sich um stoffgebundene (z. B. Nikotin, Alkohol, illegale Drogen, Medikamente) oder nicht-stoffgebundene, also verhaltensbezogene (z. B. Social Media Nutzung, Pornografie, Glücksspiel, Gaming, Shopping) Süchte handeln. Allen Süchten ist gemein, dass sie einen kurzfristigen positiven Effekt haben (meistens indem sie ein erwünschtes Gefühl erzeugen oder ein unerwünschtes Gefühl reduzieren), an den eigentlichen, natürlichen Bedürfnissen aber vorbeigehen und diese demgemäß nicht befriedigen und negative, langfristige Konsequenzen mit sich bringen. Diese unterscheiden sich je nach Art der Sucht und umfassen meist ein weites Spektrum an negativen medizinischen, emotionalen, sozialen und finanziellen Folgen, die die Gesamtlebensqualität massiv beeinträchtigen. Dies gießt wiederum Öl ins Feuer, diesen Zustand fliehen und sich kurzfristig ein positives Erlebnis verschaffen zu wollen. So entsteht ein Teufelskreis, der die Sucht aufrechterhält und sie sich verschlimmern lässt. Aber auch jenseits von ausgewachsenen Süchten haben wir alle unsere Bereiche, in denen wir momentanen Bedürfnissen und Impulsen nachgehen, ohne langfristige Konsequenzen zu berücksichtigen oder mitunter auch sehenden Auges negative Folgen in Kauf nehmend. Das Phänomen, dass uns kurzfristige Konsequenzen im wahrsten Sinne des Wortes näher sind als langfristige, ist dabei ein natürliches und auch sinnvolles. Das, was wir am dringendsten zum Überleben brauchen – Luft, Nahrung, Schlaf, Schutz vor Gefahren und Naturgewalten – wird uns über Bedürfnisse vermittelt, die wir zeitnah und prioritär befriedigen sollten. Nimmt der Fokus auf das momentane Bedürfnis jedoch überhand, sprechen wir im Extremfall von Süchten. In weniger dramatischen Fällen verwenden wir für diesen Sachverhalt Begriffe wie „Impulsivität“ oder „Hedonismus“. Auch diese beiden Begriffe zeichnen sich durch eine Vernachlässigung langfristiger Folgen aus. Impulsivität beschreibt dabei vor allem das unkontrollierte Ausagieren von Emotionen unter völliger Ausblendung der Konsequenzen, während Hedonismus die ausschließliche Orientierung am Lustgewinn sowie an der Vermeidung von Unlust im aktuellen Moment bedeutet. Ein weiterer Begriff, der sich in letzter Zeit großer Beliebtheit erfreut und inflationär gebraucht wird, lautet „Prokrastination". Die Zeichen der Zeit deuten darauf hin, diesen Begriff in den Bereich einer manifesten psychischen Störung mit Krankheitswert zu heben. Letzten Endes versteckt sich auch hinter diesem Begriff unser alter Freund, der Mechanismus kurzfristig positiver und langfristig negativer Konsequenzen, der sich selbst verstärkt und sich zu einem massiven Problem auswachsen kann – siehe das Thema „Sucht". Was dieser Mechanismus jedoch nicht ist, ist eine Krankheit, die man entweder haben oder nicht haben kann. Vielmehr unterliegen *wir alle* diesem Mechanismus und haben *mehr oder weniger* gelernt, damit umzugehen und ihn mit seinem Gegenstück auszubalancieren bzw. gegenzusteuern. Dieses Gegenstück besteht in der Fähigkeit, kurzfristige Bedürfnisse und angenehme Empfindungen zurückzustellen oder anders formuliert unangenehme Empfindungen und Anstrengungen in Kauf zu nehmen, um positive langfristige Konsequenzen zu ermöglichen, also mittel- und langfristige Ziele zu erreichen. Nur Ziele, die wir aufgrund einer gewissen Anstrengung erreichen, haben für uns einen bedeutsamen Wert. Das ist es letztendlich, was wir als „Leistung" oder neudeutsch als „Achievement" bezeichnen. Die Fähigkeit, solche Leistungen zu erbringen und auf Ziele hinzuarbeiten, bezeichnet man allgemein als „Disziplin". Manchmal reden wir auch von „Willenskraft". Wie wir im Abschnitt über die Analyse von Gedanken gesehen haben, ist es äußerst hilfreich, sich die Begriffe, die wir alle ständig verwenden, einmal genauer anzusehen, sie zu definieren und wirklich zu verstehen, was sich dahinter verbirgt und was wir wirklich damit meinen. Das entscheidende Element bei den Begriffen „Sucht“, „Hedonismus (Lust-/Unlustorientierung)“, „Impulsivität“ und „Prokrastination“ einerseits und den Begriffen „Disziplin“, „Willenskraft“, „Leistung“ und „Achievement“ andererseits ist das Verhältnis der kurzfristigen und langfristigen Konsequenzen in Bezug auf ihre Wertigkeit (positiv vs. negativ). **Das hedonistische Prinzip ist dabei *immer* das näherliegende, natürlichere, einfachere, wohingegen das Prinzip der Disziplin *immer* ein erlerntes, anstrengendes, wenn nicht gar erzwungenes ist.** Wenn Sie Glück hatten, haben Sie in Ihrer Erziehung ein ordentliches Maß Disziplin mitbekommen und so die Fähigkeit zur Selbstdisziplin entwickelt. Wenn Sie Pech hatten, waren Sie einer dieser beiden Varianten ausgesetzt: (1) Ihnen wurde ein Übermaß an Disziplin abverlangt oder noch schlimmer „eingeprügelt“; dann hat sich bei Ihnen im Extremfall die Besetzung dessen, was positiv (angenehm) und was negativ (unangenehm) ist in Bezug auf den natürlichen Ausgangszustand, verkehrt. Diszipliniert zu sein und Leistung zu erbringen, ist für Sie dann trotz Anstrengung so positiv besetzt, dass es Ihnen leicht fällt. Hingegen ist die spontane Befriedigung vor allem körperlicher Bedürfnisse so negativ besetzt oder unterdrückt, dass Sie diese so weit vernachlässigen, bis es zu medizinischen und psychischen Problemen kommt. (2) Sie haben so wenig Disziplin (bzw. Disziplinierung) erfahren, dass immer jedes Ihrer Bedürfnisse sofort von Ihren Eltern befriedigt wurde und Sie nie zum Aushalten unangenehmer Empfindungen oder der Investition in Anstrengungen angehalten wurden. Dann haben Sie vermutlich so wenig Selbstdisziplin entwickelt, dass es extrem schwierig für Sie ist, irgendein mittel- oder langfristiges Ziel zu erreichen, das auch nur die geringste Missempfindung oder Notwendigkeit einer Anstrengung mit sich bringt. Bei diesen beiden Darstellungen handelt es sich natürlich um Extremtypen. Wir alle befinden uns allerdings irgendwo dazwischen auf dieser Skala. Wie immer ist der erste Schritt zur Besserung die Selbsterkenntnis, wo genau man sich befindet. Ein kleiner Tipp: Ihr „Gefühl" bzw. Ihre automatische Bewertung liegt vermutlich nicht unbedingt richtig. Denn Menschen, die *denken*, dass sie zu wenig leisten, leisten eher viel und Menschen, denen alles zu viel ist, leisten eher wenig.

Zusammenfassend lässt sich sagen, dass Bedürfnisse eher mit einer kurzfristigen Perspektive verknüpft sind, während Ziele eher eine mittel- bis langfristige Perspektive ins Auge fassen. Der natürliche Zustand, der den meisten Menschen leichter fällt, besteht darin, seine akuten Bedürfnisse zu befriedigen und längerfristige (negative) Folgen zu vernachlässigen. Gleichzeitig fällt es den meisten eher schwer, Anstrengungen und unangenehme Gefühle und Empfindungen im Hier und Jetzt in Kauf zu nehmen, um langfristige, positiv besetzte Ziele zu erreichen. **Im Sinne unseres Mottos „It's simple, but it's not easy." ist dabei eine wichtige Erkenntnis, dass wir die vergebliche Suche nach Mitteln und Wegen aufgeben, ohne Anstrengung und unangenehmes Erleben langfristige Ziele erreichen zu wollen, sondern diesen grundlegenden Mechanismus akzeptieren und bewusst mit ihm zu arbeiten.** Was dabei hilft, werden wir uns in den Abschnitten über „Maßstäbe" und im finalen Schritt „Aktion" konkret anschauen. Zum Abschluss unserer Ausführungen zur zeitlichen Perspektive bleibt noch zu beleuchten, welche Rolle diese in Bezug auf das Thema „Werte" spielt. Unsere Werte bilden dabei gleichsam das verbindende Element zwischen unseren kurzfristigen, allgemeinen, menschlichen Bedürfnissen und unseren längerfristigen, individuellen Zielen. Da wir unseren individuellen Werten im Idealfall einerseits auf einer täglichen oder wöchentlichen Basis folgen und gerecht werden – und diese auch nie abgehakt haben – und ihnen andererseits auch in den folgenden Tagen und Wochen weiterhin folgen, umfassen sie sowohl die kurzfristige als auch eine längerfristige Perspektive. Sie bilden somit eine wesentliche Basis für unser Selbstbild und unseren Selbstwert und unsere Zufriedenheit, wenn wir ihnen gerecht werden. Diese kurz- und langfristige Orientierung an und Umsetzung von unseren Werten ist schließlich das, was wir meinen, wenn wir davon sprechen, dass unser Leben einen Sinn hat. Diese Herangehensweise an Sinnhaftigkeit sucht also nicht nach *dem* einen Sinn in der Umwelt oder bei anderen Personen. Sie folgt der Antwort auf die Frage an mich selbst, was *mir* wichtig ist und der anschließenden Umsetzung dieser Werte in meinem Leben.

Wenn Sie der Empfehlung gefolgt sind, sich einen groben Überblick über Ihre biografische Prägung zu verschaffen, haben Sie nun eine Vorstellung davon, welche Denk-, Gefühls- und Verhaltensgewohnheiten (sprich: Muster) Sie haben und auf welche Fallstricke Sie demgemäß achten sollten. Aus dem letzten Abschnitt (und gegebenenfalls den entsprechenden Übungen dazu aus dem Anwendungsteil) haben Sie hoffentlich ein mehr oder weniger genaues Bild gewonnen, was Ihre Bedürfnisse, Ziele und Werte sind, deren Befriedigung, Erreichung und Umsetzung Sie in Ihrem Leben anstreben. Diese bilden die Basis für die Beurteilung, wie Sie sich verhalten sollten und welches Verhalten zielführend im Sinne Ihrer eigenen Bedürfnisse, Ziele und Werte ist. Damit ist nun auch klar, in welche Richtung es für Sie gehen soll. Doch wie beurteilen Sie, ob Sie tatsächlich Fortschritte machen, ob Sie schnell genug unterwegs sind oder wann Sie zufrieden sind? Dieser Frage widmen wir uns im folgenden Abschnitt.

Maßstäbe

Lassen Sie uns wie schon häufiger in diesem Buch auch diesen Abschnitt damit beginnen, dass wir das Wort „Maßstab“ sowie einige verwandte Begriffe zunächst etwas genauer beleuchten. Für unsere Zwecke bezeichnet der Begriff „Maßstab“ ganz allgemein im Vorfeld (!) festgelegte Kriterien, an deren Vorhandensein wir den Erfolg bzw. Misserfolg in Bezug auf unsere Bedürfnisse, Ziele und Werte bemessen. Dies mag ein wenig technisch klingen, aber an dieser Stelle ist es wieder einmal wichtig, dass wir es genau nehmen, um nicht zu einem späteren Zeitpunkt in Schwierigkeiten zu geraten, die wir durch entsprechende Überlegungen von vornherein vermeiden könnten. Ein entscheidender Aspekt betrifft genau dieses „Vornherein“ bzw. die Festlegung unserer Maßstäbe *im Vorfeld* oder *a priori*, wie der Lateiner sagt. Wann ein Bedürfnis befriedigt ist, ein Ziel (oder Teilziel oder Zwischenziel) erreicht ist und wann wir unseren Werten gerecht geworden sind, sollten wir möglichst bereits im Vorfeld klar benennen, bevor wir uns überhaupt auf den Weg machen. Denn wenn wir gar keinen Maßstab dafür formulieren, wann „es gut ist“, dann haben wir quasi kein Abbruchkriterium und wissen gar nicht, wann es Zeit ist aufzuhören. Bekanntermaßen kann man „alles übertreiben“ und in einen Bereich geraten, der nicht mehr dienlich ist, wenn man kein Ende findet und es nicht irgendwann in Bezug auf ein konkretes Bedürfnis, konkretes Ziel oder einen konkreten Wert „gut sein lässt“. Eine weitere Gefahr besteht darin, während wir auf dem Weg sind, unseren Maßstab ständig zu verändern. Auch dies ist nicht besonders hilfreich, da wir dabei die Orientierung verlieren können oder ebenfalls kein Ende finden und nicht an den Punkt kommen, an dem „es gut ist“. Vor allem letztere Gefahr ist sehr weitverbreitet, da sie mit der allgemeinen Funktionsweise unseres sogenannten Verstandes zu tun hat: unabhängig davon, wie viel Zeit, Mühe und Entbehrungen es Sie gekostet hat, ein bestimmtes Ziel zu erreichen, Ihr Verstand kann in Sekundenbruchteilen den Maßstab verändern (was in der Regel bedeutet, ihn zu erhöhen) und Sie somit um die Früchte Ihrer Anstrengungen bringen und direkt wieder auf die Reise schicken. Denken Sie an jemanden, der in einer Sportart gerade Europameister geworden ist und dessen Verstand ihm direkt einflüstert: „Das ist doch nichts. Weltmeister sein, das bedeutet etwas.", nur um vielleicht tatsächlich Weltmeister zu werden und vom eigenen Verstand zu hören: „Weltmeister waren schon viele. Rekordweltmeister, das wäre eine Leistung." Aber natürlich kennen Sie das Phänomen wahrscheinlich auch selbst von kleinen alltäglichen Beispielen. Vielleicht hat es Sie unglaubliche Überwindung gekostet, eine Schublade in Ihrem Schreibtisch mit alten Unterlagen aufzuräumen. Eigentlich könnten Sie stolz sein, aber die kleine, fiese, innere Stimme meldet sich direkt: „Das ist doch nichts. Es gibt immer noch drei unaufgeräumte Schubladen." Doch wenn Sie sich auch dazu durchgerungen haben, sagt die Stimme vielleicht: „Das ist doch erbärmlich, dich darüber zu freuen. Andere räumen ihre ganze Wohnung an einem Wochenende auf. Bei dir sieht es immer noch wie im Saustall aus." Dies sind typische Beispiele wechselnder Maßstäbe. Sobald Sie einen Schritt nach vorn machen, macht der Maßstab auch einen Schritt nach vorn, wie in dem bekannten Bild des Esels, der einen Stock auf den Rücken gebunden hat, an dem eine Karotte hängt, die vor seiner Nase baumelt, die er aber nie erreichen kann. Wenn wir nicht zum Esel unseres „Verstandes" werden wollen, der uns an der Nase herumführt, sollten wir daher dringend im Vorfeld unsere Maßstäbe, wann etwas gut ist, festlegen und uns anschließend auch an genau diesen Maßstäben messen. Ein weiteres wichtiges Kennzeichen guter Maßstäbe ist, ob sie realistisch sind. Wenn Sie z. B. seit fünf Jahren keinen Sport getrieben haben, ist es unrealistisch, dass Sie ab morgen jeden Tag eine Stunde Sport treiben. Wenn sich in Ihrer Wohnung seit Jahren Dinge ohne jede erkennbare Ordnung angesammelt haben, ist es unrealistisch, an einem Wochenende alles aufräumen und ausmisten zu wollen. **Die Frage, was realistisch ist, muss sich dabei jeweils daran bemessen, wo *Sie* gerade stehen.** Eine ehrliche und möglichst objektive Bestandsaufnahme ist also vonnöten. Wenn Sie bereits seit Monaten dreimal pro Woche 10 Kilometer joggen, spricht nichts dagegen, dass Sie sich vornehmen, beim nächsten Mal 12 Kilometer zu joggen. Wenn Sie schon außer Atem sind, wenn Sie vom Parkplatz die 100 Meter zu Ihrer Wohnung gehen, ist es realistischer, mit einem zehnminütigen Spaziergang zu beginnen. Das Problem ist häufig, dass uns unser Ego dabei in die Quere kommt, zu akzeptieren, wo wir gerade stehen und realistische Maßstäbe zu formulieren. Hier ist zunächst Bescheidenheit gefragt. Vor allem, wenn es um den Einstieg in eine neue Tätigkeit – Sport, gesunde Ernährung, Steuererklärung – geht, sollte die Hürde so gering wie möglich sein. Als Richtschnur dient: Legen Sie die Latte so niedrig, dass Sie nicht mehr darunter durchkriechen können! Entscheidend ist es, überhaupt einen Beginn zu finden, durch Regelmäßigkeit eine gewisse Routine zu entwickeln, bis man durch kleine Steigerungen so viel Momentum erzeugt, dass die Fortschritte leichter fallen und sich zunehmend beschleunigen. Ein weiteres Merkmal eines guten Maßstabs besteht darin, dass *Sie alleine* seine Erreichung zu 100 % in der Hand haben und nicht von anderen Menschen oder äußeren Umständen abhängig sind. Hierbei geht es um die Überlegung, dass Sie lediglich Ihren eigenen Input in der Hand haben und steuern können, nicht aber das Ergebnis oder den Outcome, auf den in der Regel unterschiedlichste nicht kontrollierbare Aspekte einen Einfluss haben. So sind weitverbreitete Ziele z. B. eine Prüfung zu bestehen, einen Job zu bekommen oder einen Partner zu finden. Natürlich sollen Sie diese Ziele nicht grundsätzlich aufgeben. Aber bezüglich der Frage, wie zufrieden Sie mit Ihrer Arbeit an diesen Zielen sind, empfiehlt es sich, Ihren eigenen, zu 100 % kontrollierbaren Input als Maßstab heranzuziehen. Dies kann bedeuten, statt von sich zu verlangen, eine Prüfung zu bestehen oder eine Eins zu schreiben, lieber festzulegen, wann Sie anfangen wollen zu lernen und wie viel Zeit Sie pro Tag oder pro Woche mit Lernen verbringen wollen. Wenn Sie Ihr selbst gesetztes Pensum erfüllt haben, können Sie zufrieden mit sich sein. Am Tag der Prüfung schreiben Sie dann, was Sie schreiben und das Ergebnis ist so, wie es halt ist. Mit den Dingen, die Sie nicht unter Kontrolle haben, sollten Sie sich nicht weiter befassen. So wird Ihr tatsächliches Ergebnis unter anderem davon abhängen, wie Ihre Tagesform ist, welche Fragen genau gestellt werden, wie der Prüfer bewertet und vielleicht sogar, ob dem Prüfer Ihre Nase passt. An all diesen Dingen können Sie nicht wirklich viel ändern. Fokussieren Sie daher auf Ihren Input und messen Sie sich daran, ob Sie in die Erreichung Ihrer Ziele das investiert haben, was Sie sich vorgenommen hatten. Für Jobs gilt Ähnliches. Messen Sie sich lieber daran, wie viel Zeit und Energie Sie in die Jobsuche und das Schreiben von Bewerbungen investieren. Ob Sie einen bestimmten Job bekommen, hängt ebenfalls wieder von unzähligen äußeren Faktoren ab. Wenn dann jemand Internes oder die Nichte vom Prokuristen den Job bekommt, hat dies nichts mit Ihnen zu tun und Sie haben keinen Einfluss darauf. Der generelle Fokus auf Ihren Input anstatt auf ein erzieltes Ergebnis, ist ein Ansatz, der bereits im Buddhismus beschrieben wird und sowohl das eigene Kontrollerleben als auch die eigene Zufriedenheit steigert. Als abschließendes Kriterium sollten Ihre Maßstäbe möglichst konkret formuliert sein. Zu allgemein formuliert wäre z. B. in Bezug auf das Lernen für eine Prüfung: „Ich fange nächste Woche an und mache jeden Tag so viel, wie ich Zeit habe.“ Das ist erstens unrealistisch und zweitens viel zu vage. Konkreter wäre: „Ich fange morgen an und lese an jedem Werktag zwei Stunden Prüfungsliteratur direkt nach dem Abendessen.“ Konkret bedeutet also, dass Sie den Zeitpunkt und die Zeitdauer genau benennen und die Tätigkeit genau benennen, die Sie ausführen werden. Nur die Benennung eines konkreten Verhaltens (in diesem Beispiel „lesen“) und einer messbaren Einheit („jeden Werktag zwei Stunden“) schafft die Basis, später objektiv überprüfen zu können, ob Sie Ihren Maßstab erfüllt haben. Insbesondere die Benennung eines Verhaltens ist zentral. Immer wieder höre ich Sätze wie: „Ich habe gefühlt zu wenig gelernt.“, oder „Ich habe gefühlt diese Woche gar nichts geschafft.“ Abgesehen davon, dass dies Gedanken und keine Gefühle sind – wie Sie hoffentlich bereits selbst bemerkt haben – sind sowohl Gefühle als auch (unhinterfragte) Gedanken keine guten Maßstäbe. Wenn Ihr Maßstab darin bestand, an jedem Werktag nach dem Abendessen zwei Stunden Prüfungsliteratur zu lesen, dann haben Sie das entweder getan oder Sie haben es nicht getan. Dafür spielt es keine Rolle, wie Sie sich fühlen oder was Sie darüber denken. **Messen Sie sich an Ihrem vorher festgelegten, realistischen, 100 % kontrollierbaren, objektiven Verhaltensmaßstab!** Ihr tatsächliches Verhalten ist schließlich das Einzige, was darauf einen Einfluss hat, wie gut vorbereitet Sie in eine Prüfung gehen, wie gesund Sie sich ernähren, wie sportlich Sie sind usw. Zudem schaffen Sie durch den Fokus auf Ihre eigenen Bedürfnisse, Ziele und Werte einerseits und Ihr konkretes Verhalten, mit dem Sie auf die Befriedigung Ihrer Bedürfnisse, Erreichung Ihrer Ziele und Umsetzung Ihrer Werte hinarbeiten, andererseits ein geschlossenes System aus Maßstäben, Verhalten und Beurteilung, das weder von Anderen noch von äußeren Umständen abhängig ist. Je mehr Ihnen dies gelingt, desto höheren Selbstwert, mehr Selbstvertrauen, gesünderes Selbstbewusstsein und angemessene Selbstliebe werden Sie sich aufbauen. Nicht zuletzt Ihre Zufriedenheit – man könnte auch sagen, Ihr Wohlbefinden oder Ihre Lebensqualität – ist entscheidend von *Ihren* Maßstäben abhängig. Denn bei genauerer Betrachtung macht uns nicht ein Verhalten, eine Leistung oder ein Ergebnis an sich zufrieden oder gar „glücklich", sondern das Verhältnis zwischen der jeweiligen Leistung und unseren Maßstäben. Das folgende Schaubild verdeutlicht dies.

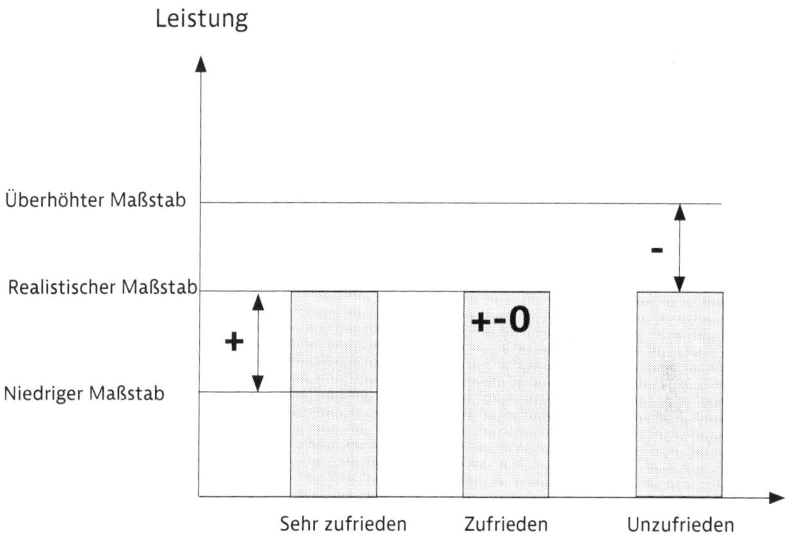

Abbildung 5: Abhängigkeit der Zufriedenheit von den Maßstäben.

Obwohl die Leistung in allen drei Fällen die gleiche ist, wird die Person mit den niedrigen Maßstäben sehr zufrieden oder gar „glücklich" sein (aber möglicherweise hinter ihren tatsächlichen Möglichkeiten zurückbleiben). Die Person mit dem Maßstab im Bereich der Leistung wird eine gute Grundzufriedenheit haben und die Person mit den hohen (bzw. überhöhten) Maßstäben wird unzufrieden oder gar „unglücklich" sein. Da wir – vor allem in der westlichen Welt – die Erlangung von Zufriedenheit vor allem über eine Steigerung unserer Leistung zu erreichen hoffen, bleibt die zweite Möglichkeit meistens unberücksichtigt. Diese würde darin bestehen, angemessenere, realistischere Maßstäbe zu verwenden. Da realistisch ja gerade bedeutet, dass sie auch erreichbar sind, ist die Wahrscheinlichkeit hoch, dass wir sie auch erreichen und dementsprechend zufriedener sind. Ein gutes Niveau für Maßstäbe bewegt sich also immer im Bereich dessen, wo wir in Bezug auf einen bestimmten Aspekt gerade stehen. Haben wir den Anspruch uns weiterzuentwickeln und voranzukommen, sollte der Maßstab ein wenig höher liegen als unser aktuelles Niveau, mit Betonung auf „ein wenig". Um die eingangs dieses Abschnitts erwähnte Erläuterung verwandter Begriffe nochmals aufzugreifen, sprechen wir im Zusammenhang mit unseren Maßstäben auch häufig von Ansprüchen oder Erwartungshaltungen. Diese beiden Begriffe legen – erneut – die Frage nahe, von *wessen* Ansprüchen oder Erwartungshaltungen wir reden bzw. wessen Ansprüchen oder Erwartungshaltungen wir glauben, genügen zu müssen. Denen unserer Eltern? Denen der Gesellschaft? Oder sind es tatsächlich unsere eigenen, für die wir uns bewusst entschieden haben? Ob unsere Entscheidung dabei „frei" ist oder jemals „frei" sein kann, ist eine philosophische Frage, die den Rahmen dieses Buchs sprengen würde, falls sie überhaupt zu beantworten ist. Für unsere pragmatischen Belange ist bereits viel gewonnen, wenn wir uns unsere bisherigen Maßstäbe, Ansprüche, Erwartungshaltungen bewusst machen und uns fragen, ob dies gute Maßstäbe im oben beschriebenen Sinne sind, und ob wir uns bewusst für diese oder andere Maßstäbe entscheiden. Auch hier taucht erneut der Aspekt auf, dass wir selbst die Verantwortung übernehmen, indem wir unseren Bewertungsmaßstab selbst wählen. Sowohl das Beibehalten der biografisch erlernten Maßstäbe als auch die scheinbare Delegation unserer Maßstäbe an Andere (Mediziner, Religionsführer, Vorgesetzte, Experten jedweder Couleur) verschleiert, dass wir selbst alleinige Urheber unserer Selbstbewertung sind. Insofern sind wir in unserem inneren Bewertungsprozess nicht nur Angeklagte, Staatsanwälte, Verteidiger und Richter, sondern auch Gesetzgeber. Nun ist das Leben leider – oder zum Glück – zu komplex, um es komplett in ein starres Regelwerk zu pressen. Dies lässt es einerseits unsinnig erscheinen, das gesamte Verhalten einer einzigen Direktive zu unterwerfen („Verdiene möglichst viel Geld.", „Sei immer für Andere da.", „Ernähre dich gesund.") und alles andere zu vernachlässigen. Auf der anderen Seite ist es unmöglich für jede einzelne Situation eine eigene Regel aufzustellen, wie man sich verhalten sollte bzw. möchte. Da es potenziell unendlich viele mögliche Situationen gibt, müsste auch das „Gesetzbuch" unendlich viele Regeln enthalten. Wie so häufig empfiehlt sich ein Mittelweg, der darin besteht, sich in regelmäßigen Abständen die Zeit zu nehmen, die eigenen Bedürfnisse, Ziele und Werte zu reflektieren, gute Maßstäbe zu formulieren, wann wir ihnen ausreichend gerecht werden und eine Bewertung vorzunehmen, ob wir gut unterwegs sind oder unser Verhalten anpassen müssen. Ob Sie diese Reflexionen wöchentlich, monatlich oder vierteljährlich durchführen ist Geschmackssache. Wie bereits erörtert bringt sowohl eine deutlich häufigere als auch eine deutlich seltenere Reflexion erhebliche Nachteile mit sich.

Zusammenfassend haben wir uns in den letzten beiden Abschnitten mit den Fragen befasst, wo Sie herkommen und was Sie mitbringen (biografische Prägung) und wo Sie hin wollen und wann Sie es erreicht haben (Bedürfnisse, Ziele, Werte und Maßstäbe). Diese Aspekte stellen eine Ergänzung und Vertiefung der 4A-Methode dar, die Sie sich unabhängig von Situationen erarbeiten, in denen Sie dann die 4A-Methode tatsächlich anwenden. Diese beiden Bausteine sind daher nicht zwingend notwendig zur Anwendung der 4A-Methode, aber sie sind extrem hilfreich und erhöhen deren Effizienz für das Erreichen bestmöglicher Ergebnisse (gemessen an allgemeinem langfristigem Wohlbefinden). Im allgemeinen Ablauf der 4A-Methode befinden wir uns immer noch im dritten Schritt „Analyse", in den gegebenenfalls – oder besser: idealerweise – unser Wissen über unsere Prägung und unsere Bedürfnisse, Ziele, Werte und Maßstäbe einfließt. Alles, was wir bis hierhin geleistet haben, spitzt sich nun auf einen einzigen Aspekt zu, den vierten Schritt: Aktion. Dieser besteht darin, eine Entscheidung für ein konkretes Verhalten zu treffen, das am besten mit unserem langfristigen Wohlbefinden im Einklang steht, und dieses tatsächlich umzusetzen. Da wir es hier mit der vollen Komplexität einer Reaktion auf nahezu unendlich viele mögliche Situationen zu tun haben, in die Sie als ein Mensch mit einer von rund acht Milliarden unterschiedlichen Prägungen und ebenso vielen individuellen Zusammensetzungen aus Zielen und Werten geraten können, kann dieses Buch selbstverständlich nicht für alle denkbaren Kombinationen eine Verhaltensempfehlung geben. Daher werde ich mich auch im Abschnitt „Aktion" darauf konzentrieren, Ihnen einige grundsätzliche Überlegungen und Werkzeuge an die Hand zu geben, wie Sie sich in möglichst vielen Situationen ein angemessenes, hilfreiches, zielführendes Verhalten erarbeiten können. Dieser letzte Schritt ist offensichtlich zentral dafür, alle Situationen zu meistern. Er hilft außerdem massiv dabei, Ihre neue Perspektive zu festigen, aus der es keine „Probleme" gibt, sondern lediglich Situationen. Wenn Sie nun für jede Situation eine Verhaltensreaktion parat haben, können Sie sich vollkommen auf die Ausführung dieses Verhaltens konzentrieren. Kommen wir nun also zum krönenden Abschluss der Frage, die jede Situation als Herausforderung an Sie stellt: wie reagieren Sie?

4. Schritt: **Aktion**

„Action is the antidote to dispair."

– JOAN BAEZ –

Eine erste wichtige Überlegung in Bezug auf unsere Reaktion auf eine Situation besteht zunächst in der Unterscheidung, ob wir in erster Linie auf die tatsächliche äußere Situation reagieren oder ob unsere Reaktion primär auf unseren Umgang mit unserem eigenen Innenleben (also Gedanken und Gefühlen) abzielt. Wie wir im Schritt „Analyse" gesehen haben, bildet im Idealfall unser Innenleben eine äußere Situation in angemessener Weise ab. Wir liegen mit unserer Schlussfolgerung in Bezug auf unsere Verhaltensreaktion bereits richtig und müssen keine Entscheidung treffen, da Innenleben und äußere Situation in die gleiche Richtung weisen. Diese Art von Situationen schätzen wir daher in der Regel auch nicht als problematisch ein. Es sei denn wir haben unangemessene Ansprüche an unsere Reaktion, dann würde es lediglich darum gehen, unseren Maßstab dahingehend zu korrigieren, dass wir uns klarmachen, dass wir bereits adäquat reagieren. Des Weiteren könnte uns in die Quere kommen, dass wir zwar wissen, was das passende Verhalten wäre, es aber nicht zeigen. Dies kann zweierlei Gründe haben. Entweder handelt es sich um ein „Problem" der Performanz oder der Kompetenz. Performanz bezeichnet dabei das tatsächliche Ausführen einer Tätigkeit, die wir grundsätzlich beherrschen. Kompetenz bezieht sich dabei darauf, ob wir eine Fähigkeit grundsätzlich besitzen. Mit drei Bällen zu jonglieren ist z. B. eine Kompetenz, die man durch Üben erwerben kann und dann „besitzt". Wenn nun jemand, der grundsätzlich jonglieren kann, aufgrund von Lampenfieber diese Fähigkeit auf der Bühne nicht zeigen kann, handelt es sich um mangelnde Performanz in der entsprechenden Situation. Bei mangelnder Kompetenz wäre dann ein Plan zum Kompetenzerwerb ein sinnvolles Ziel. In der Regel beinhaltet dieser die Aspekte des Wissenserwerbs und der Übung, gegebenenfalls unter Anleitung. Handelt es sich um Schwierigkeiten bei der Performanz, ist ein weiterer Analyseschritt notwendig, um herauszufinden, was das Zeigen der beherrschten Kompetenz verhindert. In diesem Szenario haben wir zwar auf rationale Weise eine hilfreiche Verhaltensreaktion erarbeitet, haben allerdings vermutlich noch irrationale Gedanken und entsprechende Gefühle, die die Ausführung dieses Verhaltens behindern. In diesem Fall müssen wir eine Entscheidung treffen, ob wir zunächst und primär auf unser Innenleben (das unangenehme, hinderliche Gefühl) oder auf die Anforderung der äußeren Situation reagieren. **Die Grundeinstellung – oder neudeutsch: Default – sollte dabei sein, die Verhaltensreaktion auf die Angemessenheit in Bezug auf die tatsächliche äußere Situation zu fokussieren.** Da wir in diesem Fall bereits zu einer rationalen Einschätzung der Situation gelangt sind und uns aufgrund dessen für ein passendes Verhalten entschieden haben, besteht unsere wesentliche Aufgabe darin, dieses Verhalten auch auszuführen. Die Kombination aus rationaler Einschätzung und angemessenem Verhalten in der konkreten aktuellen Situation wird langfristig zum einen zu einem optimalen äußeren Ergebnis (im Sinne der Auswirkungen auf unsere tatsächliche Lebenssituation) führen. Zum anderen wird sie sicherstellen, dass wir langfristig auch die entsprechenden angemessenen Gefühle empfinden. Je adäquater unsere gedankliche Bewertung und unser Verhalten sind, desto weniger extrem ausgeprägte Gefühlsreaktionen und desto angenehmere Gefühle werden wir grundsätzlich langfristig erleben. Wieder einmal ist das Zauberwort an dieser Stelle „langfristig". Im aktuellen Moment können natürlich für eine gewisse Zeit noch die alten, unangemessenen und meistens unangenehmen oder in ihrer Stärke deutlich übertriebenen Gefühle auftreten. In manchen Fällen werden diese so stark sein oder sich derart in den Vordergrund drängen, dass sie den notwendigen Fokus auf das passende Verhalten verschleiern und möglicherweise sogar der Ausführung des Verhaltens im Wege stehen.

Prinzipiell gilt dabei, dass ein Gefühl per se nicht die Macht besitzt, Sie von irgendetwas abzuhalten, solange Sie ihm nicht diese Macht zusprechen. Alles, was man tun kann, kann man grundsätzlich auch mit Angst, Ärger, Scham oder anderen Gefühlen tun. Das Gefühl ist aus dieser Perspektive lediglich ein Begleiter, den Sie dabeihaben und der versucht Sie von etwas abzuhalten – oder zu etwas zu bewegen - , dem Sie generell aber widerstehen können. Stellen Sie sich vor, Sie sind im Schwimmbad und klettern auf den 5-Meter-Turm. Oben angekommen, schauen Sie hinunter und verspüren eine deutliche Angst. Wenn Sie nun von sich verlangen, dass Sie keine Angst haben sollten oder sich einreden, dass Sie wegen der Angst nicht springen könnten, dann werden Sie sich höchstwahrscheinlich geschlagen geben und wieder hinuntersteigen. Die Erwartung, dass Sie jemals oben stehen könnten und keine Angst davor haben zu springen, ist dabei äußerst unwahrscheinlich. Wenn Sie auf diesen Tag warten, werden Sie nie springen. Auch die weitverbreitete Auffassung, dass Sie mithilfe einer Therapie Ihre Höhenangst so weit bewältigen können, dass Sie dann angstfrei springen können, ist komplett unrealistisch. Vielmehr besteht eine evidenzbasierte Therapie nach allen Regeln der Kunst genau darin, Ihnen zu vermitteln, dass Sie auch *mit* Angst springen können. Ihre Angst werden Sie nur überwinden, indem Sie zunächst mit Angst springen und mit jedem weiteren Sprung Ihre Angst immer weniger werden wird. Dieses Prinzip gilt im Umgang mit allen irrationalen* Ängsten (und im übrigen auch in Bezug auf andere Gefühle). Um diesen Aspekt des Überwindens oder „Springens“

---

* Es ist wichtig, sich klarzumachen, dass dieses Prinzip der Konfrontationstherapie sich ausschließlich auf irrationale Ängste bezieht. Eine Angst ist irrational, wenn keine tatsächliche Gefahr für Leib und Leben besteht. Besteht hingegen eine tatsächliche Gefahr für Ihre körperliche Unversehrtheit, ist die Angst rational und Sie sollten ihr folgen und entsprechend die jeweilige Situation vermeiden oder aus ihr flüchten!

werden Sie im übertragenen Sinne nicht herumkommen, wenn Sie Ihre Ängste langfristig reduzieren wollen. Wie schnell Sie dabei vorgehen und welchen Herausforderungen Sie sich stellen, bleibt Ihnen überlassen. Sie können vom 5-Meter-Turm, vom 3-Meter-Brett oder vom Startblock springen. Das sollten Sie danach auswählen, was davon so realistisch ist, dass Sie es auch tun würden. Metaphorisch gesprochen, können Sie auch von einem Blatt Papier springen. Aber um das Prinzip des Springens – also des Handelns unter Inkaufnahme der jeweiligen unangenehmen Gefühle – werden Sie nicht herumkommen, wenn Sie sich weiterentwickeln wollen. Sollte Ihnen in einer konkreten Situation diese Überwindung oder Inkaufnahme nicht direkt möglich sein und die Ausführung des entsprechenden Verhaltens verhindern, müssen Sie nochmals einen Blick auf Ihr Innenleben richten. Sie folgen dabei wieder der 4A-Methode und fokussieren nochmals auf die ersten beiden Schritte: (1) die achtsame Wahrnehmung Ihrer Gedanken und Gefühle (inkl. der körperlichen Wahrnehmungen) und (2) die zielgerichtete Akzeptanz, insbesondere der vorhandenen Gefühle. Nach einigen Sekunden bis Minuten des Verharrens bei der Wahrnehmung und akzeptierenden Haltung gegenüber Ihren Gefühlen, gehen Sie erneut zum dritten Schritt „Analyse" über (wir erinnern uns, dass Sie in diesem Szenario die 4A-Methode bereits einmal bis zur anstehenden Aktion durchlaufen und dementsprechend bereits eine Analyse durchgeführt haben). Hier führen Sie sich nochmals die bereits erarbeitete rationale Sichtweise vor Augen sowie das entsprechende Verhalten, dass Sie sich ebenfalls schon überlegt haben. Des Weiteren ist es hilfreich, wenn Sie sich nochmals bewusst vor Augen führen, dass es darum geht, dass Sie sich *entgegen Ihrem Gefühl* verhalten *wollen* und Sie daher bewusst die begleitenden, unangenehmen Gefühle in Kauf nehmen werden. Auch ist es sinnvoll, sich in diesem Moment nochmals Ihre Motivation vor Augen zu führen, also sich klarzumachen, welchen Ihrer Bedürfnisse, Ziele und Werte das Verhalten dient, das Sie umsetzen wollen. Dieses *Verhalten entgegen dem Gefühl* kann dabei nicht unter Zwang erfolgen, sondern führt nur dann zum Erfolg, wenn *Sie* es aus eigener Entscheidung *freiwillig* angehen! Zum Prozess des Lernens, Übens und des Weiterentwickelns gehört es, dass Sie beharrlich dran bleiben und falls notwendig die ersten drei Schritte der 4A-Methode *wiederholt* durchlaufen, bis es Ihnen gelingt, das Verhalten zu zeigen. Sollte es Ihnen trotz des beschriebenen Vorgehens wieder und wieder nicht gelingen Ihr Zielverhalten zu zeigen, kommt irgendwann der Zeitpunkt, an dem Sie dies akzeptieren und Ihr Vorgehen reevaluieren* sollten. Für einen neuen Anlauf können Sie folgende Stellschrauben nachjustieren: Sie können zum Üben Situationen auswählen, in denen Ihnen das Verhalten leichter fällt; Sie können den Maßstab für Ihr Verhalten etwas herab setzen und sich z. B. zunächst auf einen Teilaspekt des gewünschten Verhaltens fokussieren; Sie können grundsätzlich Ihr Ziel überdenken und gegebenenfalls umformulieren. Letzten Endes sagt uns die reine Logik, dass wenn Sie Ihr Ziel als ein konkretes, eigenes Verhalten formulieren und Ihr Maßstab realistisch ist, Sie dieses Ziel auch per definitionem erreichen können. Also ist es entweder realistisch und Sie können es erreichen oder es ist unrealistisch, dann sollten Sie es verändern oder aufgeben. Beide Fälle sind in Ordnung und „unproblematisch". Ungünstig – oder in der Sprache, die wir ab jetzt vermeiden wollen „problematisch" – ist es lediglich, wenn Sie ein realistisches Ziel unnötigerweise aufgeben oder an einem unrealistischen Ziel beharrlich festhalten. Wir halten also fest, dass der Umgang mit dem eigenen Innenleben dann sinnvollerweise in den Fokus rückt, wenn die

---

* Neu bewerten

„alten" Gedanken und Gefühle sich so massiv in den Mittelpunkt drängen und unsere Aufmerksamkeit auf sich ziehen, dass sie die Ausführung des wünschenswerten Verhaltens verhindern. Die Lösung besteht dann darin, die ersten drei Schritte der 4A-Methode nochmals zu durchlaufen und – sollte dies auch nicht funktionieren – die eigenen Ziele und Maßstäbe nochmals zu überdenken und gegebenenfalls anzupassen. Diesem grundsätzlichen Vorgehen möchte ich noch zwei Ergänzungen hinzufügen, für den Fall, dass (1) das jeweilige Gefühl zwar zur Situation passt, aber durch seine Stärke eine angemessene Reaktion erschwert oder verhindert und dass (2) die Ablenkung und Erschwerung primär auf der gedanklichen Ebene stattfindet, d. h. in der Form von Grübeln. Schauen wir uns zunächst den ersten Fall an. Ein weitverbreitetes Beispiel, an dem sich dieses Szenario gut erläutern ist, besteht darin, dass wir uns zu recht über etwas ärgern. Wir erinnern uns aus dem Abschnitt über Gefühle, dass wir uns dann zu Recht ärgern, wenn jemand eine unserer (berechtigten) Grenzen überschritten hat. Wenn wir nun aufgrund unserer Biografie besonders auf Grenzüberschreitungen sensibilisiert sind und uns als Schutzstrategie angewöhnt haben, auf leichteste Grenzüberschreitungen bereits mit massiv aggressivem Verhalten zu reagieren, kann dies in aktuellen, zivilisierten Situationen eine deutlich übertriebene und unangemessene Reaktion darstellen, obwohl wir vielleicht grundsätzlich damit richtig liegen, dass eine Grenzüberschreitung vorlag. Um uns nicht selbst zu schaden und die Situation bestmöglich zu bewältigen, wäre es deshalb sinnvoll, nicht die komplette, „alte" Ärgerenergie in das erlernte massive Verteidigungs- bzw. Gegenangriffsverhalten zu stecken. Wichtig ist in diesem Zusammenhang, dass wir das nötige Maß an Kontrolle, das es dafür braucht, immer auf unser tatsächliches Verhalten nach außen konzentrieren. Beim Umgang mit dem inneren Erleben, also der

Beurteilung der Grenzüberschreitung einerseits und dem Gefühl des Ärgers anderseits, geht es hingegen weniger um den Aspekt der Kontrolle oder gar des Verleugnens („Wegmachens“) der gedanklichen oder emotionalen Komponente. Vielmehr geht es auch hier um das Einnehmen einer wohlwollenden Haltung sich selbst gegenüber, die sich wiederum im achtsamen Wahrnehmen und Akzeptieren des inneren Erlebens der ersten beiden Schritte der 4A-Methode ausdrückt. Insofern folgt der Umgang mit diesem inneren Erleben analog dem Umgang im Falle unangemessener Gedanken und Gefühle. Da in unserem Beispiel ein starker Ärger es sehr schwer macht, das Verhalten nach außen angemessen zu gestalten – also anstatt aggressiv zu werden, sich selbstsicher sachlich abzugrenzen – kann es notwendig sein, zusätzlich noch einen Umgang mit der übermäßigen Ärgerenergie zu wählen. Dies kann eine Strategie sein, die sich in der jeweiligen Situation umsetzen lässt, bevor man nach außen reagiert (z. B. dreimal tief durchzuatmen; für einige Sekunden die Beinmuskulatur anzuspannen; sich innerlich zu sagen und selbst zu instruieren: „Ich ärgere mich gerade total und auch zu Recht. Jetzt sag es der Person sachlich und angemessen.“) oder es kann notwendig sein, die Situation zunächst zu verlassen, um keinen Schaden anzurichten und die Energie auf eine Art und Weise rauszulassen, die weder einem selbst noch anderen schadet. Je nach Situation bietet sich an: die Fäuste zu ballen, Schatten zu boxen, Treppen auf und ab zu laufen oder Kniebeugen zu machen, vor sich hin zu schimpfen (ohne Zensur und an einem Ort, an dem einen niemand hört, wie z. B. im Auto), in ein Kissen zu schreien, in ein Kissen zu boxen, Kartons auseinanderzunehmen oder alte Bücher/Zeitschriften zu zerreißen, die Ärgergedanken aufzuschreiben oder sich bei einer Freundin „auszukotzen“. All dies dient der harmlosen Abfuhr der Ärgerenergie, um danach weniger emotional „den Kopf frei“

zu haben für eine sachliche, angemessene Reaktion. Dies dient der sogenannten Psychohygiene, *sofern Sie dabei eine Grundregel beachten*: Sie behalten eine bewusste Beobachterperspektive bei, aus der Ihnen klar ist, dass Sie gerade eine Übung ausführen bzw. eine Strategie nutzen, die dazu dient, Ihrer emotionalen Energie freien Lauf zu lassen. Dies ist entscheidend dafür, dass Sie sich nicht so weit in Ihr Innenleben aus Gedanken („Kopfkino") und den entsprechend resultierenden Gefühlen „reinziehen" lassen, dass Sie den kontrollierten Rahmen verlassen, innerhalb dessen Sie keinen Schaden anrichten. Es ist also eine Balance nötig zwischen der Kontrolle des äußeren Rahmens – also wo Sie sich befinden und welches Verhalten Sie zur Energieabfuhr nutzen – und einem unzensierten freien Lauf Ihrer Gedanken und Gefühle sowie des Verhaltens innerhalb des definierten Rahmens. Nehmen wir an, Sie haben sich an Ihrem Arbeitsplatz über die unsensible Äußerung eines Kollegen massiv geärgert, sich während der Arbeit aber „zusammengerissen" und nichts dazu gesagt. Zu Hause haben Sie dann zu dieser Situation die 4A-Methode durchgeführt und einerseits festgestellt, dass Sie die Situation am nächsten Tag nochmals ruhig ansprechen möchten. Andererseits sind Sie so verärgert, wenn Sie daran denken, dass Sie sich schlecht vorstellen können, ruhig zu bleiben, wenn Sie es erneut ansprechen. Für diesen Fall bietet sich die angesprochene Energieabfuhrübung in Bezug auf Ihren Ärger an. Sie könnten sich dafür z. B. am Abend einen Zeitpunkt auswählen, an dem Sie alleine sind oder sich alleine in ein Zimmer (oder Ihren Keller oder Ihr Auto) zurückziehen können. Dann suchen Sie sich eine der oben angedachten Varianten aus. Sie wählen z. B. das Zerstören von Kartons, da Sie sowieso noch drei alte Kartons im Keller haben, die Sie schon längst entsorgen wollten. Anschließend suchen Sie sich einen entsprechenden Platz und machen sich bewusst, was Ihr Radius ist, in dem Sie sich frei bewegen können und wovon Sie sich fernhalten wollen, damit Sie keinen Schaden anrichten. Im Anschluss versetzen Sie sich mental in die Situation zurück, indem Sie sie sich möglichst detailliert vorstellen und sich dabei vor allem auf das grenzüberschreitende Verhalten des Arbeitskollegen konzentrieren. Den vermutlich aufkommenden Ärger können Sie jetzt durch ein Hineinsteigern (Schimpfen, ggf. Schreien, wenn Sie alleine im Haus sind und eben das „Eindreschen" auf Ihre Kartons) befeuern und schließlich genau durch diese Tätigkeiten abführen. Vermutlich werden Sie nach anfänglicher Zunahme des Ärgers nach relativ kurzer Zeit eine Abnahme des Ärgers verspüren, die einhergeht mit einer körperlichen Erschöpfung und einer gewissen Gleichgültigkeit in Bezug auf die ursprüngliche Situation oder zumindest einer weniger drängenden Beschäftigung damit. Nach einer kleinen Pause – in der Sie vielleicht die Überreste Ihrer Kartons entsorgt haben – können Sie sich deutlich ruhiger daran machen, sich im Detail eine angemessene Reaktion für den nächsten Tag zu überlegen und diese regelrecht einzustudieren (am besten wortwörtlich vor dem Spiegel aufsagen, bis es für Sie passt). Dieses Vorgehen können Sie für alle anderen Emotionen analog anwenden, immer dann, wenn sie so stark sind, dass sie Ihnen bei der Ausführung des angemessenen Verhaltens massiv in die Quere kommen. Dabei ist natürlich das jeweilige Verhalten, dass Sie außerhalb der eigentlichen Situation zur Energieabfuhr nutzen, an das entsprechende Gefühl anzupassen. In unserem Beispiel ging es um Verhaltensweisen, die grundsätzlich zu Ärger passen und eine Abwehr oder einen Gegenangriff „simulieren" sollen. Bei Trauer ginge es z. B. eher um einen gewissen Trost, den Sie sich vorab bereits selbst spenden. Auch hier ginge es um die Schaffung eines kontrollierten Rahmens, indem Sie zunächst die Trauer durch Erinnerungen aktivieren und dann Handlungen des Trosts ausführen oder bildlich imaginieren. Aus meiner praktischen Erfahrung ist jedoch das ärgerliche Spektrum der Emotionen (Ärger, Wut, Zorn, Hass, Feindseligkeit, Genervtheit, Frustration, Ungeduld, Ungerechtigkeitserleben etc.) das breiteste Anwendungsfeld für diese Art der Energieabfuhr. Das ist auch logisch, da dies hauptsächlich diejenigen Emotionen sind, deren natürliche Verhaltensimpulse dazu führen können, sich selbst oder anderen zu schaden und es im Nachhinein zu bereuen. Im Einklang damit eignet sich folgendes Zitat des berühmten amerikanischen Psychoanalytikers Irvin D. Yalom als mögliches Lebensmotto: „Vermeiden Sie zukünftiges Bereuen." Damit hätten wir das Vorgehen für den Fall beleuchtet, dass wir zunächst auf unser Innenleben reagieren sollten oder müssen, da unsere aktuelle emotionale Reaktion zu viel Aufmerksamkeit auf sich zieht und einem adäquaten Verhalten nach außen im Wege steht. Die zweite Variante, die zunächst eine Reaktion auf unser Innenleben verlangt, tritt immer dann ein, wenn die Ebene der Gedanken – genauer gesagt der alten, irrationalen Gedanken – sich massiv aufdrängt und einem sinnvollen Verhalten nach außen im Wege steht. Da wir die ersten Schritte der 4A-Methode inklusive der Analyse zu diesem Zeitpunkt ja bereits durchlaufen haben, haben wir schon zwischen rationalen und irrationalen Gedanken unterschieden und ein angemessenes Verhalten abgeleitet. Diesen Prozess des Unterscheidens zwischen rationalen und irrationalen Gedanken sowie die Ableitung eines angemessenen Verhaltens möchte ich an dieser Stelle noch einmal etwas ausführlicher beleuchten da er selbst ein sehr grundlegendes hilfreiches Verhalten darstellt und auf ihm auch unser weiteres inneres und äußeres Vorgehen beruht und wir immer wieder darauf Bezug nehmen werden. Dieser Prozess, den wir entweder noch als Teil und Abschluss der Analyse auffassen können oder bereits als konkretes resultierendes Verhalten des Schrittes

„Aktion“ – die Unterscheidung ist nicht relevant, da wir uns in beiden Fällen an der gleichen Stelle im Ablauf der 4A-Methode befinden – basiert darauf die mentalen Prozesse „Grübeln“ und „Problemlösen“ klar voneinander abzugrenzen. Um dies auf eine sinnvolle Art und Weise tun zu können, bietet es sich wieder einmal an, uns zunächst klarzumachen, was wir üblicherweise unter dem Begriff „Problem“ verstehen.

Grübeln versus Problemlösen

Mit dem Begriff „Problem“ bezeichnen wir häufig zwei grundsätzlich verschiedene Dinge, ohne uns die entscheidenden Unterschiede bewusst zu machen:

(1) Eine schwer zu lösende Aufgabe oder eine zu treffende Entscheidung (in Bezug auf unser Verhalten).
(2) Etwas, das uns dauerhaft gedanklich beschäftigt und emotionales Unbehagen bereitet.

Wie Sie inzwischen sicher wissen, bevorzuge ich es, anstatt von „Problemen“ lieber von „Situationen“ zu sprechen, um mich dann mit der Frage zu beschäftigen, wie wir in diesen Situationen reagieren können. Das Hauptanliegen der 4A-Methode ist dabei, alle erdenklichen Situationen bewältigen bzw. meistern zu können. Die erste der obigen beiden Definitionen erfordert dabei ein gedankliches Vorgehen, das allgemein als „Problemlösen“ bezeichnet wird. Dieses hilfreiche gedankliche Vorgehen muss dabei von der *nicht* hilfreichen gedanklichen Aktivität des „Grübelns“ unterschieden werden, der die zweite der obigen Definitionen entspricht. Der entscheidende Unterschied zwischen Grübeln und Problemlösen besteht dabei darin, dass Problemlösen ein zielgerichteter Prozess ist, wohingegen Grübeln sich „im Kreis dreht" und daher weder einer klaren Richtung folgt, noch jemals irgendwo ankommt, also kein Ende findet. Die Aktivität des Grübelns ist dabei eng verknüpft mit dem gedanklichen Konzept von „Problemen". Dieses kann sich auf alle möglichen Gedankeninhalte (abstrakte Gedanken, bildliche Vorstellungen, Erinnerungen etc.) beziehen, die wir als „problematisch" beurteilen, da sie unangenehme Gefühle auslösen. Meistens handelt es sich dabei um mehrere Gedankeninhalte („Probleme") oder um mehrere Aspekte derselben Thematik. Dieser Faktor ist wichtig, da ein zentraler Aspekt des Grübelns darin besteht, dass man gedanklich permanent von einem zu einem anderen Thema springt. Dabei wird jedes einzelne Thema nur kurz „angedacht" (oder erinnert) und verursacht relativ schnell ein als unangenehm erlebtes Gefühl (Angst, Niedergeschlagenheit, Verzweiflung, Scham, Schuld, Ärger, etc.), woraufhin die Gedanken zum nächsten Thema springen. Das Weiterspringen kommt dabei einem Vermeidungsverhalten gleich, das dadurch verstärkt wird, dass es mit einer äußerst kurzen Reduktion des unangenehmen Gefühls einhergeht, bis das nächste Thema ein ebensolches Gefühl erzeugt und uns wieder zum Weiterspringen bewegt. Da dieses Weiterspringen kein Ende findet, ist es in sich geschlossen und bildet eine Dauerschleife. Neben dem kurzen Nachlassen der unangenehmen Gefühle nach jedem Themensprung mag ein weiterer kleiner emotionaler Gewinn des Grübelns darin bestehen, dass es die Illusion vermittelt, dass wir uns mit einem relevanten Thema zumindest beschäftigen. Dies ist zwar richtig, nur beschäftigen wir uns nicht auf eine sinnvolle, zielführende Art und Weise mit den entsprechenden Themen. Insgesamt ist Grübeln also eher eine Quälerei, die emotional belastend ist und die anstehenden Themen nicht voranbringt. Das Grübeln besitzt dabei einen passiven und einen aktiven Anteil. Der passive Anteil besteht darin, dass unser Gehirn permanent Gedanken produziert, die „uns durch den Kopf gehen“, ohne dass wir uns dabei als aktiv Denkende empfinden. Der aktive Anteil besteht dann darin, dass wir diese Gedanken aufgreifen und „andenken“, dies jedoch nicht zu Ende führen und wie oben beschrieben zum nächsten Thema weiter springen. Dem gegenüber steht der Prozess des Problemlösens, der ein gänzlich aktiver, bewusster, zielgerichteter Prozess ist. Er beginnt damit, die Grübelgedanken zu sortieren und aufzuschreiben (!), welche Themen oder Situationen („Probleme“) uns beschäftigen. Damit zerlegen wir den „Grübelberg“, durch den wir uns wieder und wieder gegraben haben, in einzelne kleine thematische Häufchen. Je nach Wichtigkeit und Dringlichkeit legen wir dann eine Reihenfolge fest und schauen uns einen nach dem anderen gezielt an. Dabei folgen wir dem allgemeinen Problemlöseprozess: (1) klare Formulierung der Situation bzw. der Schwierigkeit. (2) Brainstorming zu möglichen Reaktionen. (3) Festlegen auf den erfolgversprechendsten Weg. (4) Konkrete Benennung des ersten Schrittes! Von zentraler Wichtigkeit sind dabei zwei Aspekte des vierten und letzten Schrittes: (a) wir reden nicht von einer allgemeinen „Lösung“, sondern von einem konkreten Verhalten und (b) wir fokussieren uns zunächst ausschließlich auf den ersten Schritt und verlangen nicht von uns, dass wir bereits vor dem ersten Schritt den gesamten Weg bis zum Ziel oder zum Umgang mit einer komplexen Situation im Detail ausformuliert haben. Dies wäre eine unglaubliche Mehrarbeit, die (zu diesem Zeitpunkt noch) nicht nötig ist und häufig auch gar nicht möglich ist, da man – metaphorisch gesprochen – oft erst sieht, wie der Weg weitergeht, wenn man um die nächste Ecke gebogen ist. Nehmen wir als Beispiel eine berufliche Veränderung, die Sie schon länger beschäftigt. Ein sinnvoller, konkreter erster Schritt könnte darin bestehen, am nächsten Sonntag nach dem Frühstück für eine halbe Stunde Stellenbörsen im Internet mit Schlagworten nach offenen Stellen zu durchsuchen, die Sie interessieren könnten. Unnötig, wenn nicht gar unmöglich, ist es hingegen, bereits im Vorfeld für alle eventuell denkbaren Stellen bereits ein Anschreiben zu formulieren oder sich mit Aspekten eines möglichen Bewerbungsgesprächs auseinanderzusetzen. Die Zeit dafür wird kommen, aber zunächst müssen Sie nur Ihren ersten konkreten Schritt benennen, auf dessen Ausführung Sie sich dann konzentrieren können. Vielleicht kennen Sie das alte chinesische Sprichwort: „Auch eine Reise von 1000 Meilen beginnt mit dem ersten Schritt."*. Das ist nicht nur offensichtlich wahr, sondern will uns auf die Weisheit hinweisen, uns zunächst auf ebendiesen ersten Schritt zu konzentrieren. Alle Themen, die uns beschäftigen („Probleme"), mithilfe des Problemlöseprozesses bis genau zu diesem ersten konkreten Schritt durchzudenken, bildet außerdem die Basis für unseren Umgang mit Grübeleien. Wenn wir für alle Themen einen ersten bzw. nächsten Schritt erarbeitet haben, können wir bei erneutem Aufkommen des Themas folgendermaßen reagieren: (1) wir sagen uns selbst innerlich oder auch laut: „Stopp! Das sind sinnlose Grübeleien." (2) Dann: „Das habe ich bereits durchgedacht." (3) Schließlich: „Mein nächster Schritt in dieser Sache ist: XY". (4) (a) wir führen den benannten Schritt entweder direkt aus oder (b) fokussieren uns auf eine andere Tätigkeit, die gerade ansteht. Sollte gerade nichts anliegen, dürfen wir uns auch (c) ohne schlechtes Gewissen mit einer trivialen Aktivität ablenken. Diese Ablenkung können wir sanktionieren, da sie sich ganz wesentlich von der Art von Ablenkung/Vermeidung/Verdrängung unterscheidet, die wir zu Beginn des Buchs an mehreren Stellen als nicht hilfreich oder zielführend eingestuft haben. Nicht hilfreich wäre es, unsere Situation,

---

* Laotse, 64. Kapitel des Tao Te King

unsere Gedanken, unsere Gefühle und unser Verhalten nicht wahrzunehmen (sozusagen eine Umkehrung des ersten Schritts der 4A-Methode „Achtsamkeit"), uns gegen die Wahrnehmung zu wehren und sie zu bekämpfen (Umkehrung des zweiten Schritts des 4A-Methode „Akzeptanz") oder über die Situation zwar nachzugrübeln, aber keinen zielführenden Problemlöseprozess zu durchlaufen (Umkehrung des dritten Schritts der 4A-Methode „Analyse"). Haben wir hingegen die drei ersten Schritte der 4A-Methode erfolgreich absolviert, dann bleiben je nach Situation lediglich folgende Handlungsoptionen offen, die dann jeweils angemessen, sinnvoll, hilfreich und zielführend sind:

Reaktion nach innen bzw. auf das innere Erleben

- Energieabfuhr
- Grübelstopp/Problemlöseprozess

Diese beiden Optionen haben wir bereits in diesem Abschnitt erörtert. Den besprochenen Umgang führen Sie dann jeweils so lange aus, bis Sie die übermäßige Gefühlsenergie so weit abgeführt haben, dass Sie wieder handlungsfähig sind und weitergehen können. Gegebenenfalls setzen Sie dann noch die besprochene Technik zum Grübelstopp ein, um schließlich zum Problemlöseprozess zu gelangen, an dessen Ende als Resultat eine konkrete ausführbare Handlung steht. Wie ich bereits mehrfach betont habe, kann es zunächst zu komplex sein, in Echtzeit innerhalb der entsprechenden Situation all diese Schritte durchzuführen. Dies ist aber auch nicht der Anspruch. Der Anspruch besteht vielmehr darin, dass Sie eine übergeordnete Strategie besitzen, die Sie auf jede nur erdenkliche Situation anwenden können. In ihrer simpelsten Form besteht diese „Metastrategie" darin, dass Sie sich daran erinnern, die vier A's der 4A-Methode abzuarbeiten: (1) Achtsamkeit. (2) Akzeptanz. (3) Analyse.

(4) Aktion. Damit haben Sie immer einen Ansatzpunkt parat. Die Verfeinerung der Umsetzung ist dann ein Prozess, von dem Sie umso mehr profitieren, je mehr Zeit und Energie Sie darauf verwenden. Wie bereits erwähnt, haben Sie dabei den Vorteil wiederkehrende Situationen in Ruhe bearbeiten und vorbereiten zu können. Die Grundlagen oder Basics der Methode werden Sie dabei vermutlich schnell anwenden können, wohingegen die Möglichkeiten des Ausbaus Ihrer Kompetenzen auf Basis der Methode eher dem Erlernen einer Kunst ähneln, deren Weiterentwicklung keine Grenzen gesetzt sind. Der direkte Abschluss der Durchführung der 4A-Methode in einer aktuellen Situation besteht dabei immer in Ihrer Reaktion nach außen. Für diese gibt es grundsätzlich folgende Möglichkeiten.

Reaktion nach außen

- Es kann bzw. muss nicht gehandelt werden.
- Eine Handlung ist erst zu einem späteren Zeitpunkt möglich bzw. notwendig.
- Direkte Umsetzung des ersten Schritts der zielführenden Handlung.

Im ersten Fall besteht das Ergebnis Ihres Problemlöseprozesses darin, dass Sie festgestellt haben, dass Sie keine sinnvolle, zielführende Handlung durchführen können, z. B. da Sie auf das Thema, das Sie beschäftigt, gar keinen Einfluss haben. Dies ist etwa der Fall, wenn Sie eine Untersuchung beim Arzt hatten und Gedanken Sie quälen, wie das Laborergebnis ausfallen wird. Hier können Sie nichts weiter tun, als den Termin abzuwarten, an dem das Ergebnis mit Ihnen besprochen wird. Die Betonung, dass Sie nichts tun können, ist dabei eher negativ konnotiert, denn andererseits müssen Sie auch nichts tun und sich entsprechend auch nicht damit beschäftigen. In einem anderen Fall kommen Sie vielleicht zu dem Ergebnis, dass Sie aktuell noch nicht handeln können, sondern erst einen bestimmten Zeitpunkt oder ein anderes Ereignis abwarten müssen, bevor Sie handeln können. Auch hier können und müssen Sie zunächst nichts tun, außer abzuwarten. Dabei ist entscheidend, dass Sie das nicht nur generell wissen – was Sie vermutlich auch bisher schon wussten – sondern dass Sie sich das auch wiederholt (!) bewusst machen. Dies kann z. B., so aussehen, dass Sie sich – wann immer Sie das Thema beschäftigt – sagen: „Ich kann/muss nichts tun!“ oder entsprechend „Ich kann/muss erst zum Zeitpunkt XY reagieren!“. In beiden Fällen können Sie sich dann wieder der erlaubten Ablenkungsaktivität widmen oder sich auf Ihren regulären Alltag und sonstige anstehende Aufgaben konzentrieren. Wir haben jetzt scheinbar viele unterschiedliche Varianten durchdacht und ich hoffe, dass Ihnen nicht der Kopf schwirrt. Im Grunde ist es gar nicht so kompliziert und meine Ausführungen dienen lediglich dazu, Ihnen aufzuzeigen, dass Sie in jedem erdenklichen Fall richtig liegen, wenn Sie strikt der 4A-Methode folgen. Wenn Sie den Ausführungen folgen konnten, konnte ich Sie hoffentlich überzeugen, dass Sie mit der 4A-Methode für alle Eventualitäten gewappnet sind. Falls nicht, würde ich Sie bitten, mir zunächst so weit zu vertrauen, dass Sie die Methode ausprobieren und schauen, ob Sie Ihre schwierigen und herausfordernden Situationen damit bewältigen können. Wenn sich Unklarheiten auftun, können Sie die entsprechenden Stellen im Buch nochmals gezielt konsultieren. An dieser Stelle in unserem Ablauf für alle erdenklichen Situationen stehen wir nun schließlich vor dem letzten Punkt: direkte Umsetzung eines konkreten zielführenden Schritts im Verhalten nach außen. Dieses direkte Verhalten nach außen, mit dem Sie auf Ihre Umwelt inklusive Ihrer Mitmenschen reagieren und einwirken, wird uns nun im weiteren Verlauf dieses Abschnitts zum Schritt „Aktion“ beschäftigen.

Ich wiederhole nochmals – denn Wiederholung ist der beste Lehrmeister – dass die nun folgenden Verhaltensanleitungen, -vorschläge und -werkzeuge allgemeingültige* Empfehlungen sind, *unabhängig* (!) von Ihrem jeweiligen Innenleben (Gedanken und Gefühle) in einer Situation, *unabhängig* (!) von Ihrer individuellen, biografischen, lerngeschichtlichen Prägung und *unabhängig* (!) von Ihren persönlichen Zielen und Werten. Die Bedürfnisse habe ich dabei explizit in dieser Auflistung ausgelassen, da zumindest die physiologischen Bedürfnisse (Atmen, Schlafen, Essen, Trinken, Ausscheidung) offensichtlich ebenfalls allgemeingültig sind und deshalb zwingend berücksichtigt werden müssen – sofern man weiterleben möchte. Dieser Gedanke bringt uns auch bereits zu unseren ersten beiden kleinen Werkzeugen, die sich als sehr hilfreich erwiesen haben.

Zeitkreis und Energieampel

Der Anwendung dieser beiden Werkzeuge liegt folgende Überlegung zugrunde: ganz egal, wie stark, gesund, sozial eingebunden, kompetent, reich etc. Sie sind, Ihre Zeit und Ihre Energie sind begrenzt. Am einfachsten zu sehen ist dies in Bezug auf die Zeit, denn die ist tatsächlich sehr fair und egalitär verteilt. Bezogen auf einen Tag oder eine Woche, haben wir alle genau gleich viel Zeit, nämlich 24 Stunden pro Tag und 7 Tage pro Woche. Mir ist bewusst, dass ich Ihnen damit höchstwahrscheinlich nichts Neues erzähle, trotzdem lässt meine Erfahrung aus Therapie und Beratung es notwendig erscheinen, dies wirklich nochmals zu

* Mit allgemeingültig meine ich an dieser Stelle, dass sich diese Empfehlungen in evidenz-basierten wissenschaftlichen Studien wieder und wieder als effektiv herauskristallisiert und sich zudem in meiner persönlichen praktischen Arbeit als äußerst hilfreich erwiesen haben – und das personen- und situationsunabhängig.

betonen. Denn allzu häufig bekomme ich den Satz zu hören: „Ich habe keine Zeit.“, oder „Der Tag müsste 28 Stunden haben.“ oder „Die Woche/das Wochenende ist zu kurz.“ Dies sind gute Beispiele für – verzeihen Sie die klaren Worte, aber es scheint mir nötig – vollkommen schwachsinnige Gedanken. Falls Sie jetzt denken: „Das ist mir schon klar“, denken Sie bitte nochmals an den Abschnitt über Gedanken und machen Sie sich bewusst, dass Sie das, was Sie wieder und wieder denken und sagen, auf eine Art verinnerlichen, die massiv Ihre Gedanken, Ihre Gefühle und Ihr Verhalten beeinflusst. Daher lassen Sie uns in das Thema „Zeit“ einsteigen, indem wir uns bewusst machen: „Ich habe wie jeder andere Mensch auch 24 Stunden pro Tag und 7 Tage pro Woche. Wenn ich immer wieder Gedanken habe, dass ich zu wenig Zeit hätte, dann *tue ich zu viel in diesem Zeitraum und/oder nehme mir für diesen Zeitraum zu viel vor!*“. Die Zeit, die Ihnen pro Tag oder pro Woche zur Verfügung steht, ist also grundsätzlich begrenzt, in ihrem Gesamtumfang unveränderbar und fällt daher in die Kategorie der Rahmenbedingungen, die wir idealerweise akzeptieren, da wir sie nicht verändern können. Um sich einen Überblick über Ihre aktuelle Nutzung der zur Verfügung stehenden Zeit zu verschaffen, können Sie einen Zeitkreis erstellen für einen typischen Tag oder besser eine typische Woche, da diese die üblicherweise unterschiedliche Nutzung von Werktagen und Wochenenden beinhaltet. Falls es in Ihrer Planung wichtige 14-tägige oder monatliche Aktivitäten gibt, denen Sie einen relevanten Zeitumfang widmen, können Sie Ihrem Zeitkreis auch einen typischen Monat zugrunde legen. Der Zeitkreis hat die Form eines Kuchendiagramms und bietet den Vorteil gegenüber einer reinen To-do-Liste, dass er direkt einen begrenzten Rahmen vorgibt. Der komplette Kreis repräsentiert dabei die 24 Stunden eines Tages bzw. die 168 Stunden einer Woche, die uns allen zur Verfügung stehen. Nun beginnen

Sie die entsprechenden Anteile, die die unterschiedlichen Aktivitäten Ihres aktuellen Alltags tatsächlich einnehmen, in den Kreis einzutragen. Nehmen wir als Beispiel einen typischen Werktag. Sagen wir, Sie schlafen durchschnittlich 8 Stunden pro Nacht. Damit ist ein Drittel Ihres Kreises bereits „verbraucht". Wenn Sie einem Vollzeitjob nachgehen, der aktuell typischerweise bei 40 Stunden pro Woche angesetzt ist, ist ein weiteres Drittel „weg". Wenn Sie jetzt denken, dass es Ihnen nicht so vorkommt, als hätten Sie jeden Tag dann immerhin noch 8 Stunden „Freizeit" übrig, liegen Sie natürlich richtig. Denn es kommen noch einige Zeiten zusammen, die wir meistens nicht bewusst wahrnehmen, weil sie zu unserer Routine gehören. Dazu zählen Morgen- und Abendroutinen im Bad (individuell sicher stark variierend, nehmen wir mal einen Wert von 45 Minuten täglich insgesamt an). Zur Arbeitszeit gehören neben den 8 Stunden noch die entsprechenden Pausen. Rechnen wir auch hier beispielhaft mit 45 Minuten. Dann gibt es natürlich noch den Arbeitsweg. Auch hier gibt es große Unterschiede, nehmen wir eine halbe Stunde pro Weg an, also eine Stunde pro Tag. Die Arbeitszeit enthält bereits eine Mittagspause. Fehlen noch die anderen Mahlzeiten. Dies handhaben Menschen ebenfalls sehr unterschiedlich, eine weitere Stunde pro Tag scheint ein angemessener mittlerer Wert zu sein. Bleiben weitere fortlaufende Tätigkeiten des täglichen Lebens, die wir jetzt nicht aufs Wochenende verschieben, sondern auch anteilig in unseren typischen Werktag einrechnen. Darunter fällt die Bearbeitung der Post inklusive des Bezahlens von Rechnungen, Einkäufe von Lebensmitteln und Verbrauchsgegenständen, häusliche Tätigkeiten wie Aufräumen und Putzen. *Alles Tätigkeiten, über deren genauen Umfang man streiten kann, die aber grundsätzlich und langfristig unabdingbar sind, will man sich nicht in weitaus größere Schwierigkeiten bringen.* Hierfür setzen wir exemplarisch anderthalb Stunden pro Tag durchschnittlich an. All diese Schätzungen sind aus meiner Sicht dabei eher konservativ. Durch lange Arbeitswege oder andere Aspekte kann schnell noch eine Stunde oder auch zwei pro Tag hinzukommen. Selbst bei unserem Beispieltag bleiben bestenfalls drei Stunden übrig. Dabei haben wir noch nicht davon geredet, dass Unvorhergesehenes passiert, um das Sie sich kümmern müssen. Von der Lampe, die nicht mehr funktioniert bis zum Auto, das in die Werkstatt muss. Vom Handyvertrag, der ausläuft oder dem Internet, das nicht mehr geht, bis zum Ärger mit dem Stromanbieter oder der Krankenversicherung. Die Sache mit dem Unvorhersehbaren ist die, dass Sie nie wissen, was denn nun als Nächstes passiert, Sie können nur sicher sein, dass *immer irgendetwas* passiert, um das Sie sich auch noch kümmern müssen. Den Umfang zu beziffern ist natürlich schwierig, vor allem da vielleicht tage- oder wochenlang nichts vorfällt, was zusätzlichen Aufwand erfordert und dann etwas ansteht, was Sie für einige Tage oder gar länger für mehrere Stunden bindet. Rechnen wir beispielhaft und intuitiv geschätzt eine halbe Stunde pro Tag. In größeren Abständen stehen zudem für die meisten von uns noch regelmäßige Aktivitäten an wie z. B. Arztbesuche, Behördengänge oder die anstehende Steuererklärung. Ganz zu schweigen davon, wenn Sie Kinder haben, was je nach Alter der Kinder schnell Ihren kompletten Zeitrahmen sprengt und Ihnen für wenig anderes Raum lässt. Wenn Sie Kinder haben, rechnen Sie den reinen Zeitbedarf für die Betreuung Ihrer Kinder bitte ebenfalls mit ein. Für unser Beispiel gehen wir nicht von diesem Fall aus. Dann bleiben Ihnen bestenfalls etwa zwei bis drei Stunden übrig, in die Sie die Pflege Ihrer Freundschaften – und gegebenenfalls Ihrer Partnerschaft – Ihre sportliche Aktivität, Ihre sonstigen Hobbys, dem Kontakt zu Ihrer Ursprungsfamilie, dem Nachgehen persönlicher Vorlieben und Interessen (z. B. Lesen, Musikhören, Handwerken), sozialen Aktivitäten außer Haus

(z. B. an Geburtstagen und sonstigen Feiern teilnehmen, ins Kino gehen, Konzerte, Sportveranstaltungen, Ausstellungen besuchen oder essen gehen) quetschen „müssen". Ach ja, und erholt – im Sinne von „Ausruhen", „Nichtstun" oder „Faulenzen" – haben Sie sich dann auch noch nicht, schließlich haben Sie in unserem Beispiel ja acht Stunden gearbeitet. Dieses kleine Beispiel soll zeigen, wie schnell sich – zumindest im Falle einer Vollzeitberufstätigkeit – der Alltag mit Aktivitäten füllt, die unabdingbar sind und uns dann wenig Zeit bleibt für all die Aktivitäten, die uns auch noch wichtig sind und die wir auch gerne alle unterbringen würden. Die Gefahr besteht hier wieder einmal in unseren unrealistischen Ansprüchen, denen wir dann nicht gerecht werden (können), was uns unzufrieden macht. Ihr persönlicher Zeitkreis soll Ihnen dabei helfen, sich für einen typischen Tag oder eine typische Woche zunächst einen Überblick über den aktuellen Status zu verschaffen, womit Sie Ihre Zeit verbringen. Sie können schließlich „nicht nichts tun", um Paul Watzlawicks Bonmot, dass man „nicht nicht kommunizieren kann" umzuformulieren. Wenn Sie jeden Abend 4 Stunden vor dem Fernseher sitzen, haben Sie nicht „Nichts" getan, sondern 4 Stunden vor dem Fernseher gesessen. Dann tragen Sie das in Ihren Zeitkreis ein. „Nichts" oder „Ich weiß nicht" sind also keine zulässigen Kategorien für Ihren Zeitkreis, sondern Anzeichen, dass Sie nochmals genauer hinschauen sollten, womit Sie tatsächlich Ihre Zeit verbringen. Bereits die Erstellung Ihres konkreten aktuellen Zeitkreises kann sehr erhellend sein. Wenn Sie Ihren Status quo – also den Ist-Zustand – erhoben haben, können Sie sich im nächsten Schritt fragen, wie zufrieden Sie damit sind. Weitere hilfreiche Fragen sind: Was taucht gar nicht auf oder nimmt zu wenig Zeit ein? Was nimmt zu viel Zeit ein? Welche Veränderungen würde ich mir wünschen? Halten Sie dabei aber bitte die Grenzen dessen ein, was realistisch und sinnvoll ist. Unsinnig wäre es zum Beispiel zu beschließen, nur noch vier Stunden schlafen zu wollen, um diese Zeit für andere Aktivitäten zur Verfügung haben zu wollen. Mir ist niemand bekannt, der – über einen längeren Zeitraum – nur vier Stunden schläft und keine Gesundheits- und Leistungseinbußen hat. Es gibt zwar Menschen, die in Büchern und Videos behaupten, dass dies möglich sei, aber fragen Sie sich selbst, ob es irgendwelche stichhaltigen Beweise dafür gibt, dass dies möglich ist. Im Zweifelsfall probieren Sie es sogar aus, aber schieben Sie es nicht sich selbst, sondern der „Methode" in die Schuhe, wenn es nicht funktioniert. Letzten Endes haben Sie selbst eine lebenslange Erfahrung, wie viel Schlaf Sie benötigen, um am nächsten Tag erholt zu sein. Natürlich können Sie mal den einen oder anderen Tag davon abweichen, ohne tot umzufallen. Sie sollten aber nicht dauerhaft mit einem Wert planen, von dem Sie wissen, dass er Ihnen nicht guttut (dies gilt in Bezug auf die Schlafdauer sowohl für zu wenig als auch für zu viel Schlaf). Ein weiteres Beispiel eines unrealistischen Wunsch- oder Soll-Zeitkreises wäre es, wenn Sie aktuell von Ihrem Job finanziell abhängig sind und in Ihren Kreis nur vier oder zwei Stunden täglich oder gar keine Arbeit eintragen. Selbst wenn Sie eines dieser Ziele langfristig anstreben – was ja legitim ist – ist die gesamte Übung nur hilfreich, wenn Sie realistisch bleiben. Das heißt, wenn Sie aktuell Ihren Job noch brauchen und sich mittel- bis langfristig verändern wollen, dann tragen Sie in Ihren realistischen Wunschzeitkreis die acht Stunden Arbeit täglich ein plus Zeit, die Sie darauf verwenden möchten, sich Alternativen zu Ihrem Job zu überlegen, einen Weg bzw. den ersten Schritt daraufhin zu planen und diesen Weg dann zu gehen, denn auch dies muss dann irgendwo in Ihrem Zeitbudget Platz finden. Ein gutes Beispiel für das Prinzip der „Disziplin", das wir weiter oben beschrieben haben: häufig müssen Sie zunächst kurzfristig Zeit und Energie investieren, um mittel- und langfristig etwas zu erreichen (in unserem Beispiel weniger Arbeit bzw. mehr „Freizeit"). Was sich ebenfalls zeigen wird, wenn Sie sich mit Ihrer Wunschaufteilung Ihres Zeitkreises beschäftigen, dass Ihnen durch das Format des Kuchendiagramms deutlich vor Augen geführt wird, dass die Ressource Zeit begrenzt ist. Insbesondere in Bezug darauf, dass immer, wenn Sie eine zusätzliche Aktivität aufnehmen oder einer bestehenden Aktivität mehr Zeit widmen möchten, Sie diese Zeit irgendwo hernehmen müssen. Etwas Anderes muss also zurücktreten. Und falls Sie nicht an essenziellen Aktivitäten sparen wollen – was Sie nicht sollten! - scheidet der große Teil des Schlafs, der Mahlzeiten, der basalen häuslichen Aktivitäten und der notwendigen formalen und bürokratischen Aktivitäten und höchstwahrscheinlich – zumindest kurzfristig – auch der Berufstätigkeit inklusive der Pausen und Arbeitswege aus. Das lässt häufig bedauerlich wenig Spielraum für Veränderungen Ihrer Nutzung der verbleibenden Zeit, bzw. erfordert das Opfern von Tätigkeiten, die Ihnen bereits wichtig sind, für Tätigkeiten, die Ihnen möglicherweise noch wichtiger sind. Vielleicht kommen Sie aber auch zu dem Schluss, dass Ihr Zeitkreis schon relativ gut optimiert ist und Sie realistischerweise gar nicht viel Verbesserungspotenzial haben. Dann bietet es sich an, eher von überzogenen Ansprüchen loszulassen und sich bewusst zu machen, dass Sie unter den gegebenen Bedingungen bereits das Beste aus der zur Verfügung stehenden Zeit machen. Diese Vergewisserung kann Ihr Maß an Zufriedenheit deutlich erhöhen, da dieses sich, wie wir gesehen haben, aus der Differenz Ihrer Ansprüche und Ihres aktuellen (Leistungs-)Status-Quo ergibt. Damit haben Sie mit dem Zeitkreis ein simples Instrument an der Hand, mit dem Sie sich einen Überblick über Ihre aktuelle Gesamtsituation verschaffen können. Zugleich können Sie durch das Erstellen Ihres Soll-Zeitkreises Ihre Bedürfnisse, Ziele und Werte auf eine balancierte Art und Weise einbringen und zudem bereits realistische Maßstäbe mitberücksichtigen, zumindest bezüglich Ihrer zeitlichen Ressourcen.

Das zweite, ebenfalls sehr simple Instrument, das ich Ihnen in diesem Abschnitt wärmstens ans Herz legen möchte, ist die sogenannte Energieampel. Hinter der Energieampel steckt die Überlegung, dass nicht nur unsere zeitlichen Ressourcen begrenzt sind, sondern auch unsere Energie bzw. unsere Kräfte. Wir erinnern uns an die Überlegung, dass völlig unabhängig davon, wie stark oder resilient oder gut organisiert oder kompetent wir sind, wir alle eine Belastungsgrenze haben. Stellen Sie sich als Analogie das Gewichtheben vor. Natürlich ist es richtig, dass ein durchschnittlicher Erwachsener ein höheres Gewicht stemmen kann als ein zehnjähriges Kind. Ebenso richtig ist es, dass ein professioneller Gewichtheber mehr stemmen kann als dieser durchschnittliche Mensch. Trotzdem ist es so, dass man auch dem stärksten Menschen der Welt so viel Gewicht auf die Stange packen kann, dass es zu viel ist, er es „nicht schafft" oder in eher ungünstiger Formulierung, die wir vermeiden möchten, „er versagt". Natürlich ist es möglich, sich zu stärken, also in unserer Analogie Gewichtheben zu trainieren, um mehr stemmen zu können. Dies kann in Bezug auf unsere Gesamtsituation bedeuten, unterschiedliche Kompetenzen durch Übung zu erwerben, die es uns ermöglichen „mehr zu leisten". Ein sinnvoller Maßstab dafür, ob Sie in dieser Hinsicht noch „Luft nach oben" haben, ist Ihre Energie. Als einfaches Mittel, Ihren Energiestand zu beurteilen, bietet sich eine Ampel an. Sind Sie im grünen Bereich, dann können Sie alle Ihre täglichen oder wöchentlichen Aufgaben – inklusive „Freizeitaktivitäten" – erledigen und fühlen sich dennoch nicht sonderlich erschöpft. Sind Sie im gelben Bereich, spüren Sie während oder nach Ihren Tätigkeiten eine deutliche Erschöpfung. Hier ist es bereits wichtig, dass Sie im Auge behalten, dass Sie ausreichende Pausen, Erholungsphasen und gegebenenfalls angenehme Aktivitäten zum Ausgleich (sogenannte aktive Entspannung wie z. B. Lesen oder Musik hören oder ein Bad nehmen) einbauen. Wenn Sie darauf achten, reicht dies ebenfalls aus, um sich an den Abenden oder Wochenenden so weit zu erholen, dass Ihre Erschöpfung mittel- und langfristig nicht stetig zunimmt. Befinden Sie sich allerdings bereits im roten Bereich, gibt es keine ausreichenden Phasen mehr, in denen Sie Ihre „Batterien aufladen". Abende, Wochenenden und vielleicht selbst Urlaube reichen nicht mehr aus zur Erholung und die Erschöpfung nimmt stetig zu. Sie befinden sich sozusagen im dauerhaften Erholungsdefizit. Diese Entwicklung wird in der Regel noch dadurch verschärft, dass im gleichen Zuge die Leistungsfähigkeit nachlässt, was versucht wird durch mehr tun und länger arbeiten auszugleichen und die zunehmende Erschöpfung weiter beschleunigt. Hier ist dringendes Handeln dahin gehend angezeigt, dass das Verhältnis von anstrengenden, Energie kostenden Tätigkeiten im Zeitkreis deutlich zugunsten von Ruhephasen und erholsamen Aktivitäten verschoben werden sollte. Geschieht dies nicht, besteht in Abhängigkeit von der Größe des Erholungsdefizits die Gefahr eines langsamer oder schneller eintretenden „Burnouts". Die Grundlage für die Einschätzung Ihrer aktuellen Position auf der Energieampel bildet dabei Ihre Körperwahrnehmung. Wie Sie sich vielleicht erinnern, ist diese ein zentraler Bestandteil des ersten Schrittes der 4A-Methode „Achtsamkeit". Die Energieampel ist also eine kleine, konkrete Technik, die Sie im Einklang mit der 4A-Methode anwenden können. Ganz praktisch ist dafür nichts weiter nötig, als sich regelmäßig zu fragen, ob Sie im grünen, gelben oder roten Bereich sind. Sie sollten tatsächlich üben, Ihre körperliche und mentale Erschöpfung zu spüren – im Gegensatz dazu, Ihre üblichen Gedanken beurteilen zu lassen, ob Sie sich erschöpft fühlen „sollen“ oder „dürfen“ – und sich die Frage ehrlich beantworten. Wie Sie je nach Antwort reagieren können, haben wir ebenfalls gerade erörtert. Mit dem Zeitkreis und der Energieampel haben Sie somit auf der allgemeinst-möglichen Ebene zwei simple Werkzeuge, die Sie im Schritt „Aktion“ ausführen können, wenn Sie die 4A-Methode auf Ihre aktuelle Gesamtlebenssituation anwenden. Sollte die Anwendung dieser beiden Werkzeuge Sie zu der Erkenntnis bringen, dass Sie an verschiedenen Stellen Ihrer Gesamtsituation Veränderungen vornehmen wollen, bietet es sich an, dass Sie sich die Zeit nehmen, mithilfe des Problemlöseprozesses die einzelnen betroffenen Bereiche klar zu benennen und für jeden einen *ersten konkreten* und *machbaren* Schritt zu benennen.

Das Pendel

Das „Pendel“ ist ein weiteres simples Werkzeug, das Ihnen dabei helfen kann, welches Verhalten in Ihrem individuellen Fall sinnvoll ist. Im vorherigen Abschnitt hatten wir uns auf der allgemeinsten Ebene damit befasst, wie Sie mit Ihren wichtigsten Ressourcen Zeit und Energie haushalten. In diesem Abschnitt werden wir etwas spezifischer und versuchen Verhaltensrichtlinien zu erarbeiten, die Ihnen in konkreten Lebensbereichen als Orientierung dienen können. In der Auseinandersetzung mit Ihren Bedürfnissen, Zielen und Werten hatten Sie sich ja bereits damit auseinandergesetzt, was Ihnen wichtig ist und wo Sie hin wollen. Jetzt geht es um die konkrete Frage, mit welchen Verhaltensweisen Sie das erreichen können. Dies ist nicht so offensichtlich, wie es vielleicht auf den ersten Blick erscheint. Denn um beurteilen zu können, welche Verhaltensweisen hilfreich sind, um unsere Bedürfnisse zu befriedigen, unsere Ziele zu erreichen und unsere Werte umzusetzen, müssen wir als Erstes möglichst sachlich objektiv einschätzen, wo wir selbst gerade stehen. Nehmen wir als Beispiel den Bereich „Sport“. Dieser kann sich auf unsere Bedürfnisse beziehen (z. B. meinem Bewegungsdrang nachzugehen) oder als ein Ziel formuliert werden (z. B. einen Halbmarathon zu laufen) oder als Wert in regelmäßiges Verhalten übersetzt werden (z. B. gesundheitsförderliches Verhalten: zweimal pro Woche für 45 Minuten ins Fitnessstudio gehen). Auf welcher dieser Ebenen Sie den Bereich „Sport“ ansiedeln, bleibt natürlich Ihnen überlassen, ebenso welchen Stellenwert Sie dem Thema generell geben, also welchen individuellen Maßstab Sie anlegen. Das Werkzeug des Pendels soll Ihnen dabei helfen, extreme Ausprägungen zu vermeiden, die in aller Regel mit erheblichen Konsequenzen in anderen Bereichen einhergehen. Wenn Sie zum Beispiel gar keinen Sport treiben, müssen Sie damit rechnen, dass dies langfristig erhebliche negative Effekte auf Ihre körperliche und psychische (!) Gesundheit haben wird. Treiben Sie andererseits extrem viel Sport, werden Sie dafür viel Zeit und Energie aufwenden müssen, die Ihnen dann eventuell in anderen Bereichen fehlen. Wenn Sie es „übertreiben“ kann dies ebenfalls negative gesundheitliche Langzeitfolgen haben (Leistungssportler haben nicht unbedingt die gesündesten Körper). Das Pendel soll Ihnen das Bild vermitteln, dass eine mittlere Position am ausgeglichensten bzw. angenehmsten ist. Wenn Sie in Ihrem Verhalten sehr stark auf eine Seite tendieren, dann ist generell ein ausgleichendes Verhalten auf der anderen Seite angezeigt um Ihr Gesamtwohlbefinden zu erhöhen. In unserem Sportbeispiel bedeutet dies, dass Sie darauf achten sollten, sich auch Ruhephasen zu gönnen, wenn Sie objektiv betrachtet bereits viel Sport treiben und dass Sie sich eher mehr bewegen sollten, wenn Sie bisher gar keinen Sport betreiben. Das Wort „objektiv“ ist dabei entscheidend, denn Personen, die bereits relativ viel

Sport betreiben, werden eher geneigt sein, noch mehr Sport zu betreiben, obwohl dies ab einem bestimmten Punkt keinen weiteren Zugewinn an Lebensqualität bringt, wohingegen Personen mit einem sehr bewegungsarmen Lebensstil häufig wenig Energie verspüren und denken, dies mit noch mehr Ruhe kurieren zu können, obwohl das entgegengesetzte Verhalten das Wohlbefinden steigern würde. Um zu dieser „objektiven“ Einschätzung zu kommen, können Sie zum Beispiel eine kleine Umfrage machen, wie viel Sport andere so treiben und ob Ihr Umfeld denkt, dass Sie zu viel oder zu wenig Sport treiben. Dies dient dazu, dass Sie ein realistisches Bild von sich bekommen. Natürlich sollen Sie grundsätzlich Ihre eigenen Maßstäbe wählen und sich nicht von der Bewertung einzelner Anderer abhängig machen. Aber auch hier gilt das Prinzip des Pendels: Das eine Extrem besteht darin, sich von einzelnen Meinungen beeinflussen zu lassen oder gar abhängig zu machen und das andere Extrem besteht darin, zahllose Rückmeldungen, die in die gleiche Richtung gehen, zu ignorieren. Auch hier empfiehlt es sich einen ausgeglichenen Weg zu wählen bzw. gegenzusteuern, wenn Sie sich sehr deutlich auf einer Seite befinden. Diese Idee der Ausgeglichenheit ist natürlich nicht neu, sondern wurde insbesondere bereits von Siddharta Gautama (genannt Buddha) als Weg der goldenen Mitte bezeichnet. Dem steht die menschliche Eigenschaft gegenüber, immer eher mit „mehr desselben“ zu reagieren. „Wenn Sport für mich gut ist, dann ist mehr Sport besser“. Das stimmt natürlich nur bis zu einem gewissen Punkt, ab dem „weniger mehr ist“. Das Werkzeug des Pendels können Sie also nutzen, um zu überprüfen, wo Sie – etwas gegebenenfalls grundsätzlich Hilfreiches – zu weit getrieben haben und Ihre Gesamtlebensqualität darunter leidet. Eine gute Basis, um diese Frage zu beantworten, stellen dabei Ihre Überlegungen zu Bedürfnissen, Zielen und Werten dar sowie die Zuhilfenahme Ihres aktuellen Zeitkreises.

Das Fundament

Wie ich bereits im Abschnitt zu Bedürfnissen, Zielen und Werten betont habe, sind insbesondere Ziele und Werte etwas, was jeder Mensch für sich individuell benennt. Daher können hier nicht für sämtliche erdenklichen Ziele und Werte und sämtliche Situationen, in denen Menschen sich befinden, konkrete Verhaltensweisen erarbeitet werden. Vielmehr habe ich Ihnen bisher eine Herangehensweise vermittelt, mit der Sie Ihre Ziele und Werte formulieren können sowie Werkzeuge an die Hand gegeben, mit denen Sie sich an die Ableitung konkreter Handlungsweisen herantasten können (Maßstäbe formulieren, Problemlöseprozess, Zeitkreis, Energieampel, Pendel). Für den Bereich der Bedürfnisse hatten wir zudem festgehalten, dass diese eine Allgemeingültigkeit besitzen, sodass es für alle Menschen sinnvoll ist, im Zuge der Sicherstellung ihres Wohlbefindens diese Bedürfnisse in ausreichendem Maße zu befriedigen. Unter Berücksichtigung des Prinzips des Pendels sollten Sie als Fundament für ein solides Wohlbefinden die folgenden Verhaltensgrundregeln berücksichtigen, bevor Sie sich auf die Umsetzung Ihrer sonstigen Ziele und Werte fokussieren. Bei den Aussagen zu den folgenden Bereichen handelt es sich um *grobe Richtlinien*! Sie stecken einen günstigen Bereich ab und sollen Sie dafür sensibilisieren, wo Sie persönlich sich möglicherweise in einem Extrembereich befinden, der naturgemäß aufgrund seiner Einseitigkeit erhebliche Nachteile mit sich bringt.

Schlaf

Die meisten Menschen benötigen sieben bis acht Stunden Schlaf, um sich ausreichend zu erholen. Einige benötigen etwas weniger, andere etwas mehr. Insgesamt kann man grob sagen, dass ein Bereich zwischen sechs und neun Stunden in der Regel unproblematisch ist. Sollten Sie regelmäßig weniger als sechs Stunden oder mehr als neun Stunden schlafen, sollten Sie nochmals gezielt schauen, ob Sie wirklich erholt sind. Die meisten von uns haben eine recht genaue Vorstellung davon, wie viel Schlaf wir benötigen. Falls Sie dies nicht auf Anhieb sagen können, experimentieren Sie mit der Schlafdauer (z. B. indem Sie für eine Woche jede Nacht eine halbe Stunde länger oder kürzer schlafen) und schauen Sie, ob Sie erholter oder weniger erholt sind. Wenn Sie so schlafen, dass Sie meistens am nächsten Morgen erholt sind, müssen Sie sich nicht weiter mit dem Thema beschäftigen und können es abhaken. Sind Sie hingegen unzufrieden mit Ihrem Schlaf und sind insgesamt am nächsten Morgen nicht erholt, können Sie auf folgende Aspekte achten, die den Schlaf beeinträchtigen *können**:

- Machen Sie keine Nickerchen tagsüber.
- Gehen Sie keinen „wachen" Tätigkeiten im Bett nach wie Lesen, Fernsehen, Handynutzung oder gar am Rechner zu arbeiten.
- Trinken Sie einige Stunden vor dem Zubettgehen keine Koffein-haltigen Getränke (Kaffee, schwarzer und grüner Tee, Cola, Energy-Drinks) und keinen Alkohol (der zwar schläfrig machen kann, aber die Schlafqualität mindert).
- Vermeiden Sie einige Stunden vor dem Zubettgehen sportliche Aktivität.
- Vermeiden Sie einige Stunden vor dem Zubettgehen größere Mahlzeiten.
- Lüften Sie Ihr Schlafzimmer und dunkeln Sie es möglichst gut ab.

---

* Können, NICHT müssen!

- Gehen Sie regelmäßig zu einer möglichst festen Zeit ins Bett und stehen Sie zu einer festen Zeit auf; die beiden Zeiten sollten ein Schlaffenster bilden, das Ihrem persönlichen Schlafbedürfnis entspricht.
- Entwickeln Sie vor dem Zubettgehen eine kleine Routine, die Ihrem Körper signalisiert, dass es langsam Richtung Schlafenszeit geht (z. B. einen koffeinfreien Tee trinken; aus einem Gedichtband lesen; eine beruhigende Musik hören; ein kleines Körperpflegeritual durchführen).
- Wenn Sie den Kopf noch „voll" haben und zum Grübeln im Bett neigen, schreiben Sie abends noch Ihre Gedanken nieder („Grübeltagebuch"; dies kann z. B. Teil Ihrer Abendroutine sein).

Wie gesagt: wenn Ihr Schlaf in Ordnung ist, brauchen Sie sich um diese sogenannten „Schlafhygieneregeln" keine Sorgen zu machen. Wenn Sie allerdings schlecht schlafen, sind dies die Punkte, auf die Sie achten können. Solange Sie gegen einen dieser Punkte verstoßen, haben Sie also noch „Luft nach oben", etwas zu verändern. Die Punkte, die in Ihrem Grübeltagebuch auftauchen, können Sie übrigens sehr gut dazu nutzen, sie tagsüber mit dem Problemlöseprozess zu strukturieren und mit konkreten Schritten anzugehen. Diese Arbeit kommt Ihnen dann auch zugute, wenn Sie im Bett liegen und die Themen aufkommen. Wenden Sie einfach die 4A-Methode an, um sich bewusst zu machen, was Sie beschäftigt und welche Gefühle das auslöst. Konzentrieren Sie sich darauf, die Aspekte zu akzeptieren, die Sie nicht ändern können. Halten Sie sich vor Augen, welche nächsten Schritte Sie sich überlegt haben für die Aspekte, an denen Sie etwas ändern können (die Sie ja als Ergebnis des Problemlöseprozesses dann zur Hand haben). Zum Bereich der Akzeptanz gehört dann auch, dass Sie nicht erzwingen oder aktiv herbeiführen können einzuschlafen. Dies können Sie sich ebenfalls bewusst machen, indem Sie sich sagen: „Es ist auch okay und erholsam, wenn ich wach liege." Wenn bestimmte Gedanken Sie dennoch nicht loslassen, obwohl Sie die genannten Schritte ausgeführt haben, können Sie zur „erlaubten Ablenkung" übergehen. Hierfür bietet sich eine gedankliche Aktivität an, die Ihren Verstand so weit beschäftigt, dass Sie abgelenkt sind, ohne so aktivierend zu sein, dass es Sie noch wacher macht. Bewährt hat sich in diesem Zusammenhang im Sinne einer Meditationsübung den Atem zu beobachten oder sich vor Ihrem geistigen Auge eine angenehme Landschaft (z. B. in den Bergen oder am Meer) vorzustellen. Diese Landschaft sollte außer Ihnen keine Personen enthalten. Malen Sie sich die Landschaft möglichst detailliert und mit allen Sinneswahrnehmungen aus. Bei hartnäckigen, unangenehmen Gedanken im Bett, probieren Sie ruhig auch mal Kopfrechenaufgaben aus (z. B. von 4278 fortlaufend 17 subtrahieren).

Ernährung

Ernährung ist ein Thema, das man unglaublich kompliziert machen kann. Zahlreiche Akteure tummeln sich auf dem Marktplatz der Ratgeber, um Ihnen ihre „Expertise" oder Produkte zu verkaufen. Selbst ein oberflächlicher Blick in die aktuelle seriöse Fachliteratur zu allem, was das Thema „Ernährung" betrifft, zeigt, dass Aussagen über Effekte von bestimmten Lebensmitteln oder einzelnen Stoffen immer nur unter sehr genau festgelegten Rahmenbedingungen für einen sehr genau festgelegten Personenkreis möglich sind. Veränderungen in der Menge des konsumierten Lebensmittels, dem gleichzeitigen Essen anderer Lebensmittel, der jeweiligen Personengruppe (Geschlecht, Alter, Erkrankungen etc.) können dabei zu gänzlich anderen

Aussagen führen. Eine klare Schlussfolgerung, die sich daraus auf einer übergeordneten Ebene treffen lässt, ist, dass es keine einzelnen allgemeingültigen Aussagen gibt, welche Lebensmittel in welcher Menge für alle Personen günstig oder „gesund" sind. Es ist auch individuell nahezu unmöglich, für sich selbst aufgrund von wissenschaftlichen Studien im Detail beurteilen zu wollen, wie man sich ernähren „sollte". Zum Glück ist es jedoch so, dass wir auch zum Thema „Ernährung" wieder unser Pendel nutzen können, um auszuschließen, dass wir uns in einem Extrembereich bewegen. Auf der obersten Ebene kann man sich demnach grundsätzlich zu viel oder zu wenig mit seiner Ernährung beschäftigen. Ein „zu viel" an Beschäftigung bemisst sich dabei zum einen an der Zeit und Energie, die Sie dem Thema widmen und zum anderen an der (mangelnden) Flexibilität, z. B. durch eine strikte Einteilung in „gesunde" und „ungesunde" Lebensmittel. Die Begriffe „gesund" und „ungesund" sind in Anführungszeichen gesetzt, da kein Lebensmittel oder noch allgemeiner kein Stoff per se „gesund" oder „ungesund" ist. Es gilt der oberste Grundsatz der Pharmakologie: „Die Dosis macht das Gift." Wenn Sie also relativ viel Zeit dem Thema „Ernährung" widmen – sodass andere wichtige Bereiche Ihres Lebens zu kurz kommen – oder sehr starr und strikt sind, was genau und wie Sie es zu sich nehmen, dann sind Sie eventuell auf der Seite, sich zu viele Gedanken über Ihre Ernährung zu machen. Sie könnten dann davon profitieren, das Thema etwas flexibler und „lockerer" anzugehen. Wie sähe nun das gegenteilige Extrem aus? Auf der simpelsten Ebene bestehen die extremen Ausprägungen einer mangelnden Auseinandersetzung mit der Frage nach einer „gesunden" Ernährung in einem generellen zu viel oder zu wenig sowie einer zu einseitigen Ernährung. Ein zu viel oder zu wenig bezieht sich auf die aufgenommene Kalorienmenge und steht dabei immer in Relation zur verbrauchten

Kalorienmenge. Alle anderen Aspekte – welche Lebensmittel(bestandteile) wie genau verstoffwechselt werden – treten in Bezug auf die Beurteilung eines reinen zu viel oder zu wenig in den Hintergrund. Das Ergebnis ist insofern grundsätzlich ein Kalorienplus oder -defizit, das entsprechend zur Gewichtszunahme oder -abnahme führt. Auch diese Entwicklung stagniert in den meisten Fällen ab einem gewissen Zeitpunkt, da ein höheres Körpergewicht bereits zur Aufrechterhaltung mehr Kalorien benötigt. Ein grober Anzeiger für eine ungünstige Menge bezüglich der Nahrungsaufnahme ist Über- und Untergewicht. Wann dieses oder jenes vorliegt, ist keine exakte Wissenschaft und über die Grenzbereiche kann man sich natürlich streiten. Einen soliden Anhaltspunkt bilden die Empfehlungen der Weltgesundheitsorganisation (WHO)*. Wenn Sie nach deren Definition im deutlich unter- oder übergewichtigen Bereich liegen, können Sie Ihr körperliches Fundament Ihres Gesamtwohlbefindens durch eine Bewegung in Richtung des mittleren Bereichs (denken Sie an das Pendel) deutlich verbessern. Gleiches gilt für zu große Einseitigkeit in der Ernährung, die sich in der Aufnahme großer Mengen bestimmter Lebensmittel und nur geringer oder gar keiner Aufnahme anderer Lebensmittel. Dies ist offensichtlich für die Aufnahme großer Mengen an Alkohol, gilt aber auch, wenn Sie sich ausschließlich von Cola, Schokolade und Kartoffelchips ernähren und kaum Obst, Gemüse oder proteinreiche Produkte zu sich nehmen. Als letzter allgemeiner Aspekt sei noch die Regelmäßigkeit der Nahrungsaufnahme erwähnt. Wenn wir auch hier unzählige Empfehlungen im Bereich der „Diäten" oder sonstiger Ernährungsideologien außen vor lassen, kann für den

---

* Laut WHO liegt Untergewicht bei einem Erwachsenen bei einem BMI $< 18{,}5\ kg/m^2$ vor. Normalgewicht bei einem BMI zwischen $18{,}5\ kg/m^2$ und $25\ kg/m^2$ und Übergewicht bei einem BMI zwischen $25\ kg/m^2$ und $30\ kg/m^2$. Ab einem BMI von $30\ kg/m^2$ spricht die WHO von Adipositas (Fettleibigkeit).

breiten Bereich „normaler" Ernährung gesagt werden, dass es grundsätzlich günstig ist, wenn Sie über den Tagesverlauf Ihre Nahrungsaufnahme relativ gleichmäßig verteilen. Das bedeutet nun nicht, permanent mit Essen beschäftigt zu sein, aber es bedeutet eben auch nicht, über größere Zeiträume gar nichts zu sich zu nehmen. Gar nichts zu frühstücken, fällt sicher in diese Kategorie. Aber spätestens, wenn Sie sich bis abends durchquälen, bevor Sie etwas essen, fällt dies sicher in den als extrem zu bezeichnenden Bereich. Letztlich dient die Nahrungsaufnahme der Bereitstellung von Energie, die für das körperliche und geistige (!) Funktionieren notwendig ist. Um ein gleichmäßiges, gutes physisches und psychisches Leistungsniveau zu etablieren, ist eben auch eine relativ gleichmäßige Nahrungsversorgung sinnvoll. Um Extreme zu vermeiden, können Sie folgende, kleine, allgemein gehaltene Checkliste durchgehen. Versuchen Sie dabei die Fragen für sich so zu beantworten, als würden Sie die Checkliste für eine andere Person durchgehen, die die gleichen Eigenschaften und Verhaltensweisen wie Sie besitzt. Deswegen habe ich die Leitfragen auch unpersönlich formuliert. Dies soll Ihnen helfen, die Fragen weniger subjektiv oder emotional getönt zu beantworten:

- Liegt (deutliches) Übergewicht oder Untergewicht nach den Kriterien der WHO vor?
- Liegen extreme Einseitigkeiten in der Ernährung vor (Aufnahme bestimmter Lebensmittel in großen Mengen und/oder völliges Fehlen bestimmter Lebensmittel(gruppen); zu letzterem gehören auch wenig sinnvolle, generelle „Verbote" z. B. von „Süßigkeiten" oder „fettigen Sachen")?
- Ist die Nahrungsaufnahme relativ gleichmäßig über den Tag verteilt (Faustregel: drei Hauptmahlzeiten plus zwei Snacks dazwischen)?

Mir geht es, wie gesagt, nicht darum, einen exakten Ernährungsratgeber zu verfassen, sondern darum, Ihnen vor Augen zu führen, dass Ihr Gesamtwohlbefinden auf einem Fundament aus Grundbedürfnissen ruht, zu dem ganz zentral auch die ausreichend (!) gute Befriedigung der körperlichen Bedürfnisse gehört. Ist dieses Fundament wackelig, stürzt das gesamte Gebäude des Wohlbefindens zusammen. Dies lässt sich leicht an extremen Beispielen verdeutlichen. Wenn man für mehrere Tage verhindert, dass jemand schlafen kann, lassen sehr schnell das körperliche und geistige Leistungsvermögen nach. Schließlich verschlechtert sich der Allgemeinzustand rapide und es treten unter anderem starke Halluzinationen auf, spätestens dann kann von einem Funktionieren oder „Klarkommen" geschweige denn von Wohlbefinden keine Rede mehr sein. Gleiches gilt letztlich auch für die Ernährung. Zum Beispiel ist deutliches Untergewicht nicht nur körperlich äußerst schädlich (und kann letztlich zum Tode führen), auch wird häufig die Wahrnehmung von Emotionen (möglicherweise sogar das körperliche Auftreten von Emotionen generell) massiv beeinträchtigt. Damit fehlen wichtige Informationen über den eigenen Zustand sowie möglicherweise über die Situation, in der man sich befindet. Mit einem unterernährten Menschen über Gefühle oder gar über den Sinn des Lebens zu reden ist ungefähr so sinnvoll, wie auf der sinkenden Titanic die Deckstühle zu arrangieren. Kann man machen, ist vielleicht sogar ganz hübsch, aber in der Zwischenzeit geht das ganze Schiff (samt den Deckstühlen) unter. Im Vergleich zu den tatsächlichen Passagieren der Titanic haben Sie dabei den Vorteil, dass Sie dem Untergang nicht hilflos ausgeliefert sind, sondern selbst für ein solides Fundament Ihres Wohlbefindens sorgen können. Kommen wir nach dem Schlaf und der Ernährung noch zu einem weiteren physiologischen Aspekt, bevor wir uns den nicht körperlichen Aspekten widmen.

Körperliche Aktivität versus Erholung

Auch dies stellt eine Dimension dar, die von einem zum anderen Extrem reicht. Wir können wieder die Vorstellung des Pendels heranziehen, um uns zu verdeutlichen, dass ein hilfreicher, ausgeglichener Zustand das beste Fundament für unser Gesamtwohlbefinden ist. Schauen wir uns zunächst also wieder die beiden Extreme an, die wir eher vermeiden sollten. Auf der einen Seite findet sich deutlich zu geringe Bewegung. Von „keine Bewegung" zu sprechen wäre dabei zu ungenau, da dies wirklich nur auf Komapatienten zutreffen würde. Der am weitesten verbreitete realistische Extremfall von „zu wenig Bewegung" dürfte jemand sein, der keiner gezielten Bewegungsaktivität um der Bewegung willen nachgeht – allgemein „Sport" genannt – und sich auch in seinem regulären Alltag sehr wenig bewegt und/oder sehr einseitiger Bewegung ausgesetzt ist. Dies trifft zum Beispiel auf Menschen zu, die generell geringe Wege zu Fuß (oder mit dem Fahrrad) zurücklegen und die keiner häuslichen oder beruflichen Tätigkeit nachgehen, die körperliche Aktivität verlangt. Klassische Beispiele sind Menschen mit Bürojobs (gegebenenfalls noch im Home-Office, also komplett ohne Arbeitswege) oder auch Teenager oder Studenten, die mehr oder weniger (un) produktiv vor einem Bildschirm „versacken". Aber auch ein zu viel an Bewegung (bzw. Sport oder allgemeiner: körperlicher Anstrengung) ist denkbar. Hier sei an Leistungssportler zu denken oder auch an Freizeitsportler, die „es übertreiben". Dieses „Übertreiben" kann sich äußern in übermäßiger Beanspruchung des Körpers oder einzelner Körperteile, woraufhin es zu Schäden vor allem am Bewegungsapparat kommen kann. Oder es kommt zu Ermüdungs- und Erschöpfungserscheinungen durch zu geringe Pausen und Erholungsphasen. Wie bei jeder übermäßigen Beschäftigung mit einer bestimmten Aktivität ist auch hier ein zusätzlicher Nachteil der dann ebenfalls übermäßige Zeit- und Energieaufwand, der das Risiko birgt, dass andere wichtige Lebensbereiche zu kurz kommen. Analog zum Thema „Ernährung“ kann und will ich auch beim Thema „Bewegung“ keine individuellen Empfehlungen aussprechen oder gar Trainingspläne aufstellen. Ich will Sie lediglich dazu anregen zu überprüfen, ob Sie sich bezüglich Bewegung und Erholung in einem der beiden Extrembereiche bewegen oder ob Sie sich in dem mittleren Bereich bewegen, der eine ausreichend gute Balance aus Bewegung und Erholung darstellt. Als ganz grobe Faustregel mag dabei dienen, ob Sie ungefähr zweimal pro Woche einer gezielten Bewegungsaktivität (sprich: Sport) für ca. 30–45 Minuten nachgehen. Neben dem positiven körperlichen Effekt gibt es seit einiger Zeit Metastudien*, die zu dem Ergebnis gekommen sind, dass Sport in diesem Umfang einen positiveren Effekt auf die Stimmung hat, als Antidepressiva. Ein ausbalanciertes Maß an Bewegung und Erholung ist somit erwiesenermaßen ein wichtiger Bestandteil des körperlichen und emotionalen Fundaments Ihres Wohlbefindens. Ob Sie nun in einer konkreten Woche einmal mehr oder einmal weniger Sport treiben oder 15 Minuten weniger oder 30 Minuten länger trainieren ist grundsätzlich nicht dramatisch, solange Sie die Extreme vermeiden. Die Intensität und die Art der Aktivität sind dabei – wie bei allen Maßstäben – von Ihrem aktuellen Status quo abhängig. Wenn Sie seit Jahren keinen Sport getrieben haben, macht es keinen Sinn sich zweimal 45 Minuten Hochintensitätstraining (HIT) als Einstieg vorzunehmen. Beginnen Sie lieber mit einem flotten Spaziergang oder leichtem Joggen für 10–15 Minuten oder machen für einige Minuten Übungen, die auch für Anfänger möglich

* Eine Metastudie betrachtet viele einzelne Studien zu einer bestimmten Fragestellung und fasst die Ergebnisse zusammen. Die Aussage einer Metastudie steht somit auf einer deutlich solideren Basis als die Aussage einer einzelnen Studie.

sind (z. B. Kniebeugen oder Liegestütze auf den Knien). Als Fazit zu diesem Abschnitt hier noch mal die grobe Richtlinie:

- Gehen Sie zweimal pro Woche für 30 bis 45 Minuten einer sportlichen Aktivität auf Ihrem Leistungsniveau nach.

Ebene der vier grundlegenden psychischen Bedürfnisse

Wir haben gerade für die allen Menschen gemeinsamen körperlichen Bedürfnisse gesehen, dass man sich damit bereits auf ausufernde Weise beschäftigen könnte, was nicht wenige Menschen auch tun. Daher habe ich mich auf sehr allgemeine generelle Überlegungen beschränkt, die notwendig sind, um ein *ausreichend* solides Fundament zu schaffen, auf dem das restliche Gebäude Ihrer sonstigen – psychischen, sozialen, emotionalen – Bedürfnisse sowie Ihrer Ziele und Werte ruht und von deren Erfüllung und Umsetzung Ihr Gesamtwohlbefinden abhängig ist. In noch stärkerem Maße gilt diese Unüberschaubarkeit für die psychischen Bedürfnisse. Mit den Feinheiten jedes Einzelnen ließen sich problemlos mehrere Bücher füllen. Daher kann ich Ihnen auch hierzu nur einige grundsätzliche Überlegungen an die Hand geben, anhand derer Sie die Thematik in die Umsetzung der 4A-Methode einbetten können. In Bezug auf Ihre Bedürfnisse heißt dies konkret: Ihre Bedürfnisse wahrzunehmen, deren Vorhandensein zu akzeptieren, Ihre Gedanken zu diesen Bedürfnissen auf Rationalität zu überprüfen und dahin gehend zu handeln, dass Sie eine angemessene Bedürfnisbefriedigung erreichen. Die vier psychischen Grundbedürfnisse, die wir uns an früherer Stelle bereits etwas genauer angeschaut hatten, schauen wir im Hinblick auf ihre Umsetzung in konkrete Verhaltensweisen dabei wieder als zwei Paare zusammengehöriger

Bedürfnisse an, die in gewissem Maße Gegenpole bilden. Der Aspekt der Gegenpole enthält dabei wieder die Idee des Pendels und das Anpeilen eines mehr oder weniger ausgeglichenen mittleren Bereichs.

Lustgewinn und Unlustvermeidung versus Erhöhung und Erhaltung des Selbstwerts

Bei dieser Dimension geht es um darum, in welchem Verhältnis die Zeiten zueinander stehen, in denen Sie sich „nach Lust und Laune" verhalten und in denen Sie Anstrengung aufbringen und sich „diszipliniert" verhalten. Beides ist wichtig für Ihr Gesamtwohlbefinden, geht aber nicht gleichzeitig bzw. Sie können aus Prinzip nicht beides zu 100 % erfüllen, da mehr vom einen immer auch weniger vom anderen bedeutet. Nehmen Sie erneut das gute alte „Pendel" zur Hand und versuchen Sie sich zu verorten, ob Sie in einem ausgeglichenen mittleren Bereich liegen, oder ob Ihr Pendel deutlich in eine der beiden Richtungen ausschlägt. Kommt die „Lustseite" zu kurz, dann können Sie sich als konkrete Verhaltensrichtlinie im Verlauf des Tages immer wieder einmal fragen: „Was möchte ich gerade?", oder „Was brauche ich gerade?" oder „Worauf habe ich gerade Lust?" und sich die entsprechend bewusst gemachten Bedürfnisse (vielleicht eine kurze Pause hier und da; eine Tasse Kaffee oder Tee; ein kleiner Spaziergang; etwas Süßes; ein kurzes Telefonat mit einer Freundin) zeitnah befriedigen. Wenn es Ihnen wie den allermeisten Menschen geht – da dies eher unserer Natur entspricht – wird Ihnen das vielleicht relativ leicht fallen und Ihr Pendel ist bereits mehr oder weniger deutlich auf der Lustseite. Unterrepräsentiert sind dann eher die Zeiten, in denen Sie Anstrengungen und Unangenehmes in Kauf nehmen, um *Ihre* mittel- und langfristigen Ziele zu erreichen oder Werte umzusetzen. Was können Sie also tun, wenn Ihnen dies bekannte „Monster mit den vielen Namen“ (Prokrastination, Disziplinlosigkeit, Trägheit, Gewohnheit, Sucht, Impulsivität, Hedonismus etc.) begegnet. Hier einige konkrete Schritte und Überlegungen, die kein Zaubermittel sind, um das Monster ein für alle Mal zu besiegen, aber das Beste auf den Punkt bringen, was Sie realistischerweise tun können:

- **Motivation klarmachen**: was immer die unliebsame Aufgabe ist, die ansteht, machen Sie sich bewusst, was Ihre dahinterliegende Motivation ist, was *Sie* mittel- oder langfristig erreichen wollen. Malen Sie sich diesen wünschenswerten Zustand möglichst bildlich und detailliert aus. Um diesen Effekt zu verstärken, können Sie Ihren Ziel- oder Wunschzustand visualisieren, indem Sie eine Zeichnung oder Collage dazu erstellen oder ein Foto auf Ihrem Handy oder in ausgedruckter Form bereithalten, auf das Sie immer wieder schauen. Auch ein konkreter Gegenstand kann Ihre Motivation symbolisieren (z. B. ein Füllfederhalter, um sich an Ihre Motivation zu erinnern, Ihre Gedanken aufzuschreiben oder ein Foto einer geselligen Szene, um sich zu motivieren auf andere Menschen zuzugehen).
- **Verpflichtung eingehen**: schließen Sie einen Pakt mit sich selbst oder besser noch mit Ihrem zukünftigen Selbst, dass Sie ab nun an einer bestimmten Sache arbeiten *wollen* und überprüfen Sie regelmäßig, wie gut Sie sich daran halten (dabei kann ein Tagebuch oder eine andere Art der „Buchführung“ helfen). Besonders hilfreich kann es sein, wenn Sie mit jemandem aus Ihrem Umfeld eine Vereinbarung treffen, was Sie angehen wollen. Bitten Sie die entsprechende Person, nachzufragen, wie Ihr Fortschritt ist und vereinbaren Sie Deadlines.

- **Versuchungen entfernen**: Verschaffen Sie sich einen Überblick darüber, was alles Versuchungen sind, die Sie von Ihrem Vorhaben abhalten oder ablenken. Wenn Sie auf Alkohol verzichten möchten oder Ihre Ernährung umstellen wollen, dann sorgen Sie dafür, dass Sie bestimmte Lebensmittel gar nicht zu Hause haben. Wenn Sie konzentriert arbeiten wollen, schalten Sie Ihr Handy auf lautlos oder aus und legen Sie es in einen anderen Raum. Dieses Prinzip funktioniert auch im umgekehrten Sinne: sorgen Sie dafür, dass Sie die Dinge, die Sie für Ihre „Aufgaben" benötigen, parat haben. Wenn Sie mehr Sport treiben wollen, stellen Sie Ihre Sportsachen vorher schon parat oder nehmen Sie Ihre Sporttasche bereits mit, damit Sie z. B. direkt von der Arbeit zum Schwimmen, Tennis, Fitnessstudio etc. gehen können.
- **Realistische Maßstäbe**: diesem Thema habe ich bereits ein ganzes Kapitel gewidmet. Insbesondere im Zusammenhang mit unliebsamen Aufgaben ist es wichtig, dass Sie *zum Einstieg* klein anfangen. Nehmen Sie sich etwas vor, dass Sie tun *„sollten"* (bzw. *wollen* im Sinne Ihrer tatsächlichen Motivation), das Sie auch tun *können* (also die Fähigkeit dazu besitzen) und das Sie vor allem auch tatsächlich tun *würden*! Machen Sie den ersten Schritt so klein, dass Sie selbst denken: „Das ist doch nichts." Es geht darum, dass Sie überhaupt beginnen. Wenn Sie erst einmal dran sind, nimmt das Ganze schon noch Fahrt auf. Legen Sie die Latte so niedrig, dass Sie nicht mehr darunter hindurchkriechen können!
- **Nicht auf den richtigen Moment warten**: der Moment, an dem alles passt, wird nicht kommen. Vor allem nicht, wenn zu diesem „richtigen Moment" auch die Komponente

gehört, dass Sie sich „danach fühlen" müssen oder „Lust darauf" haben. Wir reden ja gerade über Aufgaben, bei denen dies per definitionem nicht der Fall ist. Sie können ganz im Gegenteil die Wahrscheinlichkeit erhöhen, dass Sie eine unliebsame Aufgabe angehen, indem Sie sich bewusst machen, dass es sich unangenehm anfühlen wird, Sie keine Lust haben werden und Sie dennoch bewusst und aktiv „ja" dazu sagen. Dieses freiwillige Inkaufnehmen von Anstrengungen macht die Umsetzung sehr viel wahrscheinlicher und deckt sich mit den ersten beiden Schritten der 4A-Methode „Achtsamkeit" und „Akzeptanz". Den dritten Schritt „Analyse" können Sie ebenfalls nutzen, indem Sie sich einen rationalen Gedanken vor Augen führen, wie z. B.: „Ich werde zu keinem späteren Zeitpunkt mehr Lust haben, aber ich kann mir viel Quälerei und Selbstkritik ersparen, wenn ich es jetzt direkt angehe."

- **Ersten konkreten Schritt benennen**: Wenn Sie planen, wie Sie eine nervige Aufgabe angehen wollen, sollten Sie so konkret wie möglich werden. Erinnern Sie sich in diesem Zusammenhang an den Problemlöseprozess im vierten Schritt der 4A-Methode „Aktion" zurück. Dieser endet damit, zu einem bestimmten Thema einen konkreten ersten Schritt zu benennen. Vor allem bei Aufgaben, die Sie immer wieder vor sich her schieben, ist dies zentral. Mit „konkret" meine ich zum einen, dass dieser Schritt als ein Verhalten formuliert sein sollte. Im Einklang mit dem anfänglich niedrigen, realistischen Maßstab sollte dies der wirklich allererste Mini-Schritt sein, mit dem Sie die Aufgabe beginnen. Wenn Sie etwas am Computer zu bearbeiten haben, fokussieren Sie sich mental darauf, dass Sie zu Ihrem Rechner gehen, diesen einschalten und das entsprechende Programm öffnen, das Sie benötigen. Damit ist zumindest ein Anfang gemacht. Wenn Sie Ihre Wohnung sauber machen wollen, konzentrieren Sie sich zunächst darauf, zu Ihrem Abstellraum zu gehen und den Staubsauger zu holen und ggf. zusammenzusetzen. Der zweite Teil der Konkretisierung der Aufgabe besteht darin, dass Sie ganz genau festlegen, an welchem Tag um welche Uhrzeit Sie beginnen (und sich das am besten gleich notieren oder im Handy speichern, am besten samt Erinnerung). Sorgen Sie außerdem dafür, dass Sie nicht „aus Versehen" zu dem Zeitpunkt an einem anderen Ort sind oder etwas „Wichtigeres" zu tun haben. Wenn der Zeitpunkt schließlich gekommen ist, denken Sie nicht lange nach, ignorieren Sie auch ausnahmsweise mal Ihre Gefühle und Befindlichkeiten, und sagen Sie sich selbst: *„3-2-1-los!"*, und beginnen Sie mit dem ersten kleinen Schritt, den Sie sich überlegt hatten. Ein kleiner zusätzlicher Hinweis: wann immer dies möglich ist, gibt es keinen besseren Zeitpunkt als „jetzt".

- **Routine aufbauen**: mit einer unangenehmen Tätigkeit zu *starten*, ist in der Regel das Schwierigste. Daraus folgt, dass wir es uns leichter machen können, wenn wir nicht immer wieder von vorn beginnen. Dazu ist es sinnvoll, wenn wir von Anfang an eine gewisse Regelmäßigkeit einplanen. Die Energie, die Sie in eine regelmäßige Tätigkeit investieren müssen, ist zu Beginn am größten und nimmt mit der Zeit deutlich ab. Diesen Effekt nennt man gemeinhin Gewohnheit oder Routine. Eine Erfahrung, die wir alle schon gemacht haben. Nutzen Sie diese Erfahrung bei Ihrer Planung, indem Sie sich bewusst machen, dass Sie sich selbst das Leben damit leichter machen.

Es ist zudem ein zusätzlicher motivierender Faktor, sich klarzumachen, dass es Ihnen mit jedem Mal leichter fallen wird. Sie werden also nicht dauerhaft die Überwindung aufbringen müssen, wie zu Beginn. Eine Faustregel ist, dass die meisten regelmäßigen Tätigkeiten (bei täglicher Umsetzung) nach ca. vier bis sechs Wochen zur Routine werden. Dann fallen sie nicht nur leichter, sondern entwickeln sogar häufig einen angenehmen Charakter. Ganz zu schweigen von den handfesten positiven Effekten, die Sie erzielen werden. Die meisten Übungen im Anhang folgen dem Prinzip, dass sie kleine, machbare, realistische, konkrete Verhaltensweisen beinhalten, die Sie mit überschaubarer Energie innerhalb weniger Wochen zu einer Routine bringen können, sodass sie kaum noch bewusste Anstrengung benötigen und dauerhaft die positiven Effekte produzieren.

Bindung versus Kontrolle

Schauen wir uns nun die Bedürfnisdimension an, die vom extremen Bindungsbedürfnis einerseits bis zum extremen Kontrollbedürfnis andererseits reicht. Dabei ist vermutlich auf den ersten Blick nicht direkt ersichtlich, warum es sich bei diesen beiden Aspekten um die beiden Seiten einer Medaille handelt. Dies ist eine wichtige Realisierung, da es – ebenso wie bei der vorherigen Dimension, die vom Hedonismus einerseits bis zur Selbstwertsteigerung durch Disziplin andererseits reicht – bedeutet, dass Sie nie beides gleichzeitig zu hundert Prozent erreichen können. Extreme Ausprägungen von Bindung bedeuten eben totales eingebunden sein. Eingebunden sein ist, wie der Name bereits nahe legt, ein gebundenes Sein. Wer gebunden ist, ist abhängig (von Anderen, von Strukturen, von Rahmenbedingungen etc.).

Wer abhängig ist, ist nicht frei, insbesondere nicht frei in seinen Entscheidungen, zu tun und zu lassen, was er oder sie will. Und wer nicht frei über sein Verhalten entscheiden kann, hat auch keine Kontrolle. Zumindest keine hundertprozentige. Dieser grundsätzliche Gegensatz gilt natürlich nur für die Extreme, denn selbstverständlich gibt es dazwischen alle möglichen Grautöne aus einem gewissen Eingebunden sein und einer gewissen Kontrolle bzw. Freiheit bzw. Unabhängigkeit von äußeren Einflüssen. Sie merken vielleicht, dass sich auch hier viele innere Konflikte oder sogenannte „Probleme" auflösen können, wenn Sie sich klarmachen, dass Sie möglicherweise einen unrealistischen Anspruch an gleichzeitiges hohes Eingebunden sein und große Freiheit haben. Realistischer wäre hingegen, sich bewusst zu machen, dass Sie von dem einen etwas abgeben müssen, wenn Sie von dem anderen mehr haben möchten. Die Frage lautet also eher: Was ist Ihr bevorzugtes Verhältnis von eingebunden sein und Freiheit bzw. Kontrolle? Damit Sie diese Frage für sich zufriedenstellend beantworten können, möchte ich Ihnen einige Überlegungen zu den beiden Polen an die Hand geben. Beleuchten wir zunächst den Pol, der durch Kontrolle, Freiheit und Unabhängigkeit charakterisiert ist. An dieser Stelle geht es dabei nicht so sehr um elaborierte philosophische Überlegungen zum Thema „Freiheit" und auch nicht um die Frage, ob Sie wirklich unabhängig sind, wenn Sie nicht Ihre eigenen Lebensmittel anbauen (und selbst dann sind Sie abhängig vom Wetter und anderen Rahmenbedingungen). Vielmehr geht es um die praktische Unabhängigkeit, Freiheit und Kontrolle, die Sie haben, z. B. welchen Joghurt Sie kaufen, wo Sie ihn kaufen und ob Sie ihn kaufen, wen Sie treffen oder nicht treffen und wie Sie mit der Person umgehen, welche Ziele Sie auf welche Art verfolgen und welche eben nicht. Die gute Nachricht ist an dieser Stelle, dass Sie in jedem Fall die Freiheit und die Kontrolle über all diese Verhaltensweisen haben. Erinnern Sie sich in diesem Zusammenhang auch an den Abschnitt über das „Müssen" in Ihren Gedanken. Schon da haben wir gesehen, dass Sie prinzipiell nichts absolut – ohne Wenn und Aber – müssen. Es ist also in jedem Fall *Ihre* Entscheidung, wie viel Sie eingebunden sein wollen. Dabei kann es natürlich gut sein, dass Sie einiges oder vieles davon als Zwang erleben, keine Alternativen sehen, sich nicht trauen, aus Bindungen zu lösen oder tatsächlich nicht die entsprechenden Kompetenzen dazu besitzen, ohne die jeweilige Abhängigkeit klarzukommen. Dies ändert jedoch nichts daran, dass Sie die grundsätzliche Freiheit dazu besitzen. Unabhängigkeit und Kontrolle ist zudem – zum Glück – auf der fundamentalen Ebene der körperlichen Bedürfnisse gegeben bzw. relativ leicht umzusetzen. Sie sind von niemandem abhängig, um zu atmen und auch für Ihren Schlaf, Ihre Ernährung und Ihre Bewegung/Erholung brauchen Sie niemanden. Auf der gegenüber liegenden Seite dieser Freiheit/Kontrolle findet sich das Eingebunden sein. Eingangs sprach ich davon, dass wir in Strukturen und Rahmenbedingungen eingebunden sind, der wichtigste Aspekt, um den es uns hier gehen soll, betrifft allerdings das Eingebunden sein in Beziehungen. Da sich mit dem Thema menschlicher Beziehungen auch wieder unzählige Bücher füllen ließen – und bereits gefüllt wurden – möchte ich Ihnen hier ebenfalls wieder eine möglichst allgemeine Herangehensweise an die Hand geben, die Sie dann je nach Beziehung bis in die Feinheiten ausdifferenzieren können. Der Anspruch dieses Buchs besteht schließlich darin, Ihnen mit der 4A-Methode einen simplen, überschaubaren Ansatz an die Hand zu geben, der Ihnen einen Überblick über die Funktionsweise der menschlichen Psyche (Gedanken, Gefühle und Verhalten) verschafft und Ihnen ein Werkzeug bereitstellt, mit dem Sie alle erdenklichen Situationen meistern können. Mit „Beziehung" meine ich damit an dieser Stelle alle menschlichen Interaktionen, egal ob es sich um eine einmalige Begegnung mit einer Person an der Supermarktkasse, einen entfernten Bekannten, einen Arbeitskollegen, eine Freundin, ein Familienmitglied oder Ihren Lebenspartner handelt. Welche Beziehungen Sie führen wollen, was Sie in und von diesen Beziehungen möchten, zu wie vielen Menschen Sie in Beziehung stehen wollen, zu wem und mit wem Sie eine Beziehung haben wollen, kurz: *wie* Sie eingebunden sein wollen, müssen Sie dabei selbst entscheiden. Dieser Teil fällt in den Bereich Ihrer Bedürfnisse, Ziele und Werte. Wenn Sie diese Fragen für sich beantwortet haben, dann stellt sich die Frage, wie Sie diesen Weg am besten umsetzen können. Mit dieser Frage, welche konkreten Verhaltensweisen generell hilfreich sind in der Gestaltung all Ihrer Beziehungen zu anderen Menschen, beschäftigt sich der folgende Abschnitt.

Gestaltung von Beziehungen

Was sind die essenziellen Verhaltensweisen, Fähigkeiten, Kompetenzen, die aus meiner Sicht in allen menschlichen Interaktionen hilfreich sind, von der oberflächlichsten Begegnung bis zur intimsten Beziehung? Da ich Ihnen ein stimmiges Gesamtmodell anbieten möchte, lassen Sie uns die Antwort auf diese Frage möglichst logisch und rational aus dem bisher Gesagten ableiten. Wir befinden uns ja gerade immer noch im vierten und letzten Schritt der 4A-Methode: „Aktion". Sinn und Zweck dieses Schrittes ist es, in einer konkreten Situation – oder allgemein gesprochen: in möglichst vielen Situationen – ein möglichst hilfreiches Verhalten umzusetzen. Ob es „hilfreich" ist, muss sich dabei jeweils an *Ihren* Bedürfnissen, Zielen und Werten bemessen. Der Fokus auf *Ihr Verhalten* beinhaltet zudem, dass *Sie* eine Entscheidung treffen, was Sie tun und die *Kontrolle* über die Umsetzung der Entscheidung haben, d. h. Sie können das entsprechende Verhalten zeigen oder auch nicht. Dieser Aspekt verweist auf *Ihre Verantwortung*. Wir sollten also zunächst folgende Fragen beantworten, wenn es um die Interaktion in Beziehungen geht:

1. Wofür tragen Sie die Verantwortung?
2. Was wollen Sie?

Wenn Sie diese beiden Fragen beantwortet haben, gesellt sich eine weitere Frage auf natürliche Art und Weise dazu, nämlich:

3. Wie teilen Sie in den Bereichen, für die Sie eine Verantwortung tragen, mit, was Sie wollen?

Schauen wir uns diese drei relevanten Fragen etwas näher an.

– *Verantwortung*

Um sich wortwörtlich ein Bild von Ihrer Verantwortung zu machen, hat sich ein kleines Schaubild als besonders hilfreich erwiesen. Gehen wir erst einmal von dem – rein hypothetischen – Fall aus, dass Sie komplett autonom sind und in keine Beziehungen irgendeiner Art eingebunden sind. Sie haben die alleinige Kontrolle, die alleinige Entscheidungsgewalt und müssen niemandes Bedürfnisse, Wünsche, Ansprüche, Forderungen etc. berücksichtigen. Folglich tragen Sie die komplette Verantwortung für alle Belange – Entscheidungen, Verhaltensweisen, Konsequenzen – Ihres Lebens. Dies lässt sich wie folgt symbolisieren:

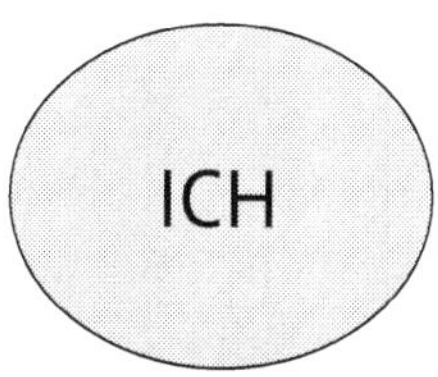

Komplizierter wird der Fall, sobald wir andere Personen mit ins Spiel bringen. In der Realität befinden wir alle uns in einem komplexen Beziehungsgefüge, da wir jedoch letztendlich unsere Beziehung mit jeder einzelnen Person „aushandeln" bzw. „regulieren" müssen, betrachten wir dieses Beziehungsgefüge als die Summe aus den jeweiligen Zweierbeziehungen. Dann ergibt sich für jede dieser Zweierbeziehungen folgendes schematische Bild:

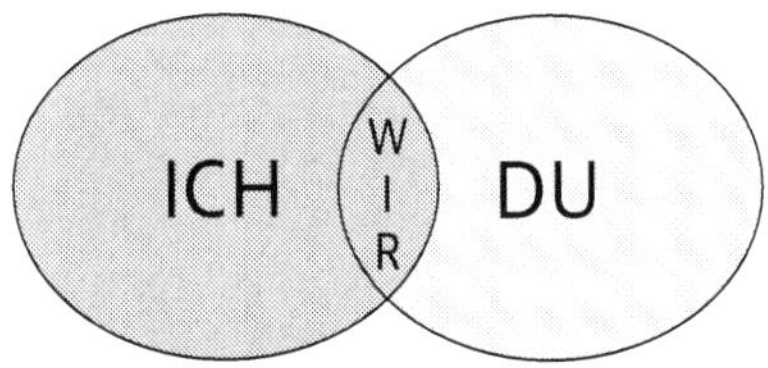

Hier ergeben sich nun drei unterschiedliche Verantwortungsbereiche, die wir auseinanderhalten müssen: Ihren ICH-Bereich, den DU-Bereich (das ist der ICH-Bereich der jeweils anderen Person) und den gemeinsamen WIR-Bereich. Neben unseren bisherigen grundsätzlichen Überlegungen kommt hier ein weiteres allgemeines Prinzip zum Ausdruck, das in Beziehungen eine große Rolle spielt. Dieses Prinzip äußert sich in der Symmetrie der obigen Abbildung. Das bedeutet, Sie können die Begriffe „ICH" und „DU" austauschen und es ändert sich nichts an dem Modell. Ihm liegt also die Grundannahme der Gleichwertigkeit oder „Augenhöhe" zugrunde. Dies ist – selbstverständlich (!) – *kein* „Gott gegebener" Wert, sondern ein Teil meines persönlichen Wertesystems. Ich kann Ihnen nur wärmstens empfehlen, diesen Wert auch zu übernehmen, da er sehr viele Vorteile *für das eigene Gesamtwohlbefinden (!)* mit sich bringt. Er passt sich insofern nahtlos in die 4A-Methode als Werkzeug zur „Auflösung aller Probleme" oder etwas prosaischer zur Steigerung Ihres Gesamtwohlbefindens ein. Abweichungen von diesem Wert der grundsätzlichen Gleichwertigkeit oder „Augenhöhe" unternehmen Sie bitte auf eigene Gefahr. Was auch aus rein rationaler und logischer Sicht für diesen Wert spricht, erläutere ich etwas ausführlicher im kleinen Exkurs zum Thema „Egoismus". Das Gegenteil dieses Wertes der Gleichwertigkeit oder „Augenhöhe" äußert sich in dem Prinzip der doppelten Standards. Dies bedeutet, dass man in bestimmten Bereichen an sich selbst andere Maßstäbe anlegt oder ein anderes „Regelwerk" anwendet, als an Andere. Die Prüfung, ob Sie das tun, besteht jeweils darin, sich in die andere Person hineinzuversetzen. Diese Fähigkeit zur Perspektivenübernahme – dies ist der Begriff, der eher die rationale Komponente betont – oder Empathie – dies ist der Begriff, der eher die emotionale Komponente betont – hilft Ihnen mögliche doppelte Standards aufzudecken. Ein simples Beispiel: wenn Sie sich tierisch aufregen, wenn jemand Anderes zu einer Verabredung zu spät kommt, Sie selbst aber häufig zu spät kommen und das in Ordnung finden, weil Sie immer „gute Gründe" haben, dann haben Sie in diesem Aspekt einen doppelten Standard. Die beiden Sichtweisen passen nicht zusammen, es sei denn für Sie gelten eben andere Regeln als für alle anderen Menschen. Da Menschen eine solche Inkohärenz (oder Inkonsistenz oder Dissonanz) nicht gut aushalten – das Gehirn liebt nämlich Kohärenz – führt dies häufig zur Ausblendung dieser Unstimmigkeit (fehlende Wahrnehmung im ersten Schritt der 4A-Methode), zum Ankämpfen gegen die Wahrnehmung und entsprechende Rückmeldungen von Anderen (fehlende Akzeptanz im zweiten Schritt der 4A-Methode: „Es ist nicht so!") und Generierung von allerlei Pseudoargumenten und „Rationalisierungen" (fehlende rationale Analyse im dritten Schritt der 4A-Methode). Das Resultat ist dann ein nicht-gleichwertiges („überhebliches", „arrogantes", „herablassendes", „narzisstisches") Verhalten (fehlendes hilfreiches Verhalten im Dienste des Gesamtwohlbefindens im vierten Schritt der 4A-Methode). Verfahren wir also weiter unter Annahme des Prinzips der Gleichwertigkeit. Dies äußert sich, wie gesagt, in der Symmetrie unseres kleinen Schaubilds zur Verantwortung. Konkret bedeutet dies, dass ich an mich dieselben Regeln anwende wie an mein Gegenüber (z. B. bezüglich Rechten und Pflichten). Dann gilt in Bezug auf die Verantwortung, dass ich für meinen ICH-Bereich alleinig verantwortlich bin, du für den DU-Bereich (sprich deinen ICH-Bereich) verantwortlich bist und wir beide für den gemeinsamen WIR-Bereich verantwortlich sind. Mit derselben Logik der Gleichwertigkeit ist es sinnvoll anzunehmen, dass jeder zu 50 % die Verantwortung für den WIR-Bereich trägt. In den WIR-Bereich fällt alles, was beide Personen gemeinsam betrifft. Offensichtlich ist dies bei allem, was Sie mit einer anderen Person *zusammen* tun. Das kann beispielsweise ein gemeinsames Essen, ein gemeinsamer Urlaub, eine gemeinsame Wohnung oder auch die Sorge für ein gemeinsames Kind sein. Die gemeinsame Verantwortung äußert sich darin, dass Sie beide das Recht haben, Ihre Sichtweise zu vertreten und *mit*zuentscheiden, aber auch die Pflicht. Gleiches gilt grundsätzlich auch für formalere Beziehungen, wie ein Arbeitsverhältnis oder einen Kauf/Verkauf von etwas. Auch an der Gestaltung solcher Beziehungen tragen Sie jeweils (sinnvollerweise) zu 50 % die Verantwortung. Ein guter Prüfstein ist dabei, ob die Interaktion auch zustande kommt, wenn Sie es nicht wollen und sich daraus zurückziehen. Das ist eine Möglichkeit, die Ihnen – außer in Extremfällen tatsächlichen Zwangs wie z. B. bei einem erzwungenen Aufenthalt im Gefängnis – immer bleibt. Der WIR-Raum ist also dadurch gekennzeichnet, dass er nur stattfindet, wenn beide Parteien grundsätzlich zur gemeinsamen Interaktion bereit sind und dass daher beide grundsätzlich die Möglichkeit (sowie das Recht und die Pflicht) haben, miteinander auszuhandeln, *wie* dieser WIR-Bereich zu gestalten ist. In Abgrenzung davon kann jeder für seinen jeweiligen ICH-Bereich selbst ohne das Einverständnis und das Zutun Anderer entscheiden und handeln. Simple Beispiele betreffen die Grundbedürfnisse Schlaf, Ernährung, Bewegung, aber auch die Frage, welche Kleidung Sie tragen, welche Hobbys Sie pflegen, welchen beruflichen und privaten Lebensweg Sie wählen und vieles andere mehr. Wenn nun eine andere Person versucht, ihren Einfluss und ihre Entscheidungsgewalt auf Ihren ICH-Bereich auszudehnen, bezeichnet man dies gemeinhin als „übergriffig". Gleiches gilt aufgrund der Symmetrie natürlich spiegelbildlich für den Fall, dass Sie versuchen auf den ICH-Bereich einer anderen Person zuzugreifen (aus Ihrer Sicht also auf den DU-Bereich). Da auch hier wieder unser Pendel Anwendung findet, sollten Sie reflektieren, ob Sie bezüglich des Themas „Übergriffigkeit" eher auf der einen oder eher auf der anderen Seite stehen. D. h., lassen Sie sich eher in Ihren Bereich hineinreden oder sind Sie eher versucht, Ihrem Gegenüber in seine Angelegenheiten hineinzureden? Es bietet sich dann an, bewusst gegenzusteuern, um im mittleren Bereich zu landen, in dem Sie weder übergriffig handeln noch übergriffiges Verhalten hinnehmen. Die Nachteile der beiden Extreme liegen dabei auf der Hand. Tolerieren Sie übergriffiges Verhalten, kommen Sie ergo weniger zu Ihren eigenen Rechten bzw. stellen Ihre Bedürfnisse, Ziele und Werte zurück. Sind Sie hingegen selbst übergriffig, beschneiden Sie die Rechte, Bedürfnisse, Ziele und Werte Ihres Gegenübers. Dies fördert offene oder versteckte Ressentiments beim Gegenüber und führt zu schlechten Beziehungen unter anderem durch passiv-aggressives Verhalten. Zudem führt diese Art doppelter Standards wie oben beschrieben zu Widersprüchen im eigenen Wertesystem, die letztlich das positive Selbstbild und Selbsterleben unterwandern. Die Anwendung des Schaubilds basierend auf der Überlegung von Gleichwertigkeit bezieht sich dabei auf

Erwachsene, nicht anderweitig eingeschränkte Personen. Dies hängt damit zusammen, dass das Modell nur Sinn macht, wenn die beteiligten Personen die Fähigkeit besitzen, Ihrer Verantwortung in Form von Entscheidungen und Verhaltensweisen gerecht zu werden. Aus offensichtlichen Gründen ist dies zum Beispiel Kindern, Haustieren sowie geistig und/oder körperlich massiv eingeschränkten Personen nicht vollumfänglich möglich. Wo diese Grenze genau verläuft, ist natürlich eine schwierige Frage. Dass ein Neugeborenes nicht komplett selbstverantwortlich sein kann, ist vermutlich unstrittig. Aber ab wann kann man von einem Menschen Selbstverantwortung verlangen? Mit zwölf, vierzehn, sechzehn, achtzehn, zwanzig oder erst mit dreißig Jahren? Diese Frage beantworten zum einen Gesetze, zum anderen müssen Sie sich diese Frage in konkreten Situationen selbst beantworten. Doch hier soll es nicht um strittige Ausnahmen gehen, sondern um den am häufigsten vorkommenden, typischen „Normalfall". Für diesen empfehle ich die Grundregel: Jeder erwachsene (und nicht massiv eingeschränkte) Mensch trägt für sich selbst – sprich seine Entscheidungen und sein Verhalten – die Verantwortung und damit zu 50 % die Verantwortung an der Gestaltung seiner (als Dyaden* gedachten) Beziehungen. Falls Sie diesem Grundmodell zur Verantwortung zustimmen und ihm folgen möchten, stellt sich als Nächstes die Frage, wie Sie dieser Verantwortung gerecht werden. Auch hierzu möchte ich Ihnen wieder auf der allgemeinsten möglichen Ebene eine Herangehensweise an die Hand geben, der Sie *immer* folgen können. Dies soll Ihnen ermöglichen, einen Überblick zu behalten, ein Gesamtverständnis zu haben, in dem Ihre Beziehungsgestaltung ein kohärentes Bild ergibt und schnell und einfach hilf-

* Dyade meint in diesem Zusammenhang die Betrachtung von Zweierbeziehungen anstelle der gleichzeitigen Betrachtung eines gesamten Beziehungsnetzwerks

reiche Handlungsstrategien abzuleiten, mit denen Sie nie falschliegen. Ein großes Versprechen, das darauf beruht, dass ich aus eigener Erfahrung weiß, wie gut dieses System funktioniert und es bereits zahlreichen Menschen vermittelt habe, die es ebenfalls als große Hilfe erlebt haben. Die entsprechende Richtlinie zur Wahrnehmung Ihrer Verantwortung lautet:

1. Machen Sie sich klar, was *Sie* wollen!
2. Setzen Sie das, was Sie wollen, in zielführendes Verhalten um!

Das kommt Ihnen wahrscheinlich sehr bekannt vor. Das liegt daran, dass die 4A-Methode auf Grundprinzipien beruht, die uns an verschiedenen Stellen immer wieder begegnen. Auch hier findet sich im ersten Punkt erneut die Frage nach unseren Bedürfnissen, Zielen und Werten wieder, denn diese beinhalten die Antwort auf die Frage, was wir wollen. Und im zweiten Punkt findet sich der Fokus auf die tatsächliche Umsetzung von konkreten Verhaltensschritten wieder, die uns unseren Bedürfnissen, Zielen und Wünschen näher bringen. Um diese konkreten Verhaltensschritte geht es nun erneut, da wir uns schließlich im vierten Schritt der 4A-Methode „Aktion“ befinden. Genauer gesagt befinden wir uns bei der Frage, wie Sie Ihrer Verantwortung in Form von konkretem Verhalten in Beziehungen gerecht werden können. Für die allgemeinen Überlegungen zu Bedürfnissen, Zielen und Werten sowie konkreten Verhaltensschritten für alles, was keinen direkten Bezug zu Beziehungen hat – physiologische Bedürfnisebene etc. – greifen Sie bitte auf die vorherigen Kapitel zurück. An dieser Stelle beziehen wir das bisher Erarbeitete mit ein und widmen uns der Beantwortung der beiden Fragen mit besonderem Fokus auf das Thema „Beziehungen“. Unter diesem Blickwinkel geht es also darum, was Sie in oder von oder für die Beziehung wollen. Den Begriff des

„Wollens" können wir dabei aufteilen in das, was Sie wollen und das, was Sie nicht wollen oder etwas plakativer formuliert in das, wozu Sie „Ja" sagen und das, wozu Sie „Nein" sagen.

- Stellung beziehen

> „Nur noch konkret reden, gib mir ein 'Ja' oder 'Nein',
> Schluss mit Larifari, ich lass' all die alten Faxen sein."
>
> \- PETER FOX -

Die oberste Richtlinie für Beziehungen, an der Sie Ihr Verhalten orientieren können, besteht darin, sich im ersten Schritt bewusst zu machen, wozu Sie „Ja" sagen und wozu Sie „Nein" sagen und dies im zweiten Schritt dann zu kommunizieren, also der jeweils betreffenden Person mitzuteilen. Da der zweite Schritt nicht ohne den ersten funktioniert, müssen Sie sich nicht wundern, wenn eine Beziehung „schiefläuft", wenn Sie selbst keine Vorstellung davon haben, was Sie wollen und was Sie nicht wollen, was „okay" für Sie ist und was „nicht okay" für Sie ist, wozu Sie „Ja" und wozu Sie „Nein" sagen. Haben Sie sich darüber einigermaßen Klarheit verschafft, ist es ebenfalls erforderlich für das Gelingen der Beziehung insgesamt bzw. der jeweiligen einzelnen Interaktion, dass Sie das auch kommunizieren. Während Sie für Ihren (reinen) ICH-Bereich selbst sorgen (also für sich selbst „Ja" dazu sagen, was Sie wollen) ist Ihre Aufgabe in Bezug auf Ihren ICH-Bereich in Beziehungen immer dann „Nein" zu sagen, wenn jemand versucht in Ihren ICH-Bereich einzugreifen, also übergriffig zu werden. Die Fähigkeit, diese Art von „Nein" zu kommunizieren, bezeichnen wir als „Abgrenzen". Da Sie sich spiegelbildlich gesehen aus dem ICH-Bereich der jeweils anderen Person heraushalten sollten, sollten Sie aus Ihrer Sicht zu dem reinen DU-Bereich jeweils „Ja" sagen. Diesen Aspekt kann man als Akzeptanz bezeichnen, der wir uns ja ausführlich im zweiten Schritt der 4A-Methode gewidmet haben. In Bezug auf eine Beziehung oder Interaktion können Sie diese Akzeptanz gerne aktiv betonen grundsätzlich müssen Sie aber eigentlich nichts tun, vielmehr besteht Akzeptanz zentral im Unterlassen des Bekämpfens von etwas, in diesem Fall das Unterlassen des Bekämpfens dessen, was die andere Person innerhalb ihres eigenen ICH-Bereichs tut. Soweit so gut – und relativ einfach, was die grobe Richtung betrifft. Interessant wird es, wenn wir uns den gemeinsamen WIR-Bereich anschauen. Dieser beinhaltet alle gemeinsamen Aspekte, angefangen bei der Art und Weise, wie man miteinander kommuniziert bis hin zu jeder erdenklichen Art gemeinsamer Aktivität. Wie bereits an früherer Stelle angedeutet, ist jeder einzelne Aspekt dieses gemeinsamen WIR-Bereichs (abgesehen vom gegebenen rechtlichen Rahmen) grundsätzlich Verhandlungssache. Daraus erwächst Ihre Verantwortung (und damit sowohl Ihr Recht als auch Ihre Pflicht), Ihre Verhandlungsposition deutlich zu machen, also mitzuteilen, was Ihr Standpunkt ist, sprich: Was Sie wollen und was Sie nicht wollen. Beachten Sie nochmals: *was* genau Sie wollen und nicht wollen, sollten Sie sich vorher überlegt haben. Wenn Sie sich in eine Verhandlung – oder weniger technisch gesprochen in eine einzelne Interaktion bzw. in eine längerfristige Beziehung – begeben, ohne sich vorher überlegt zu haben, was Sie wollen, müssen Sie sich nicht wundern, wenn das Resultat nicht Ihren Wünschen entspricht. Im besten Fall ist der Ausgang reine Glückssache. Die einzig Erfolg versprechende Alternative ist daher die explizite Kommunikation Ihrer vorher überlegten Vorstellungen, wie die betreffende Interaktion aussehen soll. Wenn beide Interaktionspartner dies in ausreichendem Maße* tun, gibt es zunächst nur zwei Situationen, die daraus entstehen können: Man ist sich einig

* Nobody is perfect. Es geht eher darum, ob Sie grundsätzlich der Richtlinie folgen, Ihre Präferenzen und Bedingungen für die Interaktion zu kommunizieren.

oder man ist sich nicht einig. Wenn Sie sich einig sind, können Sie die gemeinsame Aktivität auf die gemeinsam gewünschte Art und Weise durchführen. Dies ist offensichtlich der simplere Fall, für den Sie in reibungsloser Eintracht fortfahren können. Für den Fall, dass Sie sich nicht einig sind, sprechen wir im sachlichen, objektiven Sinne von einem „Konflikt“. Betonen möchte ich dabei die Betrachtung eines solchen Konflikts als „sachlich“ und „objektiv“. Für viele Menschen ist der Begriff „Konflikt“ mit der Vorstellung eines „Streits“ verbunden, der mehr oder weniger „ausarten“ und „unschön“ oder „aggressiv“ werden kann. Das muss natürlich nicht sein. Verstehen Sie einen solchen Konflikt zunächst nur als eine Situation, in der die zwei betroffenen Personen unterschiedliche Standpunkte, Wünsche, Vorstellungen oder Meinungen haben. Kein Grund, sich an die Gurgel zu gehen! Wenn wir davon ausgehen, dass das Ignorieren des Konflikts unter gleichzeitiger Fortsetzung der Interaktion nachteilige Konsequenzen mit sich bringt – und davon würde ich immer ausgehen* - , stellt sich die Frage, welche Möglichkeiten der Auflösung eines Konflikts es gibt. Eine beliebte und bewährte Auflösung eines Konflikts besteht in einem Kompromiss, also der Einigung auf einen wie auch immer gearteten Mittelweg. Der alte Leitspruch, dass Sie einen guten Kompromiss daran erkennen, dass beide Seiten unzufrieden sind, ist hilfreich, denn ein Kompromiss bedeutet immer auch, dass Sie von Ihrer

---

* Die Auflistung möglicher mentaler, emotionaler und lebenspraktischer Nachteile von fortbestehenden Konflikten würde an dieser Stelle zu weit führen. Wenn Sie sich in einer Beziehung mit einem fortbestehenden, nicht adressierten Konflikt befinden, ist die Empfehlung, dass Sie sich die konkreten Nebenwirkungen auf den unterschiedlichen benannten Ebenen möglichst bewusst vor Augen führen (erster Schritt der 4A-Methode) und akzeptieren (zweiter Schritt der 4A-Methode). Der Text verfährt an dieser Stelle weiter mit dem dritten Schritt der 4A-Methode (Analyse) und zeigt auf, welche Möglichkeiten der Konfliktauflösung (vierter Schritt der 4A-Methode: Aktion) zur Verfügung stehen.

eigentlichen Position ein Stück weit abrücken müssen. Das sollten Sie besser akzeptieren, wenn Sie Kompromisse möglich machen wollen. Die zweite Alternative einer Konfliktauflösung besteht darin, sich auf den Standpunkt von Person A *oder* auf den Standpunkt von Person B zu einigen. Dies kann man kurzfristig als ein „Nachgeben" oder „Durchsetzen" interpretieren. Langfristig ist es dabei hilfreich, mehrere Interaktionen als ein Spiel aus Geben und Nehmen zu betrachten und unter dem Blickwinkel der Gleichwertigkeit oder Augenhöhe auf eine gewisse Balance aus Geben und Nehmen zu achten. Ansonsten entsteht eine eher asymmetrische Beziehung. Auch das ist natürlich möglich, *wenn* beide Parteien das wollen! Eine dritte und letzte Möglichkeit einen Konflikt aufzulösen, besteht schließlich darin, dass man explizit konstatiert, dass man sich in Bezug auf den konflikthaften Aspekt nicht einigen kann bzw. will. Das ist das berühmte „Agree to disagree.", was insbesondere bei reinen Meinungsverschiedenheiten (z. B. zu politischen Themen) die keine direkten praktischen Auswirkungen auf die Situation der betroffenen Personen haben, eine gute Lösung darstellt, die die „Spannung" aus dem Konflikt nehmen kann. Beziehen sich die unvereinbaren Standpunkte auf eine konkrete gemeinsame Aktivität, besteht die Möglichkeit, dass jeder in Bezug darauf seinen eigenen Weg geht („sein Ding macht") und man wieder bei etwas zusammenkommt, worüber Einigkeit herrscht. Bleiben keine Gemeinsamkeiten übrig oder besteht Uneinigkeit über die grundsätzliche Art und Weise des Umgangs miteinander, dann ist die naheliegende Lösung den Kontakt abzubrechen und komplett getrennter Wege zu gehen. Die Basis all dieser Konfliktlösungen ist dabei, dass Sie sich überlegt haben, was Sie wollen und nicht wollen und dies kommunizieren. Beschäftigen wir uns im folgenden Abschnitt nun noch mit der Frage, *wie* Sie dies idealerweise kommunizieren sollten.

– *Selbstsicheres Verhalten als Königsweg*

Glücklicherweise können wir auch hier wieder auf unser bewährtes Hilfsmittel des Pendels zurückgreifen. Bei der Art und Weise, wie wir unser klares „Ja" oder klares „Nein" kommunizieren, versuchen wir nämlich wieder uns an einem optimalen Mittelweg zu orientieren. Schauen wir uns zur Verdeutlichung zunächst einmal die beiden Extreme an, die wir lieber vermeiden sollten. Diese lassen sich zum Beispiel als der „defensive" und der „offensive" Pol bezeichnen. Der „defensive" Pol ist dadurch gekennzeichnet, dass man sein „Ja" und sein „Nein" zu wenig oder zu schwach oder auch gar nicht zum Ausdruck bringt. Andere Bezeichnungen bzw. Beschreibungen für diesen Pol sind „unsicher", „ängstlich", „vermeidend" oder „sozial angepasst (people pleasing)". Demgegenüber steht der „offensive" Pol, den wir auch als „aggressiv", „übergriffig", „dominierend", „unempathisch", „narzisstisch", „asozial (im wörtlichen Sinne: soziale Belange nicht berücksichtigend)" bis hin zu „antisozial (gegen Andere gerichtet)" bezeichnen können. Die Nachteile dieser extremen Ausprägungen liegen mehr oder weniger auf der Hand: wenn Sie zu defensiv kommunizieren, was Sie wollen und nicht wollen, dann kommen Sie mit Ihren Bedürfnissen, Zielen und Werten weniger zum Zug und laufen Gefahr, dass Andere die Initiative ergreifen und deutlich mehr zum Zug kommen und Sie sich übervorteilen lassen. Wenn Sie auf der anderen Seite zu offensiv agieren, besteht die Hauptgefahr darin, dass Ihre Beziehungen darunter leiden, da *Sie* andere übervorteilen, dominieren, einschüchtern etc. und daher – meist verdeckte – Ressentiments schüren, die die Beziehungsqualität beeinträchtigen. Wie bereits ausgeführt ist zudem bei beiden Polen Ihre innere psychische Kohärenz gestört, da Sie unterschiedliche Maßstäbe an sich und an Andere anlegen und

Inkohärenz beeinträchtigt das Wohlbefinden. Dies trifft sowohl auf eine rein innere Inkohärenz zwischen den Erwartungen an sich selbst und an Andere zu als auch für eine Inkohärenz zwischen den eigenen Erwartungen an sich und seinem eigenen Verhalten. Als Richtlinie bietet sich daher mal wieder der Mittelweg zwischen den beiden Extrempolen als besonders vielversprechend an, da er die Berücksichtigung der direkten eigenen Bedürfnisse ebenso beinhaltet wie die Berücksichtigung der – ebenfalls *eigenen* – sozialen Bedürfnisse über den „Umweg" der Berücksichtigung der Bedürfnisse Anderer. Zu diesem Schluss kann man auch gelangen, wenn man die Dimension von „defensiv" bis „offensiv" durch die Kohärenzbrille betrachtet, also gleiche Standards an sich und das Gegenüber anlegt. Eine Beziehungsgestaltung, in der beide Parteien offensiv agieren, führt zwangsläufig zu permanenten Kämpfen und Konflikten. Eine Auflösung ist im Rahmen des „offensiven Modus" im Grunde genommen gar nicht vorgesehen, da keine Seite bereit ist, nachzugeben oder einen Kompromiss zu machen. Zwei Menschen, die hauptsächlich im offensiven Modus unterwegs sind, bleiben nur die Optionen zu kämpfen oder sich aus dem Weg zu gehen (oder sich in allem einig zu sein, was aber eine rein theoretische Option ist). Zwei Menschen, die beide im defensiven Modus unterwegs sind, werden zwar selten oder nie aneinander geraten (wie auch, wenn keiner seinen Standpunkt vertritt). Der Preis für diese „Harmonie" ist, dass es zu einer Art „Lähmung" kommt, in der keine Entscheidungen getroffen werden, da niemand das Heft in die Hand nimmt und beide dies vom jeweils Anderen erwarten. Schlimmstenfalls führen diese beiden eine Beziehung ohne Konflikte, bei der trotzdem beide nicht zur Befriedigung ihrer Bedürfnisse kommen, weil sie nicht dafür eintreten. Grundsätzlich „passen" daher ein Mensch im defensiven Modus und ein Mensch im offensiven Modus „gut" zusammen nach dem Schlüssel-Schloss-Prinzip. Andererseits sind dann beide auch auf ihre jeweiligen Rollen und deren spezifische Nachteile (s. o.) festgelegt. Bleibt als einzig sinnvoller Ausweg der berühmte Mittelweg. Er vereint die Vorteile beider Pole (das Eintreten für die eigenen Bedürfnisse einerseits und die soziale Verträglichkeit andererseits), vermeidet dabei die jeweiligen Nachteile (Zurückstellen der eigenen Bedürfnisse bzw. Belastung/Schädigung sozialer Bindungen) und folgt dem Prinzip der Gleichwertigkeit bzw. Augenhöhe (keine doppelten Standards) und fördert daher die psychische Kohärenz. Also ein wahres Wundermittel ohne nennenswerte Nebenwirkungen, das Sie zudem in *jeder* sozialen Interaktion anwenden können und das Sie selbst in der Hand haben, da es ein Verhalten ist, das Sie lernen und zeigen können. Als konkretes Verhalten bringt es außerdem einen objektiven Maßstab in die Gestaltung von Beziehungen ein, an dem Sie sich messen können (anstatt an der Reaktion Ihres Gegenübers, was im Einzelfall nicht besonders aussagekräftig ist). Auf diese Art bringen Sie auch in die Gestaltung von Beziehungen ein Maß an Autonomie und Kontrolle, das viele sich wünschen. Der „Trick" ist dabei, von der Idee wegzukommen, den Anderen kontrollieren zu wollen oder gar zu müssen und sich stattdessen auf die Kontrolle des eigenen Verhaltens zu konzentrieren. Damit werden Sie Ihrer Verantwortung gerecht und belassen die Verantwortung für die Reaktion dort, wo sie hingehört: bei Ihrem Gegenüber. Wie Sie vielleicht bemerken, ist es mir wichtig, Ihnen möglichst lückenlos aufzuzeigen, auf welchen Überlegungen dieser Ansatz beruht. Damit können Sie vielleicht nachvollziehen, ob dies für Sie Sinn ergibt und sich in das stimmige Gesamtmodell menschlichen Denkens, Fühlens und Verhaltens einfügt, das ich Ihnen mit der 4A-Methode vermitteln möchte. Je besser Sie komplexe Situationen mit diesem relativ simplen, rationalen Grundmodell erfassen und konkrete Handlungen daraus ableiten können, desto hilfreicher wird dieses Werkzeug für Sie sein. Ein guter Zeitpunkt, um meine Bitte aus dem Vorwort nochmals aufzugreifen: Glauben Sie mir nichts blind! Nutzen Sie bitte Ihren Verstand, um meine Ausführungen nachzuvollziehen und zu überprüfen, ob Sie meine Argumente überzeugen. Wenn Sie es überzeugend finden, probieren Sie es aus, denn der vierte Schritt der 4A-Methode „Aktion" ist derjenige, in dem Sie die „PS auf die Straße bringen". **Wissen alleine ist schön und gut, aber erwarten Sie keine messbaren Effekte, wenn Sie es nicht anwenden!** Die konkreten Verhaltensweisen, um den Mittelweg umzusetzen, fassen wir zusammen unter dem Begriff „selbstsicheres Verhalten". Jeder einzelne Aspekt ist beobachtbar und erlernbar, wie jedes andere Verhalten auch. In der folgenden Tabelle* finden Sie die zentralen (Teil-)Verhaltensweisen, aus denen sich selbstsicheres Verhalten zusammensetzt sowie objektive Merkmale für die unerwünschten Ausprägungen zu defensiven und zu offensiven Verhaltens.

Ihr Zielverhalten sollte immer im selbstsicheren Bereich liegen. Auch und gerade in Konflikten ist es nicht notwendig, in den offensiv-aggressiven oder den defensiv-ängstlichen Bereich zu wechseln. **Alles, was man sagen kann – sprich: jeden Standpunkt, den man inhaltlich vertreten kann – kann man auch selbstsicher äußern!** Um es noch einmal anders zu formulieren: alles, was Sie wollen oder nicht wollen (Ihr klares „Ja" oder „Nein"), können Sie grundsätzlich auf selbstsichere Art und Weise vertreten. Lediglich, wenn Ihr Gegenüber sich auf eine klar grenzüberschreitende Art und Weise verhält und Sie sich verteidigen müssen, kann *ab einem bestimmten Zeitpunkt* eine

---

* Tabelle in Anlehnung an die Kriterien unsicheren, selbstsicheren und aggressiven Verhaltens (Pfingsten, J. & und Wittmann, S., 2010, Soziale Kompetenz kann man lernen. Beltz Verlag).

	(ZU) DEFENSIV	SELBSTSICHER	(ZU) OFFENSIV
Verbal (Inhaltlicher Aspekt der Sprache)	• Fokus auf Man-Aussagen • Vage, indirekte Formulierungen insbesondere der eigenen Bedürfnisse und des eigenen Standpunkts	• Fokus auf Ich-Aussagen • Klares, direktes Äußern der eigenen Bedürfnisse und des eigenen Standpunkts	• Fokus auf Du-Aussagen (Anschuldigungen, Drohungen, Vorwürfe) • Vehementes, aggressives Beharren auf eigenen Bedürfnissen und Standpunkten
Nonverbal (Körpersprache)	• Vermeidung von Blickkontakt • Sich klein machende, kauernde, geduckte Körperhaltung	• Halten von Blickkontakt (insbesondere wenn die andere Person redet; bei eigener Rede ist gelegentliches Wegschauen angemessen) • Offene, lockere, aufrechte Körperhaltung	• Starren und „fixieren" der anderen Person • Drohende, sich aufbauende Körperhaltung, geballte Fäuste etc.
Paraverbal (Art und Weise des Sprechens)	• Leise • Schnell • Monoton	• Mittlere Lautstärke • Mittlere Geschwindigkeit • Lebhaft	• Sehr laut bis schreiend • Langsam, jedes einzelne Wort betonend • Befehlston oder belehrend

Abbildung 6. Merkmale defensiven, selbstsicheren und offensiven Verhaltens.

Eskalation angezeigt sein. Diese Eskalation können Sie über folgende vier Stufen vollziehen:

- Äußern Sie unter Verwendung der selbstsicheren Verhaltensweisen klar Ihren Standpunkt, im Falle einer Grenzüberschreitung also Ihr „Nein“ (z. B.: „Das ist nicht in Ordnung. Lassen Sie das < *konkretes Verhalten einsetzen* > sein!“).
- Wenden Sie die „Technik der hängenden Schallplatte“ an: wiederholen Sie Ihre Aussage von Punkt 1 wortwörtlich. Wenn es sein muss, drei- bis viermal.
- Wenn das Verhalten fortbesteht, eskalieren Sie die paraverbale und die nonverbale Ebene in Richtung der offensiven Merkmale (werden Sie z. B. mit jeder Wiederholung der Aussage jeweils *etwas* langsamer, betonter, eindringlicher, lauter unter Beibehaltung eines fixen Blickkontakts).
- Beharrt die andere Person dennoch auf ihrer Grenzüberschreitung, verlassen Sie die Situation! Diese Möglichkeit bleibt Ihnen immer – außer in Extremsituationen körperlichen Zwangs oder körperlicher Gewalt – und Sie benötigen dazu *nicht* die Zustimmung der anderen Person.

Erfahrungsgemäß lassen sich Eskalationen meistens vermeiden, wenn Sie sich auf selbstsichere Verhaltensweisen konzentrieren und sich, wenn nötig, rechtzeitig (!) abgrenzen, wenn Ihnen ein Verhalten einer anderen Person nicht zusagt. Je früher Sie eine Grenze ziehen, desto weniger vehement müssen Sie selbst auftreten und desto ruhiger oder auch bestimmt freundlicher können Sie bleiben. Achten Sie in Abgrenzungssituationen aber unbedingt darauf, dass Sie Ihr inhaltliches „Nein“ nicht durch zu defensive Signale unterwandern (zu leise reden, zu vages drum herumreden oder Verwenden von „man“, zu viel lächeln/zu freundlich sein, Blickkontakt vermeiden etc.). Außer in eskalierenden Abgrenzungssituationen fahren Sie immer am besten, wenn Sie sich im selbstsicheren Bereich bewegen. Das hat den enormen Vorteil, dass Sie in einer Situation nicht erst überlegen müssen, ob Sie sich jetzt defensiv, selbstsicher oder offensiv verhalten sollten. Auch spielt es keine Rolle, wer Ihr Gegenüber ist. Gegenüber einem Kind, einem Ehepartner, seinen Eltern, Freunden, Arbeitskollegen, Vorgesetzten, „Untergebenen" oder auch dem „Kaiser von China" oder dem Papst können Sie auf die selbstsichere Weise begegnen und Sie liegen niemals falsch. Es ist für jede Gelegenheit eine sichere Bank und eine gute Leitlinie dafür, was *Sie* zu gelingenden sozialen Interaktionen beitragen können. Die anderen 50 % zum Gelingen muss dann die jeweils andere Person beisteuern.

Eine kurze Überlegung zum Thema „Egoismus"

> „Ein Egoist ist ein unfeiner Mensch, der für sich mehr Interesse hat als für mich."
>
> – AMBROSE G. BIERCE –

An dieser Stelle scheint es mir angezeigt, kurz etwas zum Thema „Egoismus" zu sagen, da mir bei der Vermittlung des Gesamtmodells der 4A-Methode häufig die Frage gestellt wird: „Aber ist das Vorgehen nicht zu egoistisch?". Die Frage ist oberflächlich betrachtet naheliegend. Schließlich geht es um *meine* Gedanken, *meine* Gefühle, *mein* Verhalten, *meine* Prägung, *meine* Bedürfnisse, *meine* Ziele, *meine* Werte und das alles im Dienste *meines* Gesamtwohlbefindens. So weit, so richtig. Wie so häufig in diesem Buch sollten wir uns etwas eingehender, differenzierter und rationaler mit der Frage beschäftigen, bevor wir sie beantworten. Dafür müssen wir mal wieder schauen, was wir mit „egoistisch" eigentlich meinen und was von dem Egoismusvorwurf zu halten ist. Ein guter Startpunkt dafür ist das Zitat von Ambrose G. Bierce zu

Beginn dieses Abschnitts, das vielleicht erste Skepsis daran aufkommen lässt, was davon zu halten ist, wenn jemand den Egoismusvorwurf äußert. Handelt diese Person in diesem Moment nicht auch egoistisch? Wie ist dieses Paradox aufzulösen? Das Wort „egoistisch" ist gemeinhin definiert als „nur an sich denkend". „Egoistisches Verhalten" könnte man folgerichtig als „Handeln im Eigeninteresse" definieren. Da stellt sich spontan die Frage, in wessen Interesse man denn sonst handeln sollte? Liegt es denn nicht in meinem Interesse, die Bedürfnisse Anderer zu berücksichtigen, wenn *ich* verlässliche, vertrauensvolle oder gar liebevolle Beziehungen führen möchte? Profitiere nicht letztlich *ich* davon, wenn ich Werte in meinem Leben umsetze, die auch Anderen zugutekommen, sodass ich einem positiven Bild von mir gerecht werde? Die Auflösung dieses scheinbaren Paradoxes gelingt dadurch, den Begriff „Egoismus" etwas differenzierter anzuschauen. Eine hilfreiche Unterscheidung ist dabei diejenige in engen und weiten Egoismus – wenn Sie es etwas plakativer mögen, können Sie auch gerne von „dummem" und „schlauem" Egoismus sprechen. Der enge („dumme") Egoismus berücksichtigt dabei nur den augenblicklichen Moment und fokussiert auf einen einzelnen Aspekt einer Situation. Meistens geht es darum, „mehr" zu bekommen: mehr vom Kuchen (wörtlich oder bildlich), mehr Aufmerksamkeit, mehr Hilfe, mehr Bequemlichkeit als Andere. Der weite („schlaue") Egoismus besteht hingegen in der Fähigkeit, das gesamte Bild zu betrachten, längerfristig zu denken und soziale Aspekte (Beziehungen zu Anderen) und innerpsychische Aspekte (Wohlbefinden im Sinne der Kohärenz der eigenen Werte mit dem eigenen Verhalten) einzubeziehen. **Von diesem weiten Egoismus profitieren letztlich Sie selbst *und* auch Ihr Umfeld und es befreit Sie von der scheinheiligen Scharade so tun zu müssen, als ob Sie nicht in Ihrem Eigeninteresse handeln.** Es kann also nur darum gehen, darauf zu achten, wo Sie anderen und *vor allem sich selbst (!)* keinen Gefallen tun, weil Sie einem zu engen Egoismus folgen. Eine extreme Ausprägung dieses engen Egoismus bezeichnen wir mit dem Begriff „Narzissmus“. Doch selbst Narzissmus startet als ein normales und natürliches Phänomen in der menschlichen Entwicklung. Jedes neugeborene Kind ist narzisstisch, in dem Sinne, dass es nur sich selbst kennt und sich alles um sich und seine Bedürfnisse und Befindlichkeiten dreht. Die Vorstellung, dass es andere Menschen mit eigenen Bedürfnissen gibt, entsteht – wenn sie denn stattfindet – im Verlaufe der ersten Lebensjahre und ist für das Kind mitunter sehr frustrierend, da unter anderem der Umgang mit dem „Nein“ (also allgemein gesprochen mit Grenzen) zu lernen ist und eben nicht immer alle Bedürfnisse direkt befriedigt werden. Läuft diese Entwicklung schief, bleibt die extrem egozentrische Sichtweise erhalten, durch die sich das Kind als Zentrum des Universums erachtet und jede noch so kleine eigene Befindlichkeit zur Priorität Nummer eins erhebt. Eine Berücksichtigung noch so berechtigter Bedürfnisse Anderer findet dabei nicht statt. Bei starker Ausprägung ist es den Betroffenen schlichtweg nicht möglich, sich in andere hineinzuversetzen oder auch nur intellektuell nachzuvollziehen, dass andere Menschen auch Gefühle, Bedürfnisse und Rechte haben. Zu den massiven negativen Auswirkungen gehört unter anderem, dass diese Vorstellungen von Einzigartigkeit und Besonderheit überall dort zu Schwierigkeiten führen, wo sie mit der Realität kollidieren. Dies kann schnell geschehen, wenn der fantasierte und vorausgesetzte Erfolg (Karriere, Geld, Liebe, Berühmtheit etc.) ausbleibt oder wenn eine andere Person auch nur ansatzweise eine andere Meinung vertritt oder gar eigene Bedürfnisse und Rechte anmeldet oder auf Grenzüberschreitungen vonseiten des Narzissten hinweist. Dies deckt sich nicht mit dem grandiosen, perfekten Selbstbild des Narzissten, der sich dann entweder mit „Klauen und Zähnen“ verteidigt oder, wenn dies nicht mehr möglich ist, komplett zusammenbricht, was bis zur Suizidalität gehen kann. Über den Begriff „Narzissmus“ wurde schon viel gesagt und geschrieben und unterschiedliche AutorInnen betonen unterschiedliche Aspekte. Da es uns hier vor allem um praktische Belange geht, möchte ich Ihnen keine lange Liste von möglichen Verhaltensweisen auflisten, an denen Sie Narzissmus erkennen können. Ich möchte lediglich *einen* Aspekt hervorheben, mit dem Sie überprüfen können, ob Sie selbst unter – mehr oder weniger stark ausgeprägtem – Narzissmus leiden. Dieser Aspekt scheint mir absolut zentral zu sein und bietet zudem einen wunderbaren Ansatzpunkt für Veränderung, sollten Sie selbst betroffen sein und etwas ändern wollen. Es wird Sie vielleicht nicht wundern, dass uns dieser Maßstab schon einmal begegnet ist. Und zwar handelt es sich um die Frage, ob Sie (oder jemand Anderes) „mit zweierlei Maß messen“, also sogenannte „doppelte Standards“ haben. Immer wenn Sie sich fragen, ob Ihr eigenes Verhalten oder das Verhalten einer anderen Person in Ordnung ist, stellen Sie sich die Situation mit vertauschten Rollen vor. Wenn Sie nun berechtigterweise einwenden, dass Narzissten genau das doch nicht können, haben Sie also bereits einen ersten Hinweis, je nachdem wie schwer Ihnen dies fällt. Ehrlicher als die reine Vorstellung (die ja zunächst nur eine Fantasie ist) ist es dabei, wenn Sie sich an eine konkrete Situation erinnern, die Sie erlebt haben, in der die Rollen vertauscht waren. Wenn Sie sich also maßlos ärgern, wenn jemand Sie beim Reden unterbricht, versuchen Sie sich zu erinnern, ob Sie auch schon einmal Andere beim Reden unterbrochen haben und ob Sie dies möglicherweise viel weniger schlimm fanden. Wenn sich diese Unstimmigkeiten summieren, ist dies ein deutlicher Hinweis auf narzisstische Tendenzen und es würde sich im Interesse aller lohnen, daran zu arbeiten.

Wenn Sie die beiden in diesem Abschnitt besprochenen Aspekte überprüfen und (1) bei Ihrem Eigeninteresse auch Ihre sozialen Bedürfnisse und Werte berücksichtigen und (2) möglichst keine doppelten Standards anlegen, dann vertreten Sie eher einen weiten, „schlauen" und damit auch persönlich und sozial verträglichen „gesunden Egoismus".

Sie müssen nicht alles selbst können

Der Tenor dieses Buchs und die zentrale Idee der 4A-Methode bestehen darin, dass Sie mithilfe eines überschaubaren Systems vier konkrete Schritte an die Hand bekommen, mit denen Sie *jede Situation meistern* können. An diesem Anspruch möchte ich auch weiterhin festhalten. Da es jedoch offensichtlich *nicht* möglich ist, dass Sie absolut alle konkreten Fähigkeiten, die Sie im Leben benötigen werden, selbst erwerben können (z. B. Ihr Auto selbst reparieren, Ihren Hund operieren, Ihre Familie therapieren, Ihren Computer programmieren), muss das Versprechen, dass ich Ihnen gegeben habe, anders gemeint sein. Mit der 4A-Methode möchte ich Ihnen ein Werkzeug an die Hand geben, mit dem Sie sich immer zu helfen wissen, indem Sie einem klaren Vorgehen in vier Schritten folgen. Dadurch behalten Sie immer den Überblick und nehmen das Heft in Bezug auf Ihre gedankliche, emotionale und Verhaltensreaktion in die Hand. Auf diese Weise werden Sie mit der Zeit das Selbstvertrauen und Selbstbewusstsein aufbauen, dass Sie allem, was Ihnen im Leben begegnen kann, gewachsen sind. Neben dem Wissen über die 4A-Methode, das Sie in diesem Buch erworben haben, benötigen Sie die übergeordneten Fähigkeiten („Metakompetenzen") zur achtsamen Selbstbeobachtung (Schritt 1), zur Akzeptanz (Schritt 2), zur rationalen Analyse (Schritt 3) sowie einige grundlegende Fähigkeiten aus dem Bereich der Verhaltensumsetzung (Schritt 4), die ich in diesem Kapitel beschrieben habe: Selbstfürsorge für Ihre physiologischen Bedürfnisse (Schlaf, Ernährung, Bewegung), Überlegung des jeweils nächsten konkreten Schritts (Problemlöseprozess im engeren Sinne), Aufbau von Frustrationstoleranz und Selbstdisziplin, klare Äußerung von „Ja" und „Nein" in Beziehungen (selbstsicheres Verhalten). All diese Verhaltensweisen können Sie erlernen. Übungen dazu finden Sie im anschließenden Anhang. **Den Erwerb dieser Fähigkeiten kann Ihnen niemand abnehmen!** Wenn Sie den Aufbau dieser Grundkompetenzen nicht angehen, werden Sie immer wieder in Situationen geraten, in denen Sie sich hilflos oder abhängig und ausgeliefert fühlen werden. Sobald Sie *beginnen,* an diesen Kompetenzen zu arbeiten und sie in Ihr regelmäßiges Verhaltensrepertoire aufzunehmen, setzen Sie sich ans Steuer Ihrer Lebensreise. In Bezug auf alle anderen Fähigkeiten und Fertigkeiten, die Sie für die Bewältigung spezifischer Situationen benötigen, können Sie selbst entscheiden, ob Sie sie bereits in ausreichendem Maß besitzen, ob Sie sie gegebenenfalls erwerben wollen oder ob Sie sich auf die Hilfe und Expertise Anderer verlassen. Wie bereits gesagt, können und müssen Sie auf der praktischen Verhaltensebene nicht alles selbst wissen und können. Nach meiner Erfahrung stellen die tatsächlichen praktischen Verhaltensansätze im vierten Schritt der 4A-Methode „Aktion" für die meisten Menschen keine wirkliche Schwierigkeit dar, *wenn* (!) Sie sich mit den ersten drei Schritten entsprechend sortiert und mental-emotional „an einen guten Ort" gebracht haben. Hat man diesen Umgang mit den inneren Aspekten der eigenen Psyche gemeistert, ist es *relativ* einfach die äußeren praktischen Aspekte zu lösen. Heutzutage ist ein guter erster Anlaufpunkt tatsächlich das Internet, das zahlreiche Informationen, Anleitungen und Tutorials frei verfügbar macht. Sie sollten allerdings darauf achten, dass Sie Ihre Gedanken und Gefühle sortiert haben sollten, *bevor* Sie sich ins Internet begeben. Außerdem sollten Sie sich vorher überlegt haben, was Sie wollen (Bedürfnisse, Ziele, Werte), denn diese Frage kann niemand für Sie beantworten. Und schließlich sollten Sie sich unbedingt die Frage stellen, wie seriös die Information ist, die Sie sich gerade anschauen (handelt es sich um eine seriöse Website z. B. einer öffentlichen Institution wie einer Universität, hat die Person glaubwürdige Expertise durch ihre Ausbildung und praktische Erfahrung oder handelt es sich um einen Teenager, der Ihnen aus seinem Kinderzimmer Lebensratschläge gibt). Ihr größter Schatz ist auch an dieser Stelle wieder Ihre eigene Fähigkeit, rational zu denken. Fallen Sie nicht herein auf die Dinge, die Sie gerne hören *wollen* und von denen Sie sich *wünschen*, dass sie wahr wären. Fragen Sie sich selbst, ob *Sie* die Argumente überzeugend und glaubwürdig finden. Dasselbe gilt für Menschen im echten Leben, bei denen Sie Hilfe suchen. **Auch in Bezug auf „Experten" bleiben immer *Sie* die letzte Instanz, die entscheidet, wem Sie eine bestimmte Aufgabe anvertrauen.** Emotionen im engeren Sinne sind hier nicht unbedingt gute Berater (Angst, Schuld, Scham, aber auch kurzzeitige angenehme Gefühle wie Freude, Begeisterung, etc.). Wenn Ihre rationalen Überlegungen und Ihre Intuition (sogenanntes „Bauchgefühl") in die gleiche Richtung weisen, ist dies hingegen ein guter Ansatzpunkt. Scheuen Sie sich nicht, Andere um Hilfe zu bitten und sich fachliche Meinungen einzuholen. Zwei oder drei unterschiedliche Meinungen können dabei helfen, sich selbst ein besseres Bild von einem guten Verhaltensansatz zu machen. Insbesondere bei Ratschlägen und Hilfsangeboten aus Ihrem persönlichen Umfeld ist es hilfreich, sich zu fragen, ob die Person, die Ihnen die Ratschläge gibt, sich selbst daran hält und wenn ja, ob Sie so leben möchten, wie diese Person lebt. Falls nicht, dürfen

Sie auch deren Ratschläge gerne ignorieren. Was Sie sich außerdem klarmachen sollten, ist, dass es viele komplexe Themen gibt, zu denen *niemand* generell eine Standardlösung parat hat (Liebe, Sinnfragen, Zukunftsprognosen etc.). Meine Hoffnung ist es, dass ich Ihnen mit diesem Buch dennoch einen Ansatz zur Verfügung gestellt habe, mit dem Sie für alle Themen, die Sie beschäftigen, und alle Situationen, die Ihnen im Leben begegnen, gewappnet sind.

Nachwort

"Life is not a spectator sport."

– JED MCKENNA –

Ich habe Ihnen am Anfang des Buchs das Versprechen gegeben, dass Sie nie wieder Probleme haben werden und mithilfe von vier simplen Schritten jede Situation meistern können. Zudem ist der Anspruch des Buchs, Ihnen auf eine rationale und nachvollziehbare Art und Weise einen Überblick darüber zu verschaffen, wie die menschliche Psyche auf der allgemeinsten Ebene funktioniert. Die Idee hinter diesem Überblick ist, dass Sie alles, was Ihnen im Inneren und Äußeren begegnet, in ein sinnvolles System einordnen können. Ohne diese Einordnung in ein Gesamtsystem ist kein wirkliches Verständnis dessen möglich, was eigentlich vor sich geht. Die Basis dieses Gesamtmodells, in das Sie alles einordnen können, bilden die vier Schritte der 4A-Methode und die Differenzierung jedes einzelnen Moments in die vier Kategorien Situation, Gedanken, Gefühle und Verhalten. Die vier Schritte der 4A-Methode sind dabei Ihre Leitlinie für Ihr Handeln und die vier Kategorien des Schnappschusses sind die Basis für Ihr Verständnis, was gerade los ist. Bereits im ersten Schritt der 4A-Methode treffen sich die beiden Werkzeuge, wenn Sie achtsam und aufmerksam die äußere Situation, Ihre Gedanken, Ihre Gefühle und Ihr Verhalten bewusst und differenziert wahrnehmen. Schon an diesem ersten Schritt scheitern die meisten Menschen im Alltag. Dieses Bewusstsein – vor allem für die inneren Prozesse auf der Gedanken- und Gefühlsebene – ist nicht naturgegeben! Ganz im Gegenteil ist der „natürliche" Zustand viel eher mit einer Art Autopilot zu vergleichen, mit dem Sie unterwegs sind. Der Schriftsteller David Foster Wallace hat in seinem Essay „This is water"* das Verhältnis der Menschen zu ihren Gedanken und Gefühlen verglichen mit Fischen, die gar keine Vorstellung davon haben, was Wasser ist, da es so

* David Foster Wallace (2012). This is water / Das ist Wasser. Zweisprachige Ausgabe. Kiepenheuer & Witsch. Köln.

allgegenwärtig ist, dass sie es gar nicht bemerken. So schwimmen wir alle zunächst in einem Meer aus Gedanken und Gefühlen, das uns die meiste Zeit über gar nicht bewusst ist, da es uns „schon immer" begleitet hat. Im Buddhismus wird dieses Versunken sein in die eigenen Gedanken und Gefühle häufig mit einem schlaf- oder traumähnlichen Zustand verglichen, weshalb das Bewusstwerden gerne mit dem Begriff des „Aufwachens" umschrieben wird. Was vielfach übersehen wird, ist, dass dieses Aufwachen nicht der krönende letzte Schritt einer langen Reise ist, sondern der erste. Nur wer die äußere Situation, seine eigenen Gedanken, seine eigenen Gefühle und sein eigenes Verhalten klar zu benennen und auseinanderzuhalten weiß, hat ein – einigermaßen – klares Bild von der Realität. Die Realität ist ein sperriges Ding, denn sie macht meistens einfach nicht, was wir wollen. Das bringt uns zum zweiten Schritt der 4A-Methode, an dem viele Menschen scheitern. Im Kapitel über die Akzeptanz habe ich Ihnen darzulegen versucht, dass wir uns vielfach das Leben schwer machen, indem wir uns gegen Dinge sträuben, an denen wir nichts ändern können. Man könnte dies als einen Kampf gegen die Realität beschreiben, den letztlich immer die Realität gewinnt. Wir verlieren viel Kraft, Zeit und Energie, wenn wir gegen etwas ankämpfen, dass nun einmal so ist. Dies betrifft interessanterweise auch unsere Gedanken und Gefühle, wenn wir uns einen einzelnen konkreten Moment anschauen. Was uns in diesem Moment wie von allein durch den Kopf geht und welche Gefühle nun einmal in diesem Moment auf schnelle und gleichsam automatische Weise auftauchen, können wir *in diesem Moment* nicht von vornherein kontrollieren oder gar verhindern. Gerade in den Versuch, unliebsame Gedanken und unangenehme Gefühle zu verhindern, investieren die meisten Menschen aber unglaubliche Anstrengungen. Ein Großteil menschlichen Handelns basiert daher auf Vermeidungen, Überkompensationen, Verleugnungen, Verdrängungen und Widerständen, um nur einige Mechanismen zu benennen, mit denen die äußere und/oder innere Realität bekämpft wird. Neben dem manchmal extremen Energieaufwand und der grundsätzlichen Vergeblichkeit dieses Kampfes wird durch ihn zudem der Blick und der Weg auf ein zielführendes und hilfreiches Verhalten verstellt. Das Aufgeben dieses Kampfes ist der Kern des Schrittes „Akzeptanz“. In ihm zeigt sich die Weisheit des chinesischen Sprichworts, dass man zuerst an einem Ort ankommen muss, bevor man ihn verlassen kann. Dies gilt insbesondere für die Akzeptanz unangenehmer Gedanken und Gefühle, die man definitiv erst und nur dann hinter sich lassen kann, wenn man sie zunächst bewusst wahrgenommen und ihre schiere Existenz zugestanden bzw. gewürdigt hat. Nach der bewussten Wahrnehmung im ersten Schritt und der Akzeptanz der äußeren und inneren Realität im jeweiligen Moment im zweiten Schritt, haben wir gesehen, dass im dritten Schritt der 4A-Methode die Analyse dieser wahrgenommenen Realität folgt. Diese Analyse fokussierte sich dabei vor allem auf die Überprüfung der Gedanken in Bezug darauf, ob sie rational und hilfreich sind. Ich habe Ihnen zum leichteren Erkennen irrationaler Gedanken einige der typischen Denkfehler erläutert, nach denen Sie Ausschau halten können, um nicht darauf hineinzufallen. Letztendlich ist das jedoch die Stelle, an der Sie Ihre eigene Fähigkeit zum rationalen Denken nutzen und eine gesunde Skepsis gegenüber Ihren eigenen automatischen, gewohnheitsmäßigen gedanklichen Interpretationen, Bewertungen, Überzeugungen etc. aufbringen müssen. Der menschliche „Verstand“ ist sehr gewitzt darin, sämtliche noch so guten Argumente von Anderen oder objektiven Gegenbeweise zu diskreditieren, bagatellisieren, verleugnen oder rundweg auszublenden. Ihre einzige Chance an dieser Stelle besteht darin, Ihren Gedanken nicht unhinterfragt zu vertrauen, sich selbst nicht in die Tasche zu lügen und so objektiv und rational wie möglich Ihre Gedanken zu überprüfen. Wenn Sie zu einer rationalen Sichtweise der jeweiligen Situation gelangen, werden auch Ihre Gefühle die passenden sein. Hängen Sie jedoch in irrationalen Gedanken fest, dann können alle möglichen Gefühle resultieren, die mit der eigentlichen Situation in diesem Moment nichts zu tun haben. Um die „Passung" der Gefühle auf die Situation noch auf einem zweiten Weg zu prüfen, habe ich Ihnen für einige der häufigsten und relevantesten Gefühle einen Überblick gegeben, zu welchen Situationen diese passen und was der evolutionäre Sinn und Hintergrund dazu ist. Der Sinn und Zweck des Analyseschritts besteht schließlich darin, die äußere Situation möglichst objektiv und rational gedanklich zu erfassen, dementsprechend eine angemessene Gefühlsreaktion zu haben und dann den Fokus auf eine möglichst hilfreiche Verhaltensreaktion zu legen. Bevor wir uns mit der konkreten Ausgestaltung dieser Verhaltensreaktion beschäftigt haben, haben wir uns mit zwei wichtigen Ergänzungen der 4A-Methode befasst, mit denen Sie die Effektivität und die Effizienz der Methode in der Anwendung noch deutlich steigern können. Die erste Ergänzung befasste sich mit der Frage Ihrer biografischen Prägung. Dies ist relevant, da Ihre bisherigen Gedanken, Gefühle und Verhaltensweisen, die Ihnen in den ein oder anderen Situationen Schwierigkeiten bereiten, ja nicht vom Himmel gefallen sind, sondern irgendwo herkommen. Wir haben gesehen, dass dieses „irgendwo" vor allem im frühkindlichen Umfeld und damit in aller Regel im Elternhaus zu suchen ist. Auf strategische und pragmatische Art und Weise haben wir die vier bereits bekannten Kategorien Situation, Gedanken, Gefühle und Verhalten in leicht abgewandelter Form verwendet um uns einen Überblick über Ihre Prägung zu verschaffen. Als relevante Aspekte zeigten sich dabei das Elternverhalten, die dadurch vermittelten Glaubenssätze, typische resultierende Gefühle sowie die Schutzstrategien, die Sie in der Kindheit erworben haben, um mit Ihren Eltern und Ihren eigenen Gefühlen möglichst gut klarzukommen. Wir haben gesehen, dass wir alle starre Muster im Sinne von Gewohnheiten erworben haben, mit denen wir auf bestimmte Auslöser (Personen oder Situationen) auf regelrecht automatische Art und Weise mit gedanklichen Einschätzungen (Glaubenssätzen), typischen Gefühlen und Schutzmechanismen reagieren. Die Schutzmechanismen lassen sich dabei meistens in eine der drei Kategorien einteilen: (1) Bestätigen, (2) Vermeiden oder (3) Bekämpfen der Gedanken und Gefühle. Diese Schutzstrategien führen wir alle in mehr oder weniger elaborierter Form bis ins Erwachsenenalter fort, wo sie uns aufgrund ihrer Unangemessenheit in der aktuellen Situation Schwierigkeiten bescheren. Diese alten Prägungen, Muster, Gewohnheiten auf dem Schirm zu haben hilft dabei, den Analyseschritt schneller, tiefgründiger und nachhaltiger durchführen zu können. Letztlich wollen wir alle alten Reaktionstendenzen erkennen und gleichsam aus der aktuellen Situation „herausrechnen" um nur auf die tatsächliche Situation reagieren zu können, was offensichtlich am sinnvollsten und hilfreichsten ist. Wenn wir so weit gekommen sind, sollten wir uns noch die Zeit nehmen, uns mit der zweiten Ergänzung der 4A-Methode zu befassen, bevor wir schließlich zur Tat schreiten. Diese beschäftigt sich mit der Frage, was wir denn eigentlich wollen. Wenn Sie sich diese Frage nicht beantworten, lässt sich die Frage, was denn ein hilfreiches Verhalten ist, auch nicht beantworten. Wir haben uns angeschaut, dass man in Bezug auf dieses Wollen drei Aspekte unterscheiden kann, die alle wichtig und relevant für Ihr Gesamtwohlbefinden sind: Bedürfnisse, Ziele und Werte. Bedürfnisse sind dabei eher universell und umfassen auf der körperlichen Ebene die Bereiche Ernährung,

Schlaf und Bewegung, die wir uns näher angeschaut hatten. Auf der psychischen Ebene haben wir zudem die Grundbedürfnisse nach Bindung, Autonomie, Lustgewinn/Unlustvermeidung und Selbstwertschutz und -erhöhung betrachtet. Bedürfnisse haben dabei eine eher kurzfristige Zeitperspektive und verlangen eine relativ zeitnahe Befriedigung. Ziele und Werte sind hingegen deutlich individueller und haben eine eher mittel- bis langfristige Zeitperspektive. Ein Ziel ist im Unterschied zu einem Wert etwas, auf das Sie hinarbeiten und das Sie abhaken, wenn Sie es erreicht haben. Werte sind hingegen eher ein Kompass, der Ihrem Leben eine Richtung und einen Sinn gibt. In Ihren Werten bringen Sie durch Ihr Verhalten auf einer täglichen Basis zum Ausdruck, was Ihnen wichtig ist und Ihrem Leben Sinn gibt. Hier ergibt sich auf natürliche Weise der Übergang zum vierten und letzten Schritt der 4A-Methode, nämlich der Aktion. Das Motto lautet: „Es gibt nichts Gutes: außer man tut es." Und welches Verhalten „gut" ist, legen Sie durch Ihre Bedürfnisse, Ziele und Werte fest. Wir haben uns in diesem Zusammenhang mit der Frage beschäftigt, was gute Maßstäbe für Ihre Ziele und Werte sind. Als zentrale Aspekte konnten wir herausarbeiten, dass sie realistisch sein sollten, also ungefähr in dem Bereich liegen sollten, in dem Sie sich diesbezüglich aktuell befinden. Zudem sollten Sie die Erfüllung selbst zu 100 % in der Hand haben, denn genau daraus erwächst Ihre Verantwortung. Und daraus folgt schließlich, dass all Ihre Maßstäbe, Ziele, Werte, etc. als Verhaltensweisen formuliert sein sollten, die Sie ausführen können. Zu dem großen Bereich möglicher Verhaltensweisen habe ich Ihnen abschließend einige grundsätzliche Überlegungen sowie einige konkrete Techniken an die Hand gegeben, um sich zu strukturieren. Diese Techniken beinhalteten die Energieampel und den Zeitkreis, das Pendel und die Verantwortungskreise. Aufbauend auf den Verantwortungskreisen, habe ich

Ihnen noch einen allgemeinen Ansatz für alle Interaktionen in menschlichen Beziehungen mitgegeben. Dieser basiert darauf, sich auf ein klares „Ja" oder ein klares „Nein" zu fokussieren und dieses auf eine selbstsichere Art und Weise zu kommunizieren. Die Gefahr besteht dabei darin, in zu defensives oder zu offensives Verhalten zu verfallen und den Kontakt mit Personen, mit denen Sie sich nicht auf einen Wir-Bereich einigen können, nicht zu reduzieren oder ganz abzubrechen.

Mein Ziel war es, Ihnen einerseits mit diesem Buch einen möglichst umfassenden, kohärenten, übersichtlichen und nachvollziehbaren Überblick über die Funktionsweise menschlichen Denkens, Fühlens und Verhaltens zu verschaffen. Auf dieser Grundlage habe ich Ihnen zudem ein Vorgehen in vier simplen, rationalen Schritten – mit zwei wichtigen Zusatzmodulen – an die Hand gegeben, mit denen Sie sofort starten können, Ihren Umgang mit schwierigen Situationen zu verbessern. Es braucht dazu nicht mehr, als dass Sie sich die vier Schritte (1) Achtsamkeit, (2) Akzeptanz, (3) Analyse und (4) Aktion merken und das nächste Mal, wenn Sie nicht weiterwissen oder etwas unangenehm oder schwierig für Sie ist, anwenden. Das muss – und wird – nicht direkt perfekt funktionieren, da es ein Prozess ist, der geübt werden muss. Aber Sie haben nun für jede erdenkliche Situation einen Ansatz. In diesem Sinne haben Sie keine Probleme mehr, sondern lediglich Situationen an denen Sie arbeiten und Sie wissen bereits, wie Sie daran arbeiten können. Um Ihren Prozess weiter zu unterstützen, folgen im Anhang einige Übungen zu den vier Schritten und den zwei Ergänzungen. Je mehr Sie in die Übungen investieren, desto mehr werden Sie profitieren. Das Buch schließt mit einigen Erinnerungshilfen in unterschiedlicher Ausführlichkeit. Wählen Sie gerne diejenige aus, die für Sie am hilfreichsten ist. Es beginnt mit einer Zusammenfassung, die Ihnen die wichtigsten Elemente der Methode nochmals an einer Stelle bietet, ohne dass Sie das gesamte Buch erneut lesen müssen und endet mit zwei Kurzerinnerungen und zwei symbolischen Darstellungen der Methode.

Mein Wunsch war es, ein Buch zu schreiben, mit dem ich Ihnen in möglichst prägnanter und überzeugender Form all das an die Hand gebe, von dem ich aus eigener Erfahrung weiß und bei unzähligen Menschen mitverfolgen durfte, wie hilfreich es ist, um die Zufriedenheit, die Lebensqualität und das Gesamtwohlbefinden zu verbessern. Ich hoffe, dass auch Sie davon profitieren und zur Verbreitung der Gedanken und Techniken beitragen, um Anderen zu helfen. Bleibt mir nur, Ihnen einen letzten Tipp zu geben: Beginnen Sie JETZT!

Anhang

ÜBUNGSTEIL

Viele der nachfolgenden Übungen wurden im Buch bereits erwähnt und mehr oder weniger ausführlich dargestellt. Ich habe für Sie an dieser Stelle nochmals die wichtigsten Übungen aus den einzelnen Abschnitten an einem Ort zusammengefasst. Bevor wir zu den konkreten Übungen zu den einzelnen Komponenten der 4A-Methode kommen, möchte ich Ihnen kurz einige allgemeine Hinweise geben, die für alle Übungen gelten:

- Es ist zunächst egal, wie wenig Sie tun: jede Übung, die Sie machen, ist besser als nichts!
- Zusätzlich zum ersten Punkt gilt auch: wenn Sie sich langfristig das Leben leichter machen wollen, dann treffen Sie ein Commitment mit sich selbst (oder auch mit Anderen), dass Sie *eine* konkrete Übung für ca. vier Wochen mindestens einmal pro Tag durchführen wollen (je mehr, desto besser). Dies ist der effizienteste Weg, denn nach vier Wochen intensiver Übung ist Ihnen die Fertigkeit bereits im wahrsten Sinne des Wortes „in Fleisch und Blut" übergegangen. Sie werden die entsprechende Fertigkeit dann gewohnheitsmäßig und mit geringem Aufwand nutzen können.
- Wenn Sie sich für eine Übung entschieden haben, halten Sie sie durch Erinnerungen in Ihrem Alltag präsent. Dies können z. B. Post-its sein, die Sie an Orten befestigen, die Ihnen regelmäßig ins Auge fallen oder Erinnerungen und Timer, die Sie sich im Handy setzen, ein Hintergrundbild oder Sperrbildschirmfoto auf dem Handy, das mit einer Übung verknüpft ist, ein Schmuckstück, das Sie mental mit der Übung assoziieren (z. B. eine Minute lang Ihre Uhr anschauen und an eine spezifische Übung dabei denken kann Ihnen dabei helfen jeweils an die Übung erinnert zu werden, wenn Sie auf

Ihre Uhr schauen). Natürlich können Sie auch Personen in Ihrem Umfeld bitten, Sie immer mal wieder an eine Übung zu erinnern.

- Für alle Aspekte der 4A-Methode gibt es unterschiedliche alternative Übungen. Nicht jede Übung liegt jedem. Probieren Sie verschiedene Varianten aus, aber legen Sie sich irgendwann für jeden Bereich auf *eine* Übung fest und bleiben Sie dabei und üben diese intensiv (Motto: „Wer auf Wasser stoßen will, muss ein tiefes Loch graben und nicht viele flache.").
- Sie können zu Beginn gerne eine Übung aus einem Bereich auswählen, in dem Sie besonderen Bedarf sehen, sich zu verbessern. Grundsätzlich bauen die vier Schritte der 4A-Methode allerdings aufeinander auf, sodass es wichtig ist, keinen Schritt komplett zu überspringen (ohne achtsame Wahrnehmung ist keine Akzeptanz möglich; fehlende Akzeptanz behindert eine rationale Analyse; ohne Analyse wissen Sie nicht, welches Verhalten hilfreich ist).
- Denken Sie daran: „It's simple, but it's not easy!". Keine der Übungen ist besonders kompliziert. Das ist auch nicht notwendig. Die meisten Übungen sind darüber hinaus auch nicht besonders anstrengend. Die Gefahr besteht eher darin, die Übungen abzutun und dann nicht ausreichend häufig und regelmäßig genug durchzuführen um tatsächlich davon zu profitieren. Der leichteste, direkteste, effektivste, effizienteste und sicherste Weg, der tatsächlich auch zum Ziel führt, alle Situationen zu meistern, besteht – meiner Meinung nach – in der intensiven Umsetzung der Übungen, die Sie zur Meisterschaft der 4A-Methode bringen.

ACHTSAMKEIT

Ziel der Übung

Das Ziel der Übungen aus dem Bereich „Achtsamkeit" besteht darin, dass Sie möglichst schnell bemerken, wenn eine Situation für Sie persönlich schwierig wird. Diese Schwierigkeit kann auf jeder der vier Ebenen auftauchen, die wir uns in diesem ersten Schritt der 4A-Methode versuchen bewusst wahrzunehmen: Situation, Gedanken, Gefühle, Verhalten. Besonderer Fokus liegt dabei auf den beiden „inneren" Dimensionen Gedanken und Gefühle, da diese sowohl unser Wohlbefinden als auch unser Verhalten bestimmen und von den meisten Menschen nicht ausreichend bewusst wahrgenommen werden.

Basisübungen

- Machen Sie ein Brainstorming und schreiben Sie auf, welche Gefühlswörter Ihnen einfallen.
- Nehmen Sie Ihre Liste aus der ersten Übung und überprüfen Sie nochmals, ob es sich nicht doch bei dem ein oder anderen Begriff eher um ein gedankliches Konstrukt oder um ein Verhalten handelt.
- Ergänzen Sie Ihre Liste mit möglicherweise fehlenden Gefühlswörtern aus der Liste am Ende des Übungsteils.
- Fragen Sie sich regelmäßig, was Sie gerade fühlen. Wenn Sie die Frage nicht beantworten können, schauen Sie auf Ihre Liste, was am ehesten zutrifft.
- Meditieren Sie! Häufige kurze Einheiten (1 bis 5 Minuten) sind dabei hilfreicher als seltene längere. Varianten:
  - Als Anfänger setzen Sie sich bequem, aber möglichst aufrecht, hin und schließen Sie die Augen. Beobachten Sie

Ihren Atem und sagen Sie sich innerlich beim Einatmen „Ein" und beim Ausatmen „Aus". Wann immer Sie bemerken, dass Sie vom Atem abschweifen und an etwas Anderes denken oder etwas Anderes wahrnehmen, kehren Sie mit Ihrer Aufmerksamkeit möglichst direkt wieder zur Beobachtung Ihres Atems zurück. Es ist – vor allem zu Beginn – *nicht* zu erwarten, dass Sie dabei ruhig und entspannt sind. Ganz im Gegenteil ist insbesondere, wenn Sie keine Übung darin haben, damit zu rechnen, dass Sie sich nur für kurze Zeit auf Ihren Atem konzentrieren können und dann ziemlich schnell abschweifen. Gedanken und Gefühle oder sonstige Körperwahrnehmungen können dabei als sehr unangenehm wahrgenommen werden. Es ist der Sinn und Zweck der Übung, dass es Ihnen bewusst wird, wie schnell Sie abgelenkt sind und wie schwer es ist, sich wirklich auf eine Sache zu konzentrieren. Wenn die Übung mit geschlossenen Augen zu schwierig ist, können Sie es mit offenen Augen probieren und sich z. B. auf eine Kerzenflamme konzentrieren. Immer wenn Sie mit den Gedanken abschweifen, kehren Sie zu der konzentrierten Wahrnehmung der Kerzenflamme zurück. In diesem ersten Stadium der Meditation geht es darum, Ihre Konzentration zu schulen und möglichst schnell zu bemerken, wenn Sie von Ihrem eigentlichen Fokus abweichen.

- Die „Königsdisziplin" könnte man als „reine Meditation" bezeichnen. Nachdem Sie mit der vorherigen Übung Ihre Konzentration bereits geschult haben, können Sie sich dem Meditieren im Sinne des reinen Beobachtens widmen. Auch dazu setzen Sie sich bequem und aufrecht hin und schließen die Augen. Ihre Aufgabe besteht nun darin, was immer in Ihrem Bewusstsein „aufsteigt", also spontan auftaucht, bewusst wahrzunehmen und direkt wieder loszulassen. Dieser Teil lässt sich etwas schwer direkt mit Worten beschreiben, lässt sich aber ganz gut mit Metaphern erfassen. Zum Beispiel können Sie sich vorstellen, dass Ihre Wahrnehmungen (Gedanken und Gefühle) wie Wolken sind, die vorbeiziehen. Oder Blätter, die auf einem Fluss dahin treiben. Oder Eisenbahnwagons, die an Ihnen vorbeirauschen. Sie tauchen aus dem Nichts auf, werden kurz von Ihnen wahrgenommen und verschwinden wieder im Nichts. Um in der Eisenbahnmetapher zu bleiben, wird es immer wieder vorkommen, dass Sie auf einen der Waggons aufspringen und mit ihm davongetragen werden. Dies geschieht, wenn Sie sich von einem Gedanken oder Gefühl „einfangen“ lassen und „daran hängen“ bleiben. Sobald Sie dies bemerken – und das kann manchmal erst nach einigen Minuten geschehen – „springen“ Sie wieder ab und begeben Sie sich wieder in die Beobachterperspektive, aus der Sie alles vorbeiziehen sehen.

Alternative Übungen

Wenn Ihnen diese „reinen“ Übungen nicht liegen, können Sie auf eine der alternativen Übungen ausweichen. Dabei sollten Sie sich immer wieder bewusst machen, dass es vor allem darum geht, Ihre Konzentration und die bewusste Wahrnehmung Ihrer Umgebung, Gedanken, Gefühle und Ihres Verhaltens zu schulen. Zu all diesen Bereichen gibt es zahlreiche Angebote und kostenfreie Videos im Internet.

- Andere Formen (angeleiteter) Meditation.
- Achtsamkeitsübungen für die 5 Sinne. Diese sind besonders gut für Anfänger geeignet.
- Progressive Muskelentspannung (PMR), autogenes Training, Mindfulness-based stress reduction (MBSR), Yoga.

AKZEPTANZ

Ziel der Übung

Das Ziel der Übungen zur Akzeptanz besteht darin, keine Zeit und Energie in den sinnlosen Kampf gegen Dinge zu investieren, die Sie nicht ändern können. Dieser unnötige Kampf vergrößert das Leiden, ändert nichts (per definitionem!) und verstellt den Blick auf die tatsächlich möglichen Handlungsalternativen.

Basisübungen

- Erstellen Sie sich eine Liste mit Dingen, an denen Sie grundsätzlich nichts ändern können.
- Ergänzen Sie Ihre Liste gegebenenfalls mit zentralen Aspekten aus dem Kapitel Akzeptanz, die noch nicht auf Ihrer Liste stehen.
- Wählen Sie für sich einen Satz aus, der Ihnen bei der Akzeptanz hilft. Ich empfehle: „Es ist, wie es ist." Es kann aber auch ein anderer Satz sein, der Ihnen besser liegt (z. B.: „Das ist jetzt halt so."; „Das kann ich auch nicht ändern."; „So ist nun einmal die Situation."; oder speziell in Bezug auf die Akzeptanz von Gefühlen und Befindlichkeiten: „Das ist nun einmal, was ich gerade fühle."; „Ob ich will oder nicht, so fühlt es sich halt gerade an."; „Ich fühle mich gerade <Gefühl einsetzen>. Punkt!").
- Wählen Sie aus, auf welche Art Sie Ihre Fähigkeit zur Akzeptanz ausbauen wollen:
  - Anlassbezogen: immer, wenn Sie einen Widerstand verspüren (z. B. in Form von Ärger, Gereiztheit, Genervtsein, Ungeduld) oder ein unangenehmes Gefühl oder eine unangenehme Körperempfindung wahrnehmen, sagen Sie sich

Ihren ausgewählten Akzeptanz-Satz und bleiben Sie für einige Sekunden bei diesem Satz und der entsprechenden Empfindung, bevor Sie weitergehen.

- Formal: im Gegensatz zur anlassbezogenen Übung warten Sie beim formalen Üben nicht darauf, bis Sie mit einer schwierigen Situation konfrontiert werden, sondern Sie nehmen sich vor, eine Technik zu üben, auch wenn Sie sie in diesem Moment gerade nicht brauchen. Im Zusammenhang mit der Akzeptanz können Sie zum Beispiel eine kleine Imagination durchführen. Stellen Sie sich eine Situation, einen Sachverhalt, eine Person oder ein Gefühl vor, wogegen sich in Ihnen alles sträubt und begegnen Sie dieser Vorstellung mit Ihrem bevorzugten Akzeptanz-Mantra, bis Sie merken, dass Ihr Drang zum Widerstand nachlässt. Die entsprechende Empfindung, die damit einhergeht, wird häufig als „loslassen" oder „aufgeben" bezeichnet. Wie Sie hoffentlich inzwischen wissen, sind dies eigentlich Verhaltensweisen. Auf der emotionalen Ebene ist eher damit zu rechnen, dass der Ärger einem Gefühl der Hilflosigkeit oder gar Ohnmacht weicht, die sich mit der Zeit dann in Erleichterung umwandelt.

Alternative Übungen

- Führen Sie ein Tagebuch, in das Sie abends eintragen, wogegen Sie sich den Tag über gesträubt haben, obwohl Sie nichts daran ändern konnten.
- Machen Sie eine Liste mit kleineren (z. B. die Bahn hat Verspätung oder das Wetter) und größeren (z. B. das Altern oder die Ungerechtigkeit der Welt) Dingen, die Ihnen schwerfallen zu akzeptieren. Machen Sie sich bewusst, mit welchen Verhaltensweisen (z. B. sich aufregen, schimpfen, argumentieren,

Kontrollversuche, Verleugnung) Sie darauf reagieren. Wählen Sie eine dieser Akzeptanz-verhindernden Verhaltensweisen aus, achten Sie besonders darauf, wo diese auftritt, folgen Sie nicht dem Impuls, dieses Verhalten zu zeigen und wechseln Sie zu Ihrem Akzeptanz-Mantra.

- Gestalten Sie sich Erinnerungshilfen, die Sie darauf hinweisen, dass es *immer* besser ist, zunächst kurz die Situation (inkl. Gefühle und Gedanken) so zu akzeptieren, wie sie nun mal im Moment gerade ist, bevor Sie handeln. Nutzen Sie dafür einen Satz, der dies für Sie überzeugend zum Ausdruck bringt, wie z. B. das alte chinesische Sprichwort: „Du musst erst an einem Ort ankommen, bevor du ihn verlassen kannst."

ANALYSE

Ziel der Übungen

Das gemeinsame Ziel der Übungen aus diesem Bereich besteht darin, dass Sie die Angemessenheit Ihrer Gefühlsreaktion in Bezug auf die Situation bewerten und nicht davon ausgehen, dass Ihr Gefühl die Realität widerspiegelt, *bevor Sie das überprüft haben*! Dazu müssen Sie vor allem überprüfen, ob Ihre Gedanken rational, realistisch und hilfreich sind. Letztlich dienen die Übungen dazu, einen konkreten (ersten) Schritt abzuleiten, welches Verhalten die hilfreichste Reaktion auf die jeweilige Situation darstellt.

Basisübung

- Die Methode der Wahl aus diesem Bereich, die alle der obigen Ziele erfüllt, ist die schriftliche Durchführung einer sogenannten Situationsanalyse mithilfe des Schnappschussmodells. Auch diese Übung können Sie entweder anlassbezogen (wann immer eine schwierige Situation auftaucht) oder formal (zu festen Zeitpunkten in Bezug auf eine beliebige Situation) durchführen. Nehmen Sie dazu das Schnappschussmodell mit den vier Spalten aus Abbildung 1 zur Hand und füllen Sie es für eine konkrete Situation aus. Achten Sie dabei insbesondere auf die richtige Zuordnung und Abgrenzung von Gedanken und Gefühlen und passen Sie auf, dass in der Spalte „Situation" keine Interpretationen enthalten sind.

Alternativübungen

- Wählen Sie aus dem Abschnitt über Denkfehler einen der Denkfehler aus, von dem Sie wissen, dass Sie ihm häufiger verfallen. Gestalten Sie sich zu diesem Denkfehler Erinnerungshilfen (z. B. Post-its, Handyerinnerungen, etc.) und halten Sie kurz inne, wenn Sie diesen Denkfehler bemerken. Formulieren Sie dann eine alternative Sichtweise, die mehr der Realität entspricht.

- Führen Sie ein Tagebuch, in dem Sie Ihre Gedanken über Situationen festhalten, die Ihnen Schwierigkeiten bereiten. Machen Sie eine Liste mit den Gedanken, die immer wieder auftauchen. Erstellen Sie eine „Top 10" Ihrer häufigsten negativen, unrealistischen, wenig hilfreichen Gedanken (es können auch sieben oder fünf oder drei sein). Machen Sie einen Strich auf der Liste neben dem jeweiligen Gedanken, wann immer er auftaucht. Sinn und Zweck der Übung ist es, dass Sie bewusst wahrnehmen, wann diese Gedanken auftreten, eine kurze Pause machen und dann nochmals einen rationaleren Blick auf die Situation werfen.
- Nehmen Sie sich einen Gedanken aus der obigen Liste vor und fragen Sie sich, woher Sie das wissen und welche Belege Sie dafür haben. Schreiben Sie zunächst alle Ihre spontanen Assoziationen auf, ohne sich zu zensieren. Schauen Sie dann in einem zweiten Durchgang diese „Beweise" und „Belege" durch und beurteilen Sie sachlich und rational, ob diese stichhaltig sind. Generieren Sie dann Belege und Hinweise für eine realistischere und wohlwollendere Sicht.
- Wann immer Sie bemerken, dass Ihre Gedanken („Ihre innere Stimme") einen harschen, kritischen oder negativen Ton annimmt, formulieren Sie aktiv einen wohlwollenden Kommentar. „Wohlwollend" bedeutet nicht, dass Sie sich „alles schönreden". Es bedeutet vielmehr, dass Sie innerlich mit sich reden, wie Sie mit einer Person, die Ihnen am Herzen liegt, reden würden (z. B. mit einem Kind, einer Freundin, einer Großmutter oder jemandem, den Sie unterrichten).

BIOGRAFIE / PRÄGUNG / LERNGESCHICHTE

Ziel der Übungen

Die Übungen aus diesem Bereich dienen dazu, ein Bewusstsein für Ihre Prägung zu erlangen. Konkret bedeutet dies, eine Vorstellung davon zu haben, welchen Situationen (im Sinne des Elternverhaltens) Sie in Ihrer Kindheit und Jugend ausgesetzt waren und mit welchen Gedanken, Gefühlen und Verhaltensweisen Sie gelernt haben, gewohnheitsmäßig darauf zu reagieren. Diese Gewohnheiten oder Muster werden auch in Ihrem heutigen Alltag noch eine entscheidende Rolle spielen und einen hilfreichen Umgang mit vielen Situationen erschweren. Die Erkenntnisse über ihre Prägung helfen Ihnen dabei, den Schritt „Analyse“ besser durchführen zu können und zu angemesseneren Interpretationen (und damit auch passenderen Gefühlen) und Verhaltensweisen zu gelangen.

Basisübung

- Der direkteste und schnellste Weg, sich einen – ersten, groben – Überblick über Ihre Prägung zu verschaffen, besteht darin, sich analog zu den vier Spalten der Situationsanalyse mit dem Schnappschussmodell auch Ihre Kindheit und Jugend in Bezug auf folgende vier Kategorien anzuschauen.
    - Der Kategorie „Situation“ entspricht das Elternverhalten. Erinnern Sie sich nacheinander an Ihren Vater und Ihre Mutter (bzw. sonstige relevante Bezugspersonen aus Ihrer Kindheit) und sammeln Sie Eigenschaften, mit denen Sie als Kind (!) den jeweiligen Elternteil beschrieben hätten.
    - Der Kategorie „Gedanken“ entsprechen die Glaubenssätze, die Sie aufgrund des elterlichen Verhaltens über sich, über

andere Menschen und über die Welt im Allgemeinen abgeleitet haben. Solche Glaubenssätze beginnen meist mit „Ich bin …“, „Ich muss …“, „Du sollst …“, oder „Ich darf nicht …“.

- Die dritte Kategorie heißt genauso wie in der Situationsanalyse „Gefühle“. Sammeln Sie hier zum einen, wie Sie sich als Kind häufig gefühlt haben und zum anderen Ihre emotionalen Reaktionen auf die bereits gesammelten Elternverhaltensweisen und die einzelnen Glaubenssätze.
- Der Kategorie „Verhalten“ aus der Situationsanalyse entsprechen die Schutzstrategien, die Sie in der Kindheit entwickelt haben. Welche Verhaltensstrategien haben Sie sich angewöhnt, um mit dem Verhalten Ihrer Eltern und mit Ihren eigenen Gefühlen klarzukommen? In welche der drei Hauptkategorien „Bestätigen“, „Vermeiden“ und „Bekämpfen“ fallen Ihre Schutzstrategien?
- Was Sie zu den vier Kategorien gesammelt haben, können Sie durch die unten folgenden Ergänzungsübungen fortlaufend erweitern und verfeinern. Arbeiten Sie den „roten Faden“ heraus, der von einem konkreten Elternverhalten zu bestimmten Glaubenssätzen führt, die ein bestimmtes Gefühl auslösen, auf das Sie mit einer spezifischen Schutzstrategie reagiert haben. Halten Sie diese „Essenz“ (es können auch zwei oder drei unterschiedliche „rote Fäden“ sein) in verkürzter Form schriftlich für sich fest, schauen Sie immer wieder darauf und machen Sie sich bewusst, wo Sie heute immer noch auf eine ähnliche Art reagieren. Führen Sie für diese aktuellen Situationen eine rationale Situationsanalyse mit dem Schnappschussmodell durch.

Ergänzende Übungen

Als ergänzende Übungen zur Erarbeitung Ihrer Prägung ist alles hilfreich, was der zielgerichteten Betrachtung Ihrer Biografie dient. Zielgerichtet bedeutet in diesem Zusammenhang, dass Sie am Ende eine „Verdichtung“ Ihrer Erinnerungen und Erkenntnisse erhalten, in der Sie die relevanten Aspekte den vier Kategorien Elternverhalten, Glaubenssätze, (alte) Gefühle und Schutzstrategien zuordnen. Folgende Übungen können beispielhaft dabei helfen, die entsprechenden Erinnerungen zutage zu fördern:

- Schreiben Sie Ihre Lebensgeschichte chronologisch und in Ich-Form auf. Neben den üblichen Fakten eines Lebenslaufs geht es bei dieser Biografie vor allem darum, Ihre damaligen Gefühle in Worte zu fassen. Dafür ist es besonders hilfreich, schwierige und unangenehme Situationen zu erinnern und detailliert aufzuschreiben.
- Sie können den Erinnerungsprozess zudem dadurch unterstützen, dass Sie Fotos aus Ihrer Kindheit anschauen, Orte aus Ihrer Kindheit aufsuchen oder Musik aus Ihrer Kindheit hören.
- Eine weitere Möglichkeit besteht darin, sich mit Freunden aus Kindertagen darüber zu unterhalten, wie diese Sie und die Situation in Ihrem Elternhaus erlebt haben. Grundsätzlich ist es auch möglich, sich mit Geschwistern oder Ihren Eltern über Ihre Kindheit zu unterhalten. Dies ist allerdings nur angeraten, wenn Sie heute ein halbwegs unbelastetes, erwachsenes Verhältnis zu Ihren Familienmitgliedern haben. Vorsicht: je mehr Sie eine Beschäftigung mit Ihrer Prägung nötig haben, desto weniger sinnvoll wird es sein, dies *mit* Ihren Eltern erörtern zu wollen!

BEDÜRFNISSE, ZIELE UND WERTE

Ziel der Übungen

Die Übungen aus diesem Bereich zielen alle darauf ab, dass Sie sich explizit bewusst darüber werden, was Sie wollen und in konkreten Situationen darauf zugreifen können, um daran Ihre Handlungen auszurichten.

Basisübungen

(1) Bedürfnisse

- Fragen Sie sich im Verlaufe des Tages in regelmäßigen Abständen: „Was brauche ich gerade?". Nutzen Sie hierzu die im Buch beschriebenen Erinnerungshilfen*. Üben Sie dies zunächst auf eine formale Art und Weise, also nach einem festen Schema oder zur Übung immer, wenn Sie daran denken. Das Ziel dieser konkreten Übung besteht darin, dass Sie zunehmend Ihre Bedürfnisse anlassbezogen – also wenn sie auftreten – spüren und im Sinne der Bedürfnisbefriedigung handeln oder planen können.

(2) Ziele

- Nehmen Sie sich einen Nachmittag oder Abend Zeit, um für jeden für Sie relevanten Lebensbereich ein mittel- bis langfristiges Ziel (ca. 6 Monate bis 3 Jahre) zu formulieren, auf das Sie hinarbeiten wollen. Sie können sich dabei an dieser – natürlich nicht abschließenden – Liste orientieren:
  - Beruf, „Karriere", Aus-, Fort- und Weiterbildung
  - Beziehungen (Freunde, Partnerschaft, Familie, Arbeitskollegen, etc.)

---

* Zu finden in den allgemeinen Hinweisen zu Beginn des Anhangs.

- Persönlichkeitsentwicklung, Spiritualität, Religion
- Hobbys (Sport, kreative Tätigkeiten, kulturelle Aktivitäten, Interessen verfolgen)
- Gesellschaftliches Engagement
- Neue Fähigkeiten und Fertigkeiten erwerben

Formulieren Sie Ihre Ziele jeweils anhand der Kriterien guter Ziele. Berücksichtigen Sie außerdem die Unterscheidung zwischen Zielen und Werten*!

- Erarbeiten Sie für jedes Ziel anhand des Problemlöseprozesses** einen *ersten konkreten* Schritt und legen Sie fest, wann Sie diesen Schritt ausführen.

(3) Werte

- Hier geht es um Ihren obersten Kompass, an dem Sie Ihr alltägliches Verhalten ausrichten. Um eine Vorstellung von Ihren Werten zu bekommen ist es hilfreich, sich gedanklich in die Zukunft zu versetzen und dann zurückzublicken auf einen Zeitraum, der jetzt noch vor Ihnen liegt. Wählen Sie dazu einen Zeitraum von einem, drei oder fünf Jahren aus, je nachdem, was Sie sich leichter vorstellen können. Stellen Sie sich nun vor, dass Ihr ein, drei oder fünf Jahre älteres Ich Ihnen einen Brief schreibt. Was würden Sie sich wünschen, dass Sie sich selbst schreiben, wie Sie die letzten ein, drei oder fünf Jahre verbracht haben? Berücksichtigen Sie dabei, dass es bei Werten darum geht, *wie* Sie sich in den verschiedenen Lebensbereichen verhalten haben und dass es sich im Gegensatz zu Zielen um ein fortlaufendes Verhalten handelt. Als Orientierung können Sie ebenfalls die Liste mit den Lebensbereichen aus der Übung zu Zielen zur Hand nehmen.

---

* Zu finden in den Kapiteln zu Zielen, Werten und Maßstäben.

** Siehe Abschnitt „Grübeln vs. Problemlösen" im Kapitel „Aktion".

- Eine für manche etwas makabere Variante der obigen Übung besteht darin, sich vorzustellen, dass Sie als heimlicher Beobachter an Ihrer eigenen Trauerfeier teilnehmen. Was würden Sie sich wünschen, dass die Anwesenden auf Ihrer Trauerfeier über Sie sagen, wie Sie Ihr Leben gelebt haben? Diese Variante kann besonders hilfreich sein, um einen Zugang zu verdrängten, verleugneten oder „wegrationalisierten" Werten zu bekommen, die Sie vielleicht aufgegeben haben, obwohl sie Ihnen wichtig sind.
- Da es vielen Menschen erfahrungsgemäß schwerfällt, ihre Werte zu benennen, finden Sie am Ende des Anhangs eine Liste klassischer potenzieller Werte. Gehen Sie die Liste durch und kreuzen Sie diejenigen an, die Ihnen wichtig sind. Da dies zunächst abstrakte Begriffe sind, unter denen man sich alles Mögliche vorstellen kann, müssen Sie diese Werte nun in zwei Schritten noch konkretisieren. Im ersten Schritt versuchen Sie möglichst präzise für sich selbst zu definieren, was Sie sich unter diesem Wert vorstellen. Im zweiten Schritt leiten Sie dann konkrete (alltägliche) Verhaltensweisen daraus ab, wie sich derjenige Wert auf sichtbare Art und Weise äußert. Nun haben Sie einen konkreten, messbaren Verhaltensmaßstab, an dem Sie ihr alltägliches Verhalten ausrichten können. Dies ist Ihr Kompass, der Ihnen anzeigt, ob Sie in Richtung Ihrer Werte unterwegs sind. Dies auf eine bewusste Art und Weise zu tun, ist ein wichtiger Baustein für Ihre Gesamtzufriedenheit.

AKTION

Ziel der Übungen

Da das Feld möglicher Aktionen nahezu unendlich ist und ganz wesentlich von Ihren persönlichen Zielen und Werten abhängt, dienen die Übungen aus diesem Bereich vor allem dazu, die im Buch erörterten Basiskompetenzen zu üben. Sie bilden die absolute Grundlage für den Ansatz der 4A-Methode und sind daher in gewisser Weise allgemeingültig.

Übungen zu den jeweiligen Basisfähigkeiten

Energieampel und Zeitkreis

- Energieampel: Fragen Sie sich regelmäßig (mindestens einmal täglich; zu Übungszwecken besser mehrmals pro Tag), „In welchem Bereich ist meine Energie (grün/gelb/rot)?". Nutzen Sie die besprochenen Erinnerungshilfen. Handeln Sie entsprechend, indem Sie sich entweder eine Pause gönnen oder aktiv werden (kurzfristig), Sie Ihre nächste Ruhe- oder Aktivitätsphase des Tages bewusst einbauen (mittelfristig) oder indem Sie planen, Ihr Wochenpensum zu senken oder zu erhöhen (langfristig).
- Zeitkreis: Nehmen Sie sich (mindestens) eine Stunde Zeit, um Ihren aktuellen Zeitkreis (Status quo oder Ist-Kreis) zu erstellen. Erarbeiten Sie dann Ihren Wunsch- oder Soll-Kreis. Leiten Sie konkrete erste Schritte ab, wie Sie von Ihrem Ist-Kreis zu Ihrem Soll-Kreis gelangen können. Wenn dies unter den gegebenen Rahmenbedingungen nicht möglich ist, überlegen Sie auf einer „höheren" Ebene, ob Sie etwas an den Rahmenbedingungen verändern wollen (Jobwechsel, soziale Beziehungen anders gewichten, Aktivitäten neu aufnehmen oder

komplett aufgeben, etc.). Falls Sie an den Rahmenbedingungen nichts ändern möchten und innerhalb der Rahmenbedingungen kaum Spielraum haben, fokussieren Sie sich auf die Akzeptanz Ihres Ist-Kreises.

Ich-Du-Wir-Bereich der Verantwortung

- Sagen Sie sich regelmäßig das zentrale „Mantra" zum Thema „Verantwortung": „Ich bin für *mein* Verhalten verantwortlich!". Machen Sie sich dieses Mantra entweder durch formale Übungen (s. o.) bewusst oder immer dann, wenn es um das Thema „Verantwortung" oder „Schuld" geht. Sie sind *immer* für *Ihr Verhalten* verantwortlich. Machen Sie sich bewusst, dass dies all umfänglich gilt, inklusive Ihres Umgangs mit Ihren Gedanken, Ihres Umgangs mit Ihren Gefühlen, Ihres Verhaltens in Beziehungen bzw. Interaktionen. Es gilt außerdem in Bezug darauf, welche Situationen Sie aktiv aufsuchen und welche Personen Sie sich für Interaktionen und Beziehungen aussuchen. Zudem tragen Sie die Verantwortung dafür sich abzugrenzen, d. h. mitzuteilen, wenn Sie etwas nicht wollen bzw. dafür sich in letzter Konsequenz aus einer Situation oder Interaktion zurückzuziehen.
- Machen Sie sich für Ihre wichtigen und/oder konflikthaften Beziehungen klar, was in den gemeinsamen Wir-Bereich fällt, für den Sie beide die geteilte Verantwortung tragen. Grenzen Sie für sich klar ab, wo der Wir-Bereich aus Ihrer Sicht endet und die jeweiligen Ich- und Du-Bereiche beginnen. Besprechen Sie Ihren Standpunkt mit der betreffenden Person, bis Sie zu einer Einigung kommen. Es ist nicht möglich, die unvermeidlich auftretenden Konflikte in menschlichen Beziehungen aufgrund unterschiedlicher Bedürfnisse, Ziele und Werte zu lösen, wenn Sie auf dieser grundlegenden Ebene der Verantwortlichkeiten keine Einigung erzielen!

Selbstsichere Kommunikation

- Schauen Sie sich die Abbildung 6 zu defensiven, selbstsicheren und offensiven Verhaltensweisen an. Streichen Sie die Verhaltensweisen an, die Sie von sich kennen, bzw. die Sie häufig zeigen. Treffen Sie eine Einschätzung, ob Sie aktuell insgesamt eher auf der defensiven Seite liegen oder eher auf der offensiven. Es kann auch sein, dass Sie ein Muster haben, bei dem Sie erst lange auf der defensiven Seite sind, bis dann „das Fass überläuft“ und Sie „explodieren“ und dann auf der offensiven Seite landen. In diesem Fall stufen Sie sich als defensiv ein, da damit das ungünstige Verhalten beginnt. Falls Sie bei unterschiedlichen Personen ein unterschiedliches Verhalten an den Tag legen, differenzieren Sie Ihre Einschätzung je nach Ihrem Gegenüber.
- Wählen Sie sich für einen gewissen Zeitraum (ca. 1 bis 4 Wochen) *ein* defensives oder offensives Merkmal aus dem Bereich aus, zu dem Sie neigen. Konzentrieren Sie sich für diesen Zeitraum darauf, die selbstsichere Alternative zu diesem Verhaltensmerkmal aktiv zu zeigen und zu üben. Um dies zu erleichtern, üben Sie dieses Merkmal für sich alleine vor dem Spiegel (z. B. Blickkontakt, mehr oder weniger lächeln, laut sprechen, klar „Ja“ oder „Nein“ sagen etc.).

4A-METHODE INSGESAMT

Ziel der Übung

Das Ziel der Übung besteht darin, dass Sie nie wieder Probleme haben. Dies erreichen Sie, indem Sie jedes sogenannte „Problem“ als eine Situation betrachten. Einzig entscheidend ist dann die Frage, wie Sie auf diese Situation reagieren. Die 4A-Methode ist das Multifunktionswerkzeug, mit dem Sie ohne Ausnahme auf jede erdenkliche Situation reagieren können. Sobald Sie beginnen, die vier Schritte der 4A-Methode umzusetzen, sind Sie auf dem Weg, jede Situation zu meistern. Natürlich ist noch kein Meister vom Himmel gefallen. Was es braucht, ist die entsprechende Übung. Sie können dabei wie folgt vorgehen.

Basisübung

An dieser Stelle wird es so simpel wie nur möglich, denn es gibt nur *eine* Übung:

Wenden Sie die vier Schritte der 4A-Methode an!

Die schnellsten Fortschritte machen Sie folgendermaßen:

- Beachten Sie die Hinweise aus dem allgemeinen Teil der Übungen zu Beginn des Anhangs.
- Üben Sie anlassbezogen oder auf formale Art und Weise – oder im Idealfall beides.
- Nutzen Sie eine oder mehrere der oben beschriebenen Erinnerungsmethoden.
- Vertiefen Sie die Schritte bzw. Aspekte der 4A-Methode, die Ihnen besonders schwerfallen oder für Sie besonders wichtig sind, mit den vorangegangenen Teilübungen.

- Wählen Sie eine der Kurzfassungen bzw. symbolischen Darstellungen der 4A-Methode am Ende des Buchs aus und überlegen Sie sich, wie Sie sich diese in den nächsten vier bis sechs Wochen am besten regelmäßig bewusst machen können.

GEFÜHLSLISTE

Die folgende Auflistung von Gefühlen soll Ihnen lediglich als Orientierung dienen. Wie im Buch bereits erwähnt, gibt es in der Psychologie keine allgemeine Einigkeit darüber, welche und wie viele Gefühle existieren. Ich habe Ihnen daher die aus meiner Sicht wichtigsten und am häufigsten vorkommenden Gefühle aufgelistet. Wichtig ist mir dabei, dass die Liste keine Verhaltensweisen, keine rein gedanklichen Konstrukte, keine rein körperlich-physiologischen Empfindungen und keine zu vagen, allgemeinen Begriffe enthält. Ferner empfehle ich, Gefühle nicht in generell „positive" und generell „negative" einzuteilen. Die Auflistung ist daher alphabetisch gehalten.

Angst	Frustration	Scham
Ärger	Gelassenheit	Schuld
Ausgeglichenheit	Gereiztheit	Stolz
Begeisterung	Gleichgültigkeit	Trauer / Traurigkeit
Behaglichkeit	Hass	Überforderung
Betroffenheit	Hilflosigkeit	Überraschung
Eifersucht	Irritation	Ungeduld
Einsamkeit	Langeweile	Unzufriedenheit
Ekel	Neid	Verachtung
Enttäuschung	Neugierde	Verzweiflung
Erleichterung	Niedergeschlagenheit	Wut
Erschütterung	Ohnmacht	Zorn
Euphorie	Panik	Zufriedenheit
Freude	Rührung	Zuversicht

WERTELISTE

Bei der Definition von Werten, die Ihnen wichtig sind, sind Ihnen grundsätzlich keine Grenzen gesetzt. Daher kann diese Liste – in noch stärkeren Maße als bei der Gefühlsliste – nur einen Ausgangspunkt für die Erforschung Ihrer persönlichen Werte darstellen. Ich habe Begriffe in die Liste aufgenommen, die in der Praxis häufig als Werte genannt werden. Wie im Übungsteil beschrieben, muss jeder Begriff erst mit Inhalt gefüllt werden, bevor Sie ihn wirklich in der Praxis nutzen können, um Ihr Leben daran auszurichten. Für die Werte, die Sie in Ihrem Leben umsetzen wollen, bietet sich an, dass Sie zunächst festhalten, was Sie unter dem Begriff verstehen (im Sinne einer kurzen Definition). Im zweiten Schritt führen Sie dann aus, an welchen konkreten Verhaltensweisen Sie die Umsetzung dieses Werts in Ihrem Alltag festmachen. Für ausführlichere Erläuterungen lesen Sie nochmals die Abschnitte über Werte und Maßstäbe.

Abenteuer
Abwechslung
Anerkennung
Bescheidenheit
Disziplin
Ehrlichkeit
Einfachheit
Entspannung
Entwicklung
Flexibilität
Freundschaft
Gerechtigkeit
Gesundheit
Gleichwertigkeit
Herausforderung
Hingabe
Humor
Integrität
Intimität
Kreativität
Liebe
Loyalität
Offenheit
Optimismus
Schönheit
Selbsterkenntnis
Selbstvertrauen
Sicherheit
Spiritualität
Sorgsamkeit
Toleranz
Unabhängigkeit
Verantwortung
Vergnügen
Vertrauen
Weisheit
Wissen
Zusammenarbeit

KURZANLEITUNG ZUR 4A-METHODE

Ansatz: nie wieder Probleme!

Streichen Sie das Wort „Problem" aus Ihrem aktiven Wortschatz. Ersetzen Sie es durch das Wort „Situation". Folgen Sie in jeder Situation (die Sie als schwierig erleben) den folgenden Schritten:

Achtsamkeit

- Nehmen Sie die Situation, in der Sie sich befinden, bewusst und achtsam wahr.
- Was ist die äußere, objektive Situation um Sie herum, inklusive anderer Personen? (Kameraperspektive)
- Welche Gedanken gehen Ihnen durch den Kopf?
- Welche Gefühle und körperlichen Empfindungen können Sie wahrnehmen und benennen?
- Falls Sie bereits reagiert haben: wie haben Sie sich nach außen verhalten?

Akzeptanz

- Machen Sie sich bewusst, dass in diesem Moment alles so ist, wie Sie es im ersten Schritt gerade wahrgenommen haben – unabhängig davon, ob es Ihnen gefällt oder nicht: „Es ist wie es ist!"
- Verweilen Sie für einige Sekunden bis Minuten vor allem bei Ihren wahrgenommenen Gefühlen und körperlichen Empfindungen, ohne dagegen anzukämpfen.

Analyse

- Welche Gedanken haben zu Ihren Gefühlen geführt? (Sie fühlen, was Sie denken!)
- Welche Ihrer Gedanken sind irrational, unrealistisch und/oder wenig hilfreich?
- Entwickeln Sie rationalere, realistischere, hilfreichere Gedanken, die die Situation besser beschreiben.
- Leiten Sie aus den rationalen, realistischen Gedanken ein hilfreiches Verhalten für die Situation ab.

Optionale Schritte zur mittel- bis langfristigen Arbeit mit der 4A-Methode:

Prägung

- Was in der aktuellen Situation erinnert Sie an Situationen aus Ihrer Kindheit?
- Welche alten Glaubenssätze wurden in der aktuellen Situation aktiviert?
- Welche „alten Gefühle" haben die Glaubenssätze ausgelöst?
- In welche alten Schutzstrategien sind Sie verfallen? (Bestätigen/Vermeiden/Bekämpfen)

Bedürfnisse, Ziele und Werte

- Welche Bedürfnisse stehen in der konkreten aktuellen Situation im Vordergrund?
- Welche Ihrer mittel- und langfristigen Ziele spielen in der aktuellen Situation eine Rolle?
- Welche Ihrer Werte möchten Sie in der aktuellen Situation durch Ihr Verhalten zum Ausdruck bringen?

Aktion

- Zeigen Sie das in der Analyse erarbeitete hilfreiche Verhalten bzw. den ersten Schritt in diese Richtung.
- Falls Sie an der äußeren Situation nichts ändern können, kehren Sie zurück zum Schritt Akzeptanz.

Resultat: So meistern Sie jede Situation in vier Schritten!

MINIMALINSTRUKTION ZUR 4A-METHODE

Achtsamkeit

- Was ist gerade los? (Situation, Gedanken, Gefühle, Verhalten)

Akzeptanz

- „Es ist, wie es ist!“

Analyse

- Passen meine Gedanken, meine Gefühle und mein Verhalten zur Situation?

Aktion

- Konzentriere dich auf das in der Situation hilfreiche Verhalten!

MERKFORMEL DER 4A-METHODE

Achtsamkeit

Akzeptanz

Analyse

Aktion

SYMBOLISCHE ERINNERUNG AN DIE 4A-METHODE

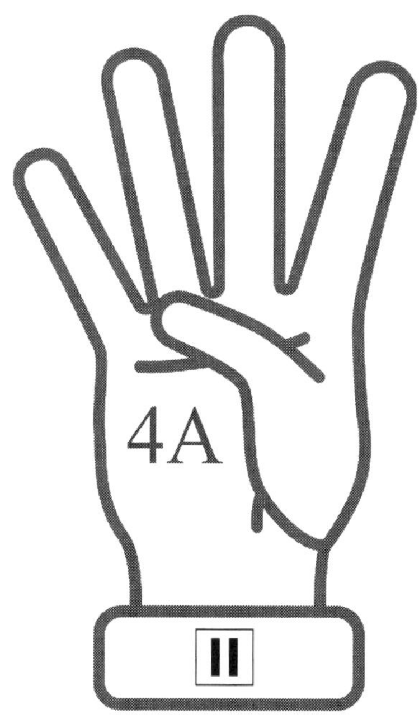

SO MEISTERN SIE JEDE SITUATION

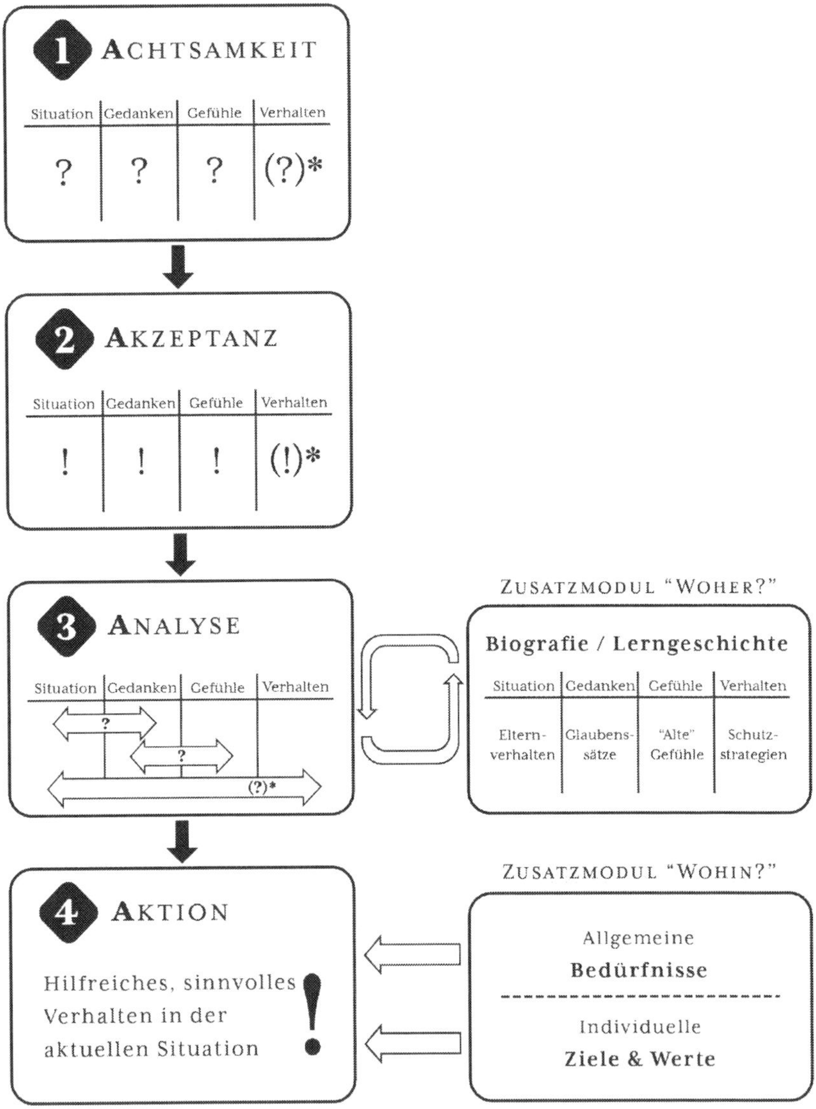

* nur relevant für vergangenes Verhalten

Bleiben Sie dran!

Falls Ihr Interesse an der 4A-Methode geweckt ist, haben Sie über meine Webseite folgende zusätzliche Möglichkeiten:

- Informieren Sie sich über eine individuelle Vertiefung der 4A-Methode im Rahmen von Mentoring, Therapie oder Workshops.
- Sie können eine Frage zur 4A-Methode oder ihrer Anwendung in einer konkreten Situation einreichen. Ihre Frage und die entsprechende Antwort fließen in den Aufbau eines FAQ-Bereichs auf der Webseite ein.
- Sie können über die Webseite kostenfrei Arbeitsmaterialien und Erinnerungshilfen zur 4A-Methode erhalten (z. B. das 4A-Gesamtmodell als Übersicht und als Arbeitsblatt oder die 4A-Hand als Wallpaper fürs Handy).
- Wenn die 4A-Methode Sie überzeugt hat und Sie diese auch anderen Menschen nahe bringen wollen, können Sie erfahren, wie Sie uns bei der Verbreitung der 4A-Methode unterstützen können.

www.dr-alexander-noll.de

Printed in Poland
by Amazon Fulfillment
Poland Sp. z o.o., Wrocław

32487069R00188